VIE

DE

SŒUR MARIE-CATHERINE

PUTIGNY

RELIGIEUSE CONVERSE

DU

MONASTÈRE DE LA VISITATION SAINTE-MARIE DE METZ

D. S. B.

IMPRIMERIE N.-D. DES PRÉS

NEUVILLE-S-MONTREUIL

1888

VIE DE SŒUR

MARIE-CATHERINE

PUTIGNY

VIE

DE

SŒUR MARIE-CATHERINE

PUTIGNY

RELIGIEUSE CONVERSE

DU

MONASTÈRE DE LA VISITATION SAINTE-MARIE DE METZ

D. S. B.

IMPRIMERIE N.-D. DES PRÉS

NEUVILLE-S-MONTREUIL

1888

IMPRIMATUR.

C. Leleux, Vic. Gen.

Atrebati. 15 Aug. 1888.

PRÉFACE.

Au XVIIe siècle, des Ordres religieux, répondant à tous les attraits spirituels, florissaient dans la sainte Église ; mais, pour y être admis, une condition était nécessaire, celle d'une santé assez robuste pour porter les âpres mortifications de la Règle. Cette condition faisait-elle défaut, les portes de ces asiles de la prière et de l'immolation restaient closes ; et des âmes généreuses, éprises, elles aussi, de l'amour de Dieu, et tourmentées du désir de l'infini, se voyaient forcément retenues dans un monde dont elles abhorraient l'esprit et repoussaient les maximes. Ce fut alors que le cœur si débonnaire de saint François de Sales reçut la mission de créer un abri à ces âmes et d'en devenir l'apôtre et le protecteur.

Les grandes lignes de ce nouvel Ordre, il les indique tout d'abord dans ces paroles : « *Mes très chères Filles, je souhaite que vous soyez des Filles mortifiées, et que vous viviez jour et nuit dans un esprit de sacrifice intérieur et d'abandon parfait à la volonté de Dieu ; ce qui vous tiendra lieu de disciplines, de jeûnes et de cilices. Je vous assure, Filles bien-aimées de notre commun Maître, que vous ravirez son Cœur si vous êtes fidèles à toutes les pratiques de vos Règles ; car elles ne sont pas l'ouvrage de l'esprit humain.* »

Les Constitutions qu'il leur donne sont écrites, selon son propre témoignage. sous la dictée du Saint-Esprit. Il laisse aux anciens Ordres toutes les gloires de l'austérité et de la contemplation suréminente ; celui dont il sera le Père, devra, comme eux, être accessible à la plus haute sainteté : « *Les Filles de la Visitation*, dit encore notre bienheureux Fondateur, *sont toutes appelées à une très grande perfection, et leur entreprise est la plus haute et la plus relevée qu'on ne saurait penser : d'autant plus qu'elles n'ont pas seulement prétention de s'unir à la volonté de Dieu comme doivent avoir toutes les créatures ; mais, de plus, elles prétendent de s'unir à ses désirs ; voire même à ses intentions, je dis, avant même qu'elles soient presque signifiées ; et, s'il se pouvait penser quelque chose de plus parfait, et un degré de plus grande perfection que de se conformer à la volonté de Dieu, à ses désirs et à ses intentions, elles entreprendraient sans doute d'y monter, puisqu'elles ont une vocation qui les y oblige ; et partant, la dévotion de céans doit être une dévotion forte et généreuse ;...* » mais il la veut sans éclat et sans grandeur : « *L'éclat des Filles de la Visitation est de n'avoir point d'éclat, et leur grandeur est la petitesse.* » Il s'estime

heureux de se servir de la faiblesse physique et de
la vie commune comme d'un voile d'humilité assez
épais pour cacher ses Filles au monde et à elles-
mêmes.

Bientôt cependant son petit Institut lui semble
menacé : des états d'union extraordinaire, des
grâces de l'ordre le plus élevé deviennent le partage d'un grand nombre de Religieuses. Saint
François de Sales le constate avec peine. Les glorieuses distinctions du Ciel ne sont-elles pas plus
enivrantes que celles de la terre, et par suite, plus
dangereuses ? L'expérience lui avait appris qu'en
dehors de la vertu solide, il n'est point, pour les
facultés de l'âme, d'équilibre possible ; et que
plus richement on est doué de Dieu, plus sont à
craindre les illusions du propre esprit. Aussi, de
concert avec sainte Jeanne-Françoise de Chantal,
sa digne coopératrice, fait-il monter vers le Ciel
une prière, sublime élan de pur amour, pour obtenir qu'il plaise à Dieu de cacher notre vie en Lui
avec Jésus-Christ, son Fils crucifié. Une lumière
vive, accompagnée de certitude divine, est donnée
à notre bienheureuse Mère : cette supplication
formée par le Saint-Esprit, a trouvé un accès favorable auprès de l'infinie Bonté. Dans la petite terre
de la Visitation les eaux de la grâce couleront
aussi pures et aussi rapides que par le passé ; la
fertilité de leurs rives sera la même ; mais la beauté

et l'éclat des fruits qu'elles verront croître, seront voilés à tout autre regard qu'à celui de l'Époux céleste. Ce ne sera pas cependant une règle si générale, que Dieu n'use du droit d'y déroger quand il le trouvera bon : il y aura donc toujours des âmes en qui les manifestations des dons divins ne seront pas réservées pour l'Éternité. Ces âmes si richement gratifiées nous apparaissent comme une création plus parfaite, destinée à mettre en lumière tout ce qu'il y a de vertu féconde dans la doctrine de nos saints Fondateurs : Dieu emploie à cette création les ressources variées de sa puissance : facultés plus complètes, riches dons naturels, aptitudes élevées, en un mot, tout ce qui doit préparer le terrain à la grâce et seconder son action. De temps à autre, Dieu nous en montrera pour prouver que la sainteté habite encore notre pauvre monde, et que les Monastères surtout sont le lieu où le céleste Jardinier fait ses délices de la cultiver.

Notre Sœur Marie-Catherine fut une de ces âmes de prédilection. Prévenue, dès le berceau, de grâces particulières, elle grandit dans une rare innocence et se consacra à l'Époux des vierges, après avoir soutenu des luttes terribles pour conserver une indépendance trop chère. A l'ombre du cloître, elle ne demandait à Dieu que le travail, le silence et l'obscurité ; et Dieu, qui avait sur elle des desseins d'ineffable amour, la conduisit par un chemin opposé à celui auquel elle aspirait, chemin qui devait la mener à tous les excès de la douleur et de la joie.

Le don de la prière lui avait été accordé dans un degré éminent. Mais prier, c'est recevoir; et donner était le besoin inné de son âme. Pour le satisfaire, elle se livre sans mesure à l'opération crucifiante du Seigneur, qui aime à semer les sacrifices sous ses pas. Une oraison et une mortification soutenues la font bientôt parvenir à un degré d'union très élevé. Dieu s'écartant des lois ordinaires, multipliait en faveur de sa fidèle Servante les merveilles de sa grâce.

Pour nous, qui avons vécu près d'elle, et l'avons suivie dans toutes les phases de sa vie spirituelle, le souvenir dominant qui nous reste de cette belle carrière religieuse, comme aussi le suave parfum qui s'en exhale, c'est, sans contredit, l'étonnant amour de Jésus-Christ pour cette âme simple. Que Dieu manifeste sa puissance infinie par le miracle, et offre à nos yeux émerveillés un reflet de sa splendeur, qui pourrait s'en étonner ? la magnificence n'est-elle point, en quelque sorte, pour nos esprits, le rejaillissement inséparable d'une si haute Majesté ? Mais que ce même Dieu, du sein de son immensité, distingue aussi glorieusement une humble créature, et se prenne à l'aimer

avec une si indicible tendresse qu'après lui avoir
donné dans l'extase et le ravissement des connaissances sublimes, il descende avec elle dans les détails les plus vulgaires de ses emplois : voilà le
mystère devant lequel s'incline notre pauvre raison humaine, et dont l'évidence, pour nous pal-
pable, inonde nos cœurs de la plus douce reconnaissance.

Bien loin de nous est la prétention de faire
consister la sainteté de notre vénérable Sœur dans
les grâces extraordinaires qu'elle reçut : ces sortes
de grâces ne sont point méritoires d'elles-mêmes.
Mais tous les Saints estiment qu'elles disposent
admirablement l'âme aux actes d'une éminente
vertu, surtout, au plus profond anéantissement devant Dieu. Tels, au moins, furent leurs effets en
l'âme de Sœur Marie-Catherine.

La prodigalité des faveurs divines n'eut assuré-
ment pas pour but unique sa seule perfection ; une
large part devait être faite à la mission vraiment
apostolique qu'elle était appelée à remplir. Notre-
Seigneur, après l'avoir rendue capable de ses desseins d'amour, la donne à son Église, vers laquelle
Il veut que, de tous côtés, affluent des courants qui
lui apportent un accroissement de force et de vie.
Chose digne de remarque, une communauté de
voie et d'attrait semble unir toutes les âmes de
notre Ordre marquées d'un cachet plus spécial de

sainteté. Leur trait caractéristique est un grand don de vie intérieure et de participation aux douleurs de Jésus crucifié pour la rédemption du monde. La prière est la respiration de ces âmes; mais une prière qui, avant de monter vers le Ciel, traverse le jardin de l'agonie et s'imprègne, en quelque sorte, des sueurs et du sang de l'Homme-Dieu; une prière incessante, unie à celle qu'Il fit durant les ignominies de la Passion et la douloureuse montée du Calvaire; mais surtout une prière identifiée à celle qui sortit du Cœur de l'auguste Victime jetant son dernier cri. Voilà la prière efficace à laquelle la Toute-Puissance divine ne peut résister. Et que l'on ne s'étonne pas de la durée ni de l'intensité des souffrances demandées à de telles âmes : que deviendrait le monde, si l'excédant ne se trouvait quelque part pour combler les lacunes causées par l'indifférence de tant d'autres!

Avant de commencer le récit de cette vie où s'unissent si merveilleusement la prière et la douleur pour le salut du monde, nous avons besoin d'assurer que tout ce que nous écrivons, s'appuie sur les témoignages les plus certains. Voici les sources auxquelles nous avons puisé :

Premièrement, les notes d'une des Supérieures de notre chère Sœur. Neuf années passées auparavant en des fonctions qui la mettaient fréquemment en rapport, lui avaient permis de porter sur la vertu de Sœur Marie-Catherine un jugement que le temps a confirmé. Devenue Supérieure et craignant de voir la mort nous dérober le secret de si précieux dons, elle obtint, sous le prétexte de la diriger plus sûrement dans la voie suréminente où il plaisait à Dieu de la conduire, que notre Sœur lui fît le récit de sa vie entière. La Supérieure, après chaque entretien, écrivait ce qu'elle avait appris de la Servante de Dieu. Elle affirme que l'exactitude des faits et des paroles a été scrupuleusement conservée; et, autant qu'il a été possible, on a laissé notre bien-aimée Sœur Marie-Catherine peindre elle-même son âme, avec la naïve candeur de son langage. — Secondement, le témoignage d'une autre Sœur qui avait reçu la mission de la soustraire aux regards des élèves, au moment de ses plus grandes faveurs, et de la suppléer quand la force des attraits surnaturels la privait de la liberté nécessaire à l'accomplissement du devoir.

Peu de temps après la mort de notre vénérée Sœur, un abrégé de sa vie avait été adressé à tous nos Monastères : nous avions hâte de communiquer à notre saint Ordre un trésor qui est à lui, et dont nous ne nous considérions que comme simples dépositaires. Bientôt les demandes se multiplièrent afin d'obtenir que cette humble notice

pût franchir les limites du cloître, et porter aux
personnes pieuses du monde une preuve irréfra-
gable de l'amour de Jésus pour l'âme pure. Ces
demandes n'auraient point triomphé de notre répugnance à livrer au dehors des secrets divins jusqu'alors si discrètement gardés, si une impulsion
pleine d'autorité ne nous eût apporté une indica-
tion plus positive de la volonté de Dieu. Un fraternel encouragement de notre *Sainte-Source* vint s'y
ajouter et fixer nos irrésolutions :

« *Nous formons bien des vœux,* nous écrit-on de ce
cher Monastère d'Annecy, le 22 Décembre 1886,
*pour que cette édifiante biographie soit imprimée ; car
elle est capable d'inspirer aux âmes un vrai amour de
Notre-Seigneur, de leur révéler les secrets de son ineffable bonté, et de leur apprendre à vivre de Lui et pour
Lui. Ses ennemis cherchant à tout prix à l'anéantir,
il est bien convenable que ses Épouses travaillent à sa
gloire et dévoilent les mystères de son infinie charité.
Il nous semble que votre pieux ouvrage sera un nouveau monument des tendres prédilections de ce divin
Époux envers les âmes qui ont assez de foi pour croire
en son amour, et assez de confiance pour tout attendre
de ses soins. Ce livre vient donc tout à propos à cette
heure de doute, de froideur et d'indifférence envers ce
doux Sauveur.* » Une invitation de si grand poids a
vaincu nos dernières hésitations ; nous aurions
craint de contrarier par une plus longue résistance

des désirs qui n'ont pour mobile que la seule gloire de Dieu. Toutefois, en cédant aux vœux exprimés, nous pouvons nous rendre le témoignage que les intentions de saint François de Sales ont été respectées; pendant la vie de notre Sœur Marie-Catherine, le silence s'est fait autour de ses grâces extraordinaires; et l'obscurité dont on s'est plu à l'entourer elle-même a vraiment caché sa vie en Dieu avec Jésus-Christ. Aujourd'hui qu'elle jouit sans milieu de Celui qu'elle a tant aimé, elle est devenue indifférente à la gloire d'ici-bas : sa gloire, c'est celle de Jésus-Christ.

Conformément au décret de Notre-Saint-Père le Pape Urbain VIII, en date du 17 Mars 1625, nous déclarons que si, dans le cours de cet ouvrage, nous qualifions de sainte la Sœur dont nous écrivons la vie, et si nous exposons des faits et des révélations qui peuvent présenter un caractère miraculeux ou prophétique, nous ne prétendons nullement exprimer sur les personnes ni sur les choses un jugement réservé à la Sainte Église, ni présumer en quoi que ce soit des décisions qui lui appartiennent en propre.

D. S. B !

Metz, 9 Janvier 1887

Ma Très-Honorée Sœur,

Je suis heureux de vous répéter par écrit ce que plus d'une fois je vous ai dit de vive voix. Oui, la vénérée Sœur Marie-Catherine est dépeinte dans sa Vie, telle que je l'ai connue en réalité, durant les treize ans que j'ai passés à la Visitation avant sa mort, et surtout la dernière année, où, la voyant chaque semaine dans l'infirmerie, je pouvais avoir avec elle quelques moments d'entretien. En lisant ce que vous avez écrit et dont une grande part est composée de ses propres paroles, il me semblait la voir et l'entendre elle-même, la retrouver tout entière avec sa bonne simplicité, sa naïveté qui n'excluait pas la profondeur, et sa sincère humilité.

J'affirme aussi que le peu que j'ai su par moi-même et par mon expérience personnelle des faveurs que Dieu lui accordait pour le bien des âmes, est raconté dans sa Vie avec une exactitude parfaite.

Et, si vous me demandez mon sentiment sur le caractère divin de ces faveurs, ce caractère surnaturel et divin n'est pas douteux pour moi, à cause de cette simplicité d'enfant et de cette humilité profonde qui sont le cachet des opérations divines, tandis que la nature ne les peut produire, et que le surnaturel diabolique a pour effet de les détruire.

Veuillez agréer, ma Très-Honorée Sœur, l'expression de mon profond respect et de mon plus entier et religieux dévouement.

Signé : F. Laurent.
Chanoine.

VIE DE SŒUR

MARIE-CATHERINE PUTIGNY

CHAPITRE I.

ENFANCE DE SŒUR MARIE-CATHERINE.

En prononçant cette prière : « *Je vous bénis, mon Père, Seigneur du ciel et de la terre, de ce que vous avez caché ces choses aux sages et aux prudents, et de ce que vous les avez révélées aux petits,* » Notre-Seigneur laissait sans doute tomber un regard d'ineffable tendresse sur notre humble Sœur, destinée à recevoir la communication de ses secrets les plus intimes, et dont la longue existence devait manifester d'une manière si éclatante la prédilection de son divin Cœur pour les « *petits* ».

Ce fut le 22 mars 1803, à Éply (Meurthe), village situé à quelques lieues de Metz, que naquit cette enfant de bénédiction. Elle reçut au baptême le nom de Thérèse. Son père, Joseph Putigny, honnête cultivateur, n'était point originaire de ce lieu, où, jeune encore, des circonstances l'avaient fixé. Nourri des principes solides de la religion, sa jeunesse s'écoula dans l'observance exacte de la loi de Dieu. Après avoir traversé l'époque désastreuse de la Révolution de 1793, il s'enrôla sous les drapeaux de Napoléon Ier et prit part à toutes les guerres de l'Empire. Témoin de tristes défections dans le Sanctuaire, sa foi en fut ébranlée, et bientôt les conversations impies de ses compagnons d'armes la lui ravirent entièrement. La pratique de ses devoirs de chrétien fut dès lors abandonnée. En rentrant au foyer domestique, il s'y posa en esprit fort, supérieur par sa haute raison aux préjugés qui régissent le vulgaire. Toutefois, en s'adjugeant largement le droit d'exemption pour lui-même, il ne laissait pas de se constituer dans la famille le protecteur de la Religion, qu'il estimait un frein nécessaire aux faibles et aux ignorants. Il ne se reposait sur personne du soin de faire réciter les prières du matin et du soir à ses jeunes enfants, ne leur permettait de se dispenser d'aucun Office, et veillait à ce qu'ils observassent le jeûne du Vendredi-Saint.

Monsieur Putigny était d'ailleurs un homme de grande probité, exerçant, par sa rectitude naturelle et la franche jovialité de son caractère, un véritable ascendant sur tous ceux qui étaient en relation avec lui. Le produit d'un petit bien qu'il faisait valoir, joint à sa pension, suffisait largement à l'entretien de sa famille composée de six enfants, dont deux moururent en bas âge. Comme diversion à de pénibles labeurs, Monsieur Putigny ne connaissait d'autres délassements que ceux du foyer domestique. Il aimait à s'entourer des siens, qu'il tenait sous le charme de ses récits guerriers ; et un éclair de noble fierté illuminait son visage, en voyant son ardeur belliqueuse passer en eux.

Anne Dardaine, mère de Thérèse, était née à

Éply, où elle comptait de nombreux parents et amis. Par l'élévation de ses sentiments, par ses douces et modestes vertus, elle était à la fois le modèle des épouses et des mères. Aussi le bonheur eût-il été complet sous cet humble toit, si le plus fort des liens, celui de la piété, n'y eût fait défaut. L'indifférence religieuse de son mari projetait sur le cœur de la vertueuse épouse une ombre qui en troublait la sérénité ; et cette peine, elle dut la porter jusqu'au tombeau.

Parmi les bienfaits que notre chère Sœur reconnaissait avoir reçus de la libéralité de Notre-Seigneur, elle a toujours placé au premier rang celui d'une mère solidement chrétienne, capable de la diriger et de la maintenir dans le droit chemin de la vertu et du devoir. Madame Putigny attachait une importance souveraine à tout ce qui concerne le culte de Dieu ; mais trop éclairée pour faire consister la piété de ses enfants dans la seule assistance régulière aux Offices, de son œil vigilant elle voulait les y suivre, pour s'assurer qu'ils y portaient l'attitude respectueuse et recueillie que commande la présence de Dieu. Lorsque la maladie l'empêchait de les accompagner, elle les commettait à la garde de quelque personne pieuse, sur le soin attentif de laquelle elle pouvait se reposer. Après la célébration des saints Mystères, elle se faisait rendre un compte exact de leur tenue. Thérèse, l'aînée de la famille, était de la part de sa bonne mère l'objet d'une sollicitude plus spéciale encore. La grâce du sacrement de Baptême lui avait été conférée dans une si large mesure, qu'à l'âge où commencent ordinairement à poindre

les premières lueurs de la raison, déjà un remarquable don de piété se manifestait sensiblement
dans sa conduite. La prière parut dès lors un besoin inné de son âme ; de tout elle s'élevait à
Dieu, à un Dieu bon, toujours disposé à incliner
son oreille et son cœur vers l'humble enfant. Elle
n'avait que quatre ans, lorsque son père, emporté
par la passion, prononça en sa présence des paroles
répréhensibles au point de vue de la foi. Thérèse
se tournant aussitôt vers sa mère, lui dit d'un ton
éploré : « Oh ! maman ! s'il n'y avait pas de bon
Dieu !.. . qui donc prierions-nous ?.... » Son attention pendant la prière était extraordinaire. Rien
alors, pas même les taquineries de ses frères, n'é-
tait capable de l'en détourner. Lui parlait-on, elle
demeurait immobile, les yeux baissés, et ne répondait qu'après avoir terminé son pieux exercice :
« L'un après l'autre, disait-elle, je ne puis pas parler à la fois au bon Dieu et aux créatures. » Son
attitude à l'église était plus remarquable encore.
En présence de la divine Majesté, elle paraissait
investie d'un recueillement profond qui la déro-
bait aux préoccupations de la terre. Thérèse ayant
un jour surpris ce témoignage : « On ne peut
voir cette enfant tourner la tête à l'église. » — « Tourner la tête pour regarder ce qui se passe autour de
soi, serait-ce possible en la présence du bon
Dieu ? » Témoin plusieurs fois de légères irrévé-
rences dans le lieu saint, il lui arrivait de dire :
« Ces personnes ne savent pas sans doute que le
bon Dieu est ici, il faudrait le leur apprendre. »

Bien que cette disposition de recueillement lui
fût habituelle, la légèreté de son âge ne laissait

pas de l'entraîner à quelques fautes. « Aussitôt
que je m'en étais aperçue, dit-elle, par un mouvement instinctif, je me tournais vers la Sainte
Vierge de l'église ; je voyais alors ses yeux prendre
une expression de sévérité que je ne pouvais soutenir. Quand, au contraire, j'avais été sage et que
je priais bien, la Sainte Vierge me paraissait souriante, et son regard se reposait sur moi avec une
douceur, une tendresse que je ne saurais exprimer. Aussi mon premier soin, avant de me rendre
aux Offices, était-il d'interroger ainsi ma conscience : « Que dira la Sainte Vierge ?.. »

« Lorsque le travail et la conduite de la semaine
avaient été satisfaisants, le dimanche nous apportait la récompense de nos efforts. Ma bonne mère
ouvrait alors fort gravement le tiroir d'une com-
mode où était religieusement conservée l'image du
Saint-Suaire ; mes frères et moi, nous la contem-
plions à genoux, écoutant en silence les paroles de
notre pieuse mère, qui s'efforçait de faire pénétrer
dans nos âmes l'amour de Jésus souffrant. » Les
impressions que Thérèse en reçut furent ineffaçables ; le souvenir de cette sainte Image occupant à
la fois son esprit et son cœur, la suivait partout,
et la préparait à la vue intellectuelle de l'Humanité
sainte de Notre-Seigneur, dont plus tard elle devait être gratifiée. Contempler les souffrances endurées par Jésus-Christ en expiation de nos pé-
chés, était pour le cœur compatissant de Thérèse
une dévotion pleine d'attraits ; mais cette dévotion
fût peut-être demeurée stérile en se reposant dans
le sensible, si un incident ménagé par la Providence ne lui eût inspiré le désir de n'avoir plus

d'autre mobile de ses actions que son Sauveur crucifié.

Par une chaude journée d'été, notre chère enfant revenait d'un champ assez éloigné du village, et elle était accablée sous le poids d'une charge de légumes. Vaincue par la fatigue, elle dépose son fardeau au pied d'une croix qui se trouve au bord de la route, et s'assied pour reprendre haleine. En tournant la tête, elle aperçoit auprès d'elle deux Religieuses; l'une d'elles essaie de soulever la pesante charge : « C'est bien lourd pour vous, ma pauvre petite, dit-elle d'un ton de compassion ; je voudrais savoir quelle pensée vous occupe et vous soutient durant ce pénible exercice? » — Surprise, Thérèse répond : « Mais je ne pense à rien. » La Sœur ajoute : « Dans tout ce que vous pourrez faire et souffrir, pensez désormais à la croix de Notre-Seigneur : car, mon enfant, Il l'a portée pour vous et pour tous les pécheurs. » Cela dit, les Religieuses disparaissent, et Thérèse reprend le chemin de la maison paternelle, emportant dans son cœur le trésor d'une vérité dont l'influence devait être si grande sur sa vie entière. Cette vérité éclairera de sa lumière les modestes devoirs de la vie de famille. Au-dessus de tout, dominera l'image du Sauveur crucifié. C'est de son Cœur, comme d'un foyer d'amour, que notre pieuse enfant verra sortir les peines et les labeurs de chaque jour, et par amour elle les fera remonter vers Jésus, qui daignera les offrir à son Père dans une étroite union aux siennes.

Dès son plus jeune âge, on remarqua en Thérèse un tendre amour pour les malheureux : elle

ne se contentait pas de les soulager par ses privations volontaires, elle conduisait à sa bonne mère
les enfants pauvres, et lui demandait d'une façon
si suppliante de secourir ceux qui paraissaient
souffrir du froid ou de la faim, que celle-ci ne
pouvait s'y refuser. Toutefois, avec le temps, les
libéralités de Thérèse prirent une telle extension,
que ses parents crurent devoir lui interdire l'exercice de la charité en leur absence. Or un jour
qu'elle se trouvait seule, se présente une pauvre
femme qui paraît exténuée de fatigue et de besoin.
Un combat s'élève dans le cœur de notre généreuse enfant. Que faire ?... la compassion l'em-
portera-t-elle sur l'obéissance ?.... non ; ce serait
offenser Dieu ; et cependant elle ne peut laisser
cette malheureuse sans secours..... Une idée ingénieuse traverse aussitôt son esprit : « Je n'ai rien
à vous donner, lui dit-elle; voyez, sur ce foyer
se trouve une marmite, je ne vous dis pas d'y puiser, mais je ne vous le défends pas non plus. »
La mendiante y puisa si bien, qu'au moment de
servir le dîner, ô surprise ! il ne restait que du
bouillon, dont il fallut que la famille se con-
tentât. La réprimande paternelle qui s'ensuivit
laissa une trace ineffaçable dans la mémoire de
Thérèse, sans néanmoins modifier notablement
ses habitudes passées. La charité était sa vie, il lui
eût été trop difficile d'en soumettre les élans à la
prudence d'une sage raison. Aussi ses efforts se
bornèrent-ils à concilier, dans la mesure du possible, les devoirs de l'obéissance avec son irrésistible penchant à secourir les malheureux.

L'attrait du plaisir ne laissait pas de se faire

jour à travers les belles qualités qui se développaient en notre chère enfant. Son naturel d'ailleurs y prêtait singulièrement. Vive, enjouée, ne soupçonnant pas le mal, pour elle, le plaisir n'était qu'une joie bien légitime venant s'ajouter à celle de la bonne conscience ; à quelle fin dès lors l'eût-elle éconduite ? Le danger lui fût donc venu de son innocence même, si Notre-Seigneur, jaloux de la pureté de son âme, ne lui eût ménagé dans le cours ordinaire de la vie des incidents féconds en leçons salutaires. Le tact dont elle était douée, lui en faisait sentir toute la portée, en même temps que la délicatesse de sa conscience l'abritait contre la légèreté si naturelle à son âge.

C'est ainsi que, par une belle soirée d'été, elle dansait en rond devant la maison paternelle avec des enfants du village ; le jour baissait sensiblement ; tout entière à ses joyeux ébats, elle ne s'en était pas aperçue. Une voix s'élève et la rappelle au devoir : « Il fait nuit, mes enfants, vous devriez rentrer chacun au logis. — Oh ! dit un jeune garçon, le fils du propriétaire du château, qu'avons-nous à craindre puisque Thérèse est encore avec nous ? » Cette parole, comme un trait, fait entrer le remords dans son cœur ; elle se retire rouge de honte, se promettant bien de racheter, par de bons exemples, le mauvais usage de l'ascendant qu'elle exerçait sans en soupçonner l'étendue.

Cependant un don de foi, vraiment exceptionnel, devait opposer une barrière infranchissable aux inclinations naissantes de Thérèse pour le plaisir, et l'arrêter au moment où un premier pas

allait la placer sur cette pente fatale, que tant
d'âmes, hélas ! descendent si rapidement. Le trait
suivant fera juger de la vivacité de cette foi. Dans
une des salles du château, on avait réuni la jeunesse
d'Éply pour lui offrir le plaisir de la danse ; notre
aimable enfant, qui n'avait point encore fait sa
Première Communion, s'y rendit avec ses jeunes
compagnes. Déjà, de ses petits pieds elle foule en
cadence le gazon de la prairie, et on l'entend
s'écrier : « Que c'est donc amusant de danser ! »
On arrive au lieu de la réunion ; d'où vient pour-
tant qu'au moment de donner l'essor à son amour
pour la danse, ce divertissement a subitement perdu ses charmes pour Thérèse ? C'est que sa foi
s'est réveillée plus vive que jamais ; elle se rappelle avoir entendu qualifier de dangereux le
plaisir auquel elle va se livrer, et cela suffit pour
alarmer sa conscience. Elle résiste : « Cependant,
mon Dieu, je voudrais bien savoir comment on
peut vous offenser en s'amusant ainsi ; j'ai beau
chercher, je ne vois pas quel mal on peut faire ? »
lorsqu'une raison d'une infaillible logique vient
au secours de sa foi, et la rend victorieuse :
« Monsieur le Curé et la chère Sœur l'ont dit ; donc
c'est vrai, et je dois les croire. O mon Dieu ! ose-
rais-je bien m'amuser de ce qui vous déplaît ? »
Et l'image de l'enfer se peignant vivement à son
esprit : « Pourrais-je bien, se dit-elle, échanger la
joie d'un moment contre une éternité de supplices ? » Jetant alors un dernier regard sur le théâtre
du plaisir : « Non, Satan, tu ne m'y prendras pas, »
et, activant sa marche, elle regagne seule la maison
paternelle. « Je n'allai au bal que cette fois dans

ma vie, disait-elle agréablement, et pour jamais je fus guérie de mon amour pour la danse. »

Mais si un penchant bien naturel à son âge inclinait Thérèse vers les plaisirs innocents, un tact remarquable de convenance religieuse l'en tenait éloignée, quand ils lui étaient offerts par des personnes qu'elle savait n'être pas les amis du bon Dieu. Toutes les petites filles du village avaient été convoquées pour aller complimenter les enfants d'une noble famille qui venait passer quelques mois de la belle saison à Éply. Or cette famille n'assistait jamais aux Offices de la Paroisse, et aucun de ses membres ne pratiquait les devoirs religieux. Thérèse ne l'ignorait pas ; aussi, quand elle sut qu'on devait mettre ses plus beaux vêtements pour prendre part à la fête : « Moi ! dit-elle, m'endimancher pour jouer avec des enfants qui ne connaissent et n'aiment pas le bon Dieu? certes non, je n'irai pas ! » Rien ne parvint à fléchir sa résolution, ni les sollicitations de ses compagnes, ni le ridicule dont pourra être taxée sa conduite. Ainsi se manifestait déjà la force de l'amour en notre pieuse enfant.

D'autres fois, le ressentiment de l'offense faite à son bon Maître se traduisait par une désapprobation manifeste des actes répréhensibles commis en sa présence ; et pour défendre l'honneur de Dieu, la précocité de son zèle savait au besoin trouver des arguments d'une piquante originalité ; le fait suivant le prouvera. Monsieur Putigny admettait dans sa maison un certain nombre d'amis, la plupart anciens militaires comme lui. Or il arrivait souvent que la conversation, pacifique d'abord, s'échauffant peu à peu, certains sophismes irréligieux ayant cours dans les camps venaient à se produire. Notre petite Thérèse devinait instinctivement que de telles paroles offensaient Dieu, et elle ne craignait pas, dans son naïf langage, de réprimander ceux qui les prononçaient. Un jour qu'un visiteur, esprit fort du village, s'était permis, en présence d'une nombreuse compagnie, de tourner en ridicule quelque pieuse pratique de notre sainte Religion, personne n'avait protesté. Témoin d'un silence qui compromettait les intérêts de Dieu, Thérèse se levant avec vivacité, dit à haute voix : « Ne cherchez pas à lui répondre ; c'est un idiot qui parle, voilà tout. » On rit de cette saillie inattendue, et, par une brusque diversion, la conversation fut replacée sur un terrain meilleur. « Que disaient vos parents dans ces circonstances ? lui demanda-t-on.— Mon père me grondait, répondit-elle, mais ma mère m'embrassait en secret, et m'approuvait de dire la vérité sans crainte. »

Plus tard on rencontrera le même zèle servi par la même énergie, avec cette différence que le cœur de Thérèse en contact plus direct avec Celui de Jésus, y puisera cette mansuétude, cette tendresse pour les pécheurs qui deviendra une puissance à laquelle ils ne pourront résister. L'indignation pour l'impiété et pour la révolte contre Dieu sera aussi vive, mais une immense compassion pour l'âme coupable la couvrira du manteau de la charité.

CHAPITRE II

CONDUITE PARTICULIÈRE DE NOTRE-SEIGNEUR
SUR MARIE-CATHERINE.

Votre Providence, ô Père, gouverne toutes choses. (Sagesse.) Les desseins de Dieu ne sont qu'amour et miséricorde dans la conduite de l'univers, et sa sollicitude s'étend du brin d'herbe au cèdre du Liban, de l'imperceptible insecte à l'homme, en qui il s'est plu d'imprimer son image. Son œil pénétrant voit ce qu'il y a de plus secret au fond de nos âmes ; sa pensée est invariablement fixée sur nous ; sa main nous dirige dans les voies mystérieuses de la vie, et son Cœur abrite notre faiblesse contre les obstacles au salut que le démon, le monde et nos passions, multiplient sous nos pas. — On ne saurait douter cependant qu'outre cette providence générale, Dieu n'ait une providence spéciale pour certaines âmes vers lesquelles une prédilection marquée semble incliner son Cœur. Il veille sur elles avec une attention et une tendresse à part, comme sur des enfants bien-aimés, et à leur égard Il se montre prodigue d'amour et de bonté. Thérèse fut une de ces âmes de sa complaisance. Le soin du divin Maître à ménager les moindres incidents de sa vie ; les leçons de sagesse surnaturelle qu'il en faisait découler, témoignaient assez qu'il s'était constitué son conseil et son guide, afin de la conduire comme par la main à travers les difficultés de sa voie jusqu'aux sommets élevés de la perfection. Une particularité remarquable de cette divine conduite, ce fut d'être une dérogation aux lois ordinaires de la Providence et de revêtir un caractère miraculeux, au moins en un grand nombre de faits, ainsi que la suite du récit le fera voir.

Thérèse, se reportant à ses plus lointains souvenirs, assurait avoir toujours entendu au fond de son âme une voix secrète, d'une autorité bien plus étendue que celle de ses parents ; cette autorité lui faisait sentir ses exigences dans les plus petits détails : « Ce qu'elle poursuivait, dit-elle, c'était ma liberté ; et ma liberté, elle m'était plus chère que la vie. Oh ! comme je la défendais avant de la livrer ! Un soir, j'étais bien petite encore, mes parents, devant visiter un terrain qu'ils se proposaient d'acquérir, m'envoyèrent me coucher. Défense m'avait été faite de sortir, et pour m'en ôter toute possibilité, ma bonne mère avait mis sous clé mes vêtements. Bientôt les joyeux chants des enfants du village arrivent à mon oreille, une ronde s'organise sous nos fenêtres, je reconnais la voix de mes jeunes cousines ; comment résister au désir de partager leurs jeux ? Si vive devient la tentation, que j'y succombe ; d'un bond, je suis en bas du lit ; mais point de vêtements ; que faire ?...

la propre volonté s'arrête-t-elle devant les difficultés ?... Une idée lumineuse saisit mon esprit, et
aussitôt pensé, aussitôt fait. Je m'affuble d'un
large tablier et d'un mouchoir de ma mère qui se
trouvent sous ma main, et résolûment je me dirige
vers la porte ; mais en vain je tente de l'ouvrir,
elle résiste à mes efforts, pendant qu'une voix
mystérieuse me dit : « Tu ne sortiras pas ! — Ah !
mon Dieu, c'est trop fort ! pourquoi vous opposer
à ce que j'aie un peu de plaisir ? — Tu ne sortiras
pas ! » reprend la voix. — « Je vous en prie, mon
Dieu, continuai-je d'un ton suppliant, permettez-
moi de sortir, s'il vous plaît ! — Tu ne sortiras
pas ! » répète la voix pour la troisième fois. La
volonté de Dieu était formelle : je n'aurais pas osé
lui désobéir. « Eh bien ! mon Dieu, je ne sortirai
pas, puisque vous ne le voulez pas absolument ;
c'est cependant bien dommage ! » et je regagnai
mon lit, non sans ajouter : « je veux bien vous
obéir aujourd'hui, mon Dieu ; mais sachez bien
que pour demain je ne vous promets rien ; » tant
j'avais peur d'engager ma liberté. »

Mais d'où venait cette voix qui tour à tour or-
donnait, défendait, et devait jouer un si grand
rôle dans la vie de notre docile enfant ? A en
juger par les effets, elle ne pouvait venir que de
l'Esprit sanctificateur, dont le souffle puissant
imprimait à son âme cette impulsion à laquelle il
lui semblait ne pouvoir résister. Que l'action divine se manifestât réellement par une voix intérieure
distincte, ou qu'elle produisît un mouvement rapide accompagné d'un sentiment vif et profond
que Thérèse traduisait par des paroles, l'effet de

cette direction divine demeurait le même quant
aux résultats. Un souvenir qui ne s'est point effacé
de sa mémoire, se rattache au même ordre de
faits ; nous y retrouvons cette action surnaturelle
forte, captivant Thérèse par une vive crainte de
l'offense de Dieu, qu'elle imprime en son âme,
sans préjudicier toutefois au libre arbitre.

Depuis plusieurs mois, sa santé avait subi une
notable altération, qui se manifestait surtout par
d'insurmontables dégoûts pour toute nourriture.
Ne pouvant se dispenser d'occuper à la table de
famille sa place accoutumée, elle s'esquivait furti-
vement aussitôt qu'elle en trouvait la facilité. Son
père, habitué à la discipline militaire, n'admettait
aucun droit de dispense ; il blâmait hautement
une manière d'agir qu'il attribuait au caprice ; ce
qui valut à la pauvre enfant maintes corrections
énergiques ; mais en vain faisait-elle chaque jour
de nouveaux essais, ils étaient suivis de vomisse-
ments si douloureux, qu'on dut cesser de la contraindre. — « Un jour, dit-elle, n'ayant pu prendre
aucune part au dîner, et l'aiguillon de la faim se
faisant vivement sentir quelques heures après,
j'avisai, me trouvant seule au logis, un jambon
crû pendu à la cheminée ; j'en coupai une belle
tranche que j'exposai au bout d'un long couteau
sur un brasier ardent. Elle me semblait fort appé-
tissante, et déjà je m'apprêtais à en faire mon repas, lorsqu'elle tomba dans le feu. Pressée, partie
par le besoin, partie par la gourmandise, trois
fois je réitère la même tentative, et trois fois elle
est suivie du même résultat. Rentrant alors en
moi-même, j'entends la voix de Notre-Seigneur

me reprocher sévèrement ma faute ; mon cœur est pénétré de la plus vive douleur de Lui avoir déplu ; et, à genoux, le visage inondé de larmes, j'implorai mon pardon à haute voix par les paroles les plus suppliantes. Tout entière à mon repentir, je ne m'aperçus pas du retour de mes parents. Ceux-ci, témoins muets d'une scène dont ils ignoraient la cause, se demandent si je ne suis pas en proie à un violent délire ; ils m'interrogent sur le sujet de mon chagrin, et veulent savoir avec qui je m'entretiens ainsi. Je baisse la tête et n'ose répondre, confuse d'une action que je sens être surnaturelle, malgré ma complète ignorance de cet ordre de choses.

« J'avais pour ma mère la plus tendre affection ; mon bonheur était de travailler en silence assise sur un petit banc à ses pieds ; de temps à autre, je levais les yeux pour la regarder, et son sourire venait encourager mon travail. Ce témoignage de satisfaction de ma mère était tout à la fois mon plus grand plaisir et ma meilleure récompense. Le moment approchait où j'en devais être privée. Je n'avais que dix ans ; mon père s'était rendu à la ville pour toucher une somme, fruit de longs et pénibles travaux, qu'il destinait à payer l'acquisition d'un terrain. Il revenait au village, devisant sans méfiance avec un compagnon de route. Celui-ci paraît l'écouter d'un air assez indifférent, tandis qu'en secret il médite le moyen de s'approprier l'objet de sa convoitise. Arrivé dans un lieu écarté où nul secours humain n'est possible, il fond sur mon père, le dépouille, et s'enfuit avant que ce dernier ait eu le temps de songer à sa défense. Au danger dont sa vie vient d'être menacée, se joint pour mon père l'impossi-bilité de tenir ses engagements qu'il regarde com-me sacrés. Ce fut pour ma mère, déjà bien souf-frante, le coup de la mort. »

Cette bonne mère, Thérèse l'avait quittée depuis une demi-heure à peine, et, insouciante comme on l'est à cet âge, elle jouait à la pelote contre un mur voisin. Bientôt sa curiosité est vivement exci-tée en voyant entrer un grand nombre de personnes dans la maison paternelle ; un secret pressentiment précipite les battements de son cœur ; elle écoute attentivement, et ces paroles frappent son oreille : « Thérèse le sait-elle ? » Anxieuse et troublée, notre pauvre enfant s'ouvre un passage à travers la foule, et arrive auprès du lit où sa mère allait rendre le dernier soupir. Celle-ci, en apercevant son enfant désolée, témoigne par un signe expres-sif le désir de la voir s'éloigner. Craignait-elle que l'hémorragie qui allait l'enlever impression-nât trop vivement sa fille, ou voulait-elle se met-tre en garde contre la faiblesse de son propre cœur ? On ne sait. Pour lui obéir, Thérèse se laissa arracher à cette scène émouvante ; et peu d'instants après, on vint l'avertir qu'une dernière crise lui avait enlevé cette mère si tendrement aimée. Elle était orpheline !

La tristesse fut générale dans le village. Comme dernier témoignage de l'estime et de l'affection que Madame Putigny avait su se concilier, c'était à qui préviendrait des attentions les plus délicates la famille éprouvée. Une dame emmena Thérèse chez elle, mit tout en œuvre pour la distraire de sa douleur, et l'empêcher d'entendre les cloches de l'enterrement. L'enfant n'en connaissait pas l'heure, son cœur la lui fit deviner : et, bien que gardée à vue, elle parvint à s'évader par une fenêtre ; d'un bond, elle s'élance jusqu'au cimetière, et se trouve en face de la bière que l'on vient de descendre dans la fosse ; sans réfléchir à la portée de l'acte qu'elle fait, au grand effroi de l'assistance, elle se précipite sur le cercueil, l'étreint de ses bras en jetant ce cri douloureux : « O ma mère ! non, on ne m'enlèvera pas ma mère ! »

Souvent une peine profonde mûrit l'âme, et y développe une sagesse qui, dans des conditions ordinaires, ne saurait être que le fruit d'une longue expérience de la vie. Il en fut ainsi pour Thérèse : la mort de sa mère, réveillant sa foi, la pénétra de cette vérité que tout, hors Dieu, n'est rien, puisqu'un instant suffit pour tout nous ravir. A quoi aurait-elle pu s'attacher encore ?... Atteinte dans ses sentiments les plus vifs et les plus tendres, les choses d'ici-bas devaient désormais se couvrir pour elle d'une teinte de néant ; et, ne s'y arrêtant qu'afin de le constater, d'un essor rapide elle portera en Dieu ce cœur trop aimant et trop pur pour trouver en ce monde le lieu de son repos.

Elle avait vu sa bonne mère remplir avec le plus entier dévouement ses humbles devoirs, et en accepter silencieusement les ennuis et les difficultés, pour le bonheur de tous. Ce modèle, elle se proposa de l'imiter, et dès lors toute son ambition fut de retracer dans sa conduite les beaux exemples qui lui avaient été laissés. Dieu vint en

aide aux bons désirs de notre chère enfant par
cette impulsion secrète dont nous avons parlé ; tel
fut son empire que la nature mise à l'étroit et
n'osant se soustraire à ses exigences, ne pouvait
s'empêcher de se plaindre de sa captivité.

« Je commençai donc ma petite mission de
sœur aînée, dit-elle ; cinq membres composaient
la famille : mon père, trois frères et moi. Les soins
du ménage devinrent mon lot, et si j'apportai à
les remplir toute la bonne volonté que l'on pouvait attendre de mon âge, ce ne fut pas cependant
sans avoir à me reprocher bien des saillies de
caractère.

« Me laissant emporter un jour par ma vivacité
naturelle, je reçus une correction dont le temps
n'a pu affaiblir l'impression. Afin d'aller surveil-
ler une plantation de pommes de terre, j'habillais
à la hâte mon plus jeune frère, âgé de deux ou
trois ans. Celui-ci ne s'y prêtant pas de bonne
grâce, je m'oubliai jusqu'à le frapper avec impatience. A peine la faute commise, une voix bien
connue, celle de ma mère, m'adresse ce reproche
empreint de douceur et de tristesse : « Pourquoi
mènes-tu si mal ton frère ? » Muette de sai-
sissement et de repentir, je me demande si je ne
suis pas le jouet d'une illusion, lorsque mon petit
frère, qui, lui aussi, a entendu la voix étend ses
bras du côté où elle est venue, et s'écrie : « Maman, maman ! » Je versai beaucoup de larmes, et
serrant alors le pauvre enfant sur mon cœur, je
promis à cette mère si regrettée d'agir désormais
de manière à ne plus mériter sa désapprobation. »

L'isolement avait succédé pour Thérèse aux

caresses et aux sollicitudes maternelles ; c'était
une dure épreuve que venait seule adoucir la vivacité de sa foi. S'il est vrai qu'une douleur
appelle une autre douleur, n'est-ce point une forme compatissante de l'amour du bon Maître, qui,
en nous faisant le don de sa Croix, procède par
degrés, afin de ne point nous laisser accabler sous
son fardeau ? Le brisement des affections de la famille sous cet humble toit ne devait être qu'une
entrée dans la voie crucifiante que Thérèse était
appelée à parcourir.

La justice de Dieu semblait alors appesantie sur
la contrée, que trois fléaux désolèrent tour à tour :
1814 amena les alliés et le typhus ; 1816, la famine. Bon nombre de familles d'Éply virent succé-
der à l'aisance la privation, la disette même. Celle
de Monsieur Putigny subit le sort commun, sans
que nulle parole de plainte sortît de la bouche de
son chef. « Dieu est bon, puisqu'il m'a conservé
mes enfants, disait-il, en faisant allusion aux nombreuses victimes du typhus. » Un souvenir d'épouvante se rattachait pour Thérèse au passage des
alliés. Son père logeait un général, et défense
formelle avait été faite de laisser pénétrer personne
auprès de lui : un officier se présente, il veut forcer
la consigne, et menace de percer de son épée
celui qui essaiera de lui opposer la moindre résistance. Trop brave pour se laisser intimider par
des paroles, Monsieur Putigny se place devant la
porte pour en interdire l'entrée. L'officier furieux
brandit son épée et la dirige vers la poitrine de
l'intrépide vétéran. D'un coup d'œil, Thérèse a
mesuré l'imminence du danger ; elle se suspend

au bras prêt à frapper, en s'efforçant d'attirer sur elle le coup qui doit atteindre son père. A cette vue, l'officier jette son sabre loin de lui, disant : « Bénissez votre enfant, Monsieur, car c'est elle qui vous a sauvé la vie. »

C'est ainsi que notre généreuse Thérèse sut trouver dans son dévouement filial le courage de s'élever au-dessus de toute pusillanimité. Disons cependant que la Première Communion approchant, une piété tendre et solide, cultivée avec soin, ne fut point étrangère à ce dévouement. Cette piété communiquait à son âme la vigueur nécessaire pour surmonter les difficultés de position, conséquences de la mort de sa mère et des épreuves multipliées qui l'avaient suivie.

« A douze ans, dit Thérèse, je fus admise à faire ma Première Communion. De ce beau jour, le souvenir d'une faute est seul demeuré en ma mémoire. Parmi les enfants appelées à partager mon bonheur, il s'en trouvait une, comme moi de très petite taille, appartenant à des parents pauvres dont la réputation était loin d'être sans tache. Je frémissais à la pensée de me la voir assigner pour compagne ; Dieu permit qu'elle m'échût en partage avec le dernier rang. C'était pour mon amour-propre une rude épreuve ; il luttait encore contre cette impression, lorsque les enfants de la Première Communion, en se rendant processionnellement à l'église, passèrent sous les fenêtres de notre maison. Ma démarche et mon maintien se ressentaient de ma lutte intérieure ; si grande était ma confusion, que je n'osais lever la tête. Mon père mécontent frappe contre la vitre, et me fait

signe de me redresser. J'obéis, non sans me dire :
« Mon père a de la vanité pour sa fille ! » De ma
vanité à moi, je n'en voyais rien, ou n'en voulais
rien voir. Cependant la passion qui me dominait,
s'apaise insensiblement : le bon Dieu parle de
nouveau à mon cœur, et sa voix est entendue.
Oh ! quels regrets alors de lui avoir déplu, quels
désirs sincères de me corriger et d'expier ma vanité ! » La droiture de notre chère enfant ne pouvait tarder à reprendre son empire. Elle repasse
sa conduite dans l'amertume de son cœur, et rougit
des mesquines préoccupations qui ont abaissé son
regard sur la créature, dans un moment où le
regard de Notre-Seigneur eût dû la captiver tout
entière, et la tenir absorbée dans l'amour et l'action de grâces. — Cette vanité dont elle constate
la présence, elle se résout énergiquement à l'atteindre par le renoncement jusqu'en ses dernières
profondeurs. Dieu viendra en aide à sa bonne volonté, sans toutefois la laisser jouir pleinement du
fruit de la victoire. C'est par l'expérience réitérée
de sa faiblesse, que Thérèse doit acquérir cette précieuse connaissance de soi, fondement nécessaire de
l'humilité, ses fautes devant concourir à l'accomplissement des grands desseins de Dieu sur elle. Lais-
sons-la nous le prouver avec sa candeur ordinaire.

« Une année environ après ma Première Communion, je fus témoin d'une sévère correction que
reçut un de mes frères : dans mon impatience, je
m'oubliai jusqu'à dire, de manière à être entendue
de mon père : « Quel supplice d'être ici ! — Je ne
tarderai pas à y mettre un terme, en vous faisant
quitter la maison paternelle, me répondit froide-

ment mon père. » Il tint parole et plus tôt que
je ne le pensais. »

La Providence sembla en effet se ranger du côté
de Monsieur Putigny en lui ménageant la visite
d'un honorable industriel de Metz, Monsieur
Gautiez, qui, en écoutant le récit de ce qui s'était
passé la veille, s'offrit à recevoir momentanément
Thérèse chez lui.

Pour une saillie de vivacité la punition semblera bien rigoureuse. Hâtons-nous de dire que si,
afin de conserver les avantages de la position, Monsieur Putigny garda à l'égard de sa fille les apparences de la sévérité, il songeait bien moins à
sauvegarder les intérêts de son autorité paternelle,
qu'à prémunir Thérèse contre les dangers de l'a-
venir. Son esprit était trop judicieux, pour ne pas
sentir que le milieu dans lequel elle vivait, était
peu favorable aux douces et modestes vertus dont
sa bonne mère lui avait offert un modèle si accompli. Ces vertus, il les ambitionnait pour sa fille ;
et pouvant alors lui procurer les moyens de les
acquérir, il faisait taire les réclamations de la nature et du propre intérêt. La séparation d'ailleurs
ne devait pas être de longue durée ; une année,
deux au plus, paraissaient suffisantes à Monsieur
Putigny pour atteindre le but qu'il se proposait ;
ce temps écoulé, son intention formelle était de
rappeler Thérèse auprès de lui. Bien différent du
plan paternel était le plan divin. L'avenir nous
découvrira avec quelle force et quelle suavité
Dieu fera converger toutes choses vers les fins
admirables qu'il s'était proposées.

CHAPITRE III.

MARIE-CATHERINE QUITTE LA MAISON PATERNELLE.

Thérèse dit donc adieu à son village, à ses jeunes frères, à tous ceux qu'elle aimait ; trop fière cependant pour verser une larme, elle ne laissa deviner à personne la souffrance de son cœur, et elle arriva à Metz sans qu'on l'attendît. Avant d'être introduite auprès de la famille, elle dut stationner dans l'antichambre le temps nécessaire pour annoncer sa venue si soudaine, et disposer les esprits à un bienveillant accueil. Son introduction se fit par Monsieur Gautiez en cette sorte : « Rosette, nous avons neuf enfants, et je vous en amène un dixième. — Qu'elle soit la bienvenue, » répondit Madame Gautiez, en ouvrant ses bras à la pauvre jeune fille d'une façon si maternelle, que dès lors celle-ci fut assurée de trouver en elle, avec le cœur d'une mère, un œil vigilant pour la suivre, et une main sûre pour la guider.

Rien de mieux réglé que cette maison chrétienne l'ordre : le bon emploi du temps, la sage économie qui présidait à sa direction, la généreuse charité pour les indigents, la douce autorité des maîtres, le respectueux attachement des serviteurs, formaient un esprit de famille qui n'eût pu être comparé qu'à celui d'un couvent. Les prières s'y faisaient en commun et à heure fixe ; la moindre dissipation n'y eût pas été tolérée. L'attitude recueillie de Monsieur Gautiez était pour tous une exhortation plus pressante que la parole : « Quand je pense que Dieu est présent, disait-il, et que c'est à lui que je m'adresse, il me serait impossible de voir autre chose que lui. »

Thérèse était traitée en tous points comme l'enfant de la maison, la culture intellectuelle exceptée. Elle écrivait assez correctement ; la modeste position, que, selon les apparences, elle devait occuper dans son village, n'en requérait pas plus. S'il est vrai que la science enfle, n'est-ce point surtout quand elle rompt l'équilibre des relations ? Une personne d'humble condition, qui dans sa vie a fait une trop large part à la science, n'est-elle pas trop souvent une personne déclassée, qui s'isole, se concentre en un mépris orgueilleux de ce qui l'entoure, rendant la société responsable de ne lui avoir pas assigné le rang et les distinctions dus à son prétendu mérite ? Et cette erreur de l'esprit suffit à tarir dans le cœur la source de toutes les aspirations du dévouement. Thérèse avait sa place marquée à la table de famille, et quand, pour cause de santé, Madame Gautiez devait garder son appartement, c'était elle qui la remplaçait en ses fonctions maternelles, avec une gravité et une sollicitude vraiment au-dessus de son âge. Ce petit monde subissait instinctivement l'ascendant de son caractère, et se montrait à son égard plein de déférence et d'affection. On se reposait sur elle, avec une sécurité parfaite, du gouvernement de tous les détails si multipliés de l'intérieur, et jamais confiance ne fut mieux justifiée. Son intelligence pratique, son coup d'œil d'ensemble, son esprit d'ordre, en un mot, toutes les merveilleuses aptitudes dont elle était douée pour le maniement des choses extérieures, la rendaient précieuse à sa famille d'adoption, en même temps que la délicatesse de ses procédés, son dévouement à toute épreuve, son aimable gaieté lui assuraient l'empire de tous les cœurs. Aussi nulle distraction agréable si Thérèse n'y pouvait prendre part, rien de bien fait si Thérèse n'y mettait la main. Une fois cependant, cette confiance illimitée dut lui coûter bien des larmes.

Ce fut le jour où elle avait résolu de se préparer par la Sainte Communion à recevoir plus dignement le sacrement de la Confirmation. Madame Gautiez relevait d'une maladie grave ; après une diète prolongée, le médecin venait enfin de permettre du bouillon de poulet. Thérèse ne peut céder à personne le soin de l'apprêter ; toute joyeuse, elle en présente une tasse à la malade, lorsque tout à coup une douloureuse exclamation s'échappe de sa bouche : « O mon Dieu ! qu'ai-je fait ?... je l'ai goûté ! — Mon enfant, lui dit Madame Gautiez pour la consoler, votre crainte est sans doute l'effet de votre imagination, je suis

convaincue que vous n'avez rien avalé. » Que se
passa-t-il dans l'âme de Thérèse consternée tout à
coup à la pensée que peut-être elle devra renoncer
au bonheur espéré de communier dans quelques
instants ? Elle n'a guère le loisir de réfléchir et
c'est sur le champ qu'il lui faut prendre son parti.
Jusqu'à quel point dans le trouble qui l'agite par-
vient-elle à former pratiquement sa conscience, et
à décider, comme d'ailleurs elle en eût eu le droit,
que ses craintes étaient trop peu fondées pour l'obliger à se priver de recevoir son Dieu ? Dans quelle
mesure l'inquiétude demeura-t-elle dans son esprit, et sur quel motif se crut-elle autorisée à passer
outre ? Nous n'essaierons pas de le dire, nous avons
simplement à raconter, non à juger. Tout ce que
nous savons c'est qu'elle se présenta à la Table
Sainte et qu'il y eut dans son action quelque chose
que Dieu n'agréa pas pleinement puisqu'il ne tarda pas à le lui faire sentir. C'est ainsi qu'il en use
souvent à l'égard des âmes qui lui sont particulièrement chères et chez lesquelles il ne souffre pas
les moindres infidélités à la grâce. Leur ayant donné
beaucoup il exige aussi beaucoup d'elles. Quand,
en effet, vient le moment de la Bénédiction du
Saint-Sacrement, vers la fin de la cérémonie, Thérèse cherche du regard la blanche Hostie de l'ostensoir, vers laquelle se sentaient toujours irré-
sistiblement attirés son esprit, son cœur et ses
yeux, l'Hostie a disparu ; à sa place est un vide
que la pauvre enfant ne peut s'expliquer ; ne se
trompe-t-elle pas ?.. Avec un embarras qui trahit
son émotion, elle questionne sa voisine, et ac-
quiert la certitude que pour elle seule, l'Hostie

demeure invisible. Mesurant alors la gravité de sa faute à la soustraction qui en est le châtiment, elle verse d'abondantes larmes ; et ce ne fut qu'après une confession générale faite peu de temps après, qu'elle recouvra, avec la paix de son âme, la vue des Saintes Espèces. Il ne nous appartient pas de hasarder une appréciation sur cette faute ; nous devons dire cependant que Thérèse, en rappelant ce souvenir, ne parut pas le considérer comme un acte accompli avec cette connaissance entière et cette volonté libre nécessaires pour constituer un péché grave. Le résultat de cette faute fut une réaction salutaire qui sortit Thérèse de l'engourdissement d'une vie trop au gré de ses inclinations, et l'éleva vers un élément surnaturel plus conforme aux grands desseins de Dieu sur elle.

Ses vertus, circonscrites dans la famille, se bornaient à l'accomplissement fidèle des devoirs quotidiens, et ne rencontraient guère le moyen de se produire au dehors ; cependant quelques circonstances providentielles ne laissèrent pas de lui en donner l'occasion ; et un incident arrivé à cette époque mérite, ce nous semble, d'échapper à l'oubli. Nous avons déjà parlé d'une voix intérieure, sorte d'impulsion à laquelle elle cédait, sans pouvoir se rendre compte du mouvement qui la faisait agir. Un jour donc que la famille, réunie dans une galerie, conversait agréablement, Thérèse se sent secrètement pressée de descendre ; elle obéit, et suit instinctivement la main qui la conduit. Elle arrive au bord d'une rivière, et voit flotter à sa surface un morceau d'étoffe bleue : le saisir, l'attirer à elle avec effort, et retirer de l'eau

un jeune ouvrier qui se noyait, fut l'affaire d'un
instant. Après que de prompts secours eurent ramené le corps à la vie, Thérèse ne crut pas sa mission
terminée ; elle s'enquit des dispositions de cette
pauvre âme, et apprit que tous les liens qui l'attachaient à Dieu avaient été brisés. Elle n'épargna
rien pour la ramener à la pratique de ses devoirs
religieux : prières ferventes, pieuses lectures, ex-
hortations pressantes, furent successivement mises en œuvre pour arriver à ce but. Enfin la grâce
achevant ce que la reconnaissance avait commencé, le jeune ouvrier consentit à remettre les intérêts de son salut entre les mains d'un prêtre
zélé, qui, l'ayant fait rentrer dans le droit chemin, eut la consolation de l'y voir persévérer avec
ferveur. Telles furent les prémices de l'apostolat
de Thérèse : avoir arraché une âme au démon
pour l'attacher à Notre-Seigneur, quoi de plus
propre à dilater son cœur, et à lui faire goûter
d'ineffables consolations ! L'avenir lui préparait
d'autres conquêtes ; mais au prix de quelles souffrances la victoire devra-t-elle être remportée !

Déjà huit ou neuf années s'étaient écoulées
depuis que Thérèse, quittant le toit paternel, était
venue prendre place à ce foyer chrétien, où tout
avait été pour elle exemple et enseignement de
vertu ; mais l'heure de la tribulation s'avançait,
et allait brusquement l'en arracher.

Monsieur Gautiez était trop chéri de Dieu pour
ne pas être gratifié de la croix, gage le plus précieux
de son amour. L'incendie de sa maison, plusieurs
faillites dont il fut la victime, le naufrage de deux
vaisseaux, et d'autres revers successifs vinrent

mettre sa patience à l'épreuve, sans parvenir à l'ébranler ; nulle parole de plainte ne sortit de sa bouche. « Le temps n'a jamais pu effacer de ma mémoire, dit notre chère Sœur Marie-Catherine, la réponse que j'en reçus un jour, où ma foi, beaucoup moins ferme que la sienne, m'avait portée à lui adresser cette question : « D'où vient donc que chez telle personne qui ne sanctifie pas le dimanche, les bénédictions de Dieu semblent abonder, lorsque vous, qui le servez si fidèlement, vous êtes accablé de croix ? — Mon enfant, me répondit-il, c'est que la plus petite chose faite pour Dieu est de si grand prix à ses yeux, qu'il n'est rien sur la terre qui la puisse récompenser. »

Ces vicissitudes réitérées de la fortune amenèrent le départ de la famille, qui avait accueilli et abrité avec tant d'amour la jeune orpheline. Avant de quitter notre ville pour s'établir au Hâvre, elle fit à Thérèse les plus vives instances pour la décider à partager son sort, et à ne pas ajouter, par son refus, une pénible séparation à l'épreuve de revers accablants. Celle-ci, tout en s'y sentant fortement inclinée par son cœur, vit ses tentatives échouer devant l'inflexible volonté de Monsieur Putigny, qui refusa énergiquement son consentement ; il ne pouvait se résigner à mettre une telle distance entre sa fille et lui. Il fit valoir son âge, ses infirmités pressantes, les ennuis d'un long isolement : n'était-il pas bien juste qu'à son tour il jouît de son enfant, et se vît entouré de ses soins affectueux ?

La séparation se fit donc avec un brisement de cœur d'autant plus douloureux, que la position gê-

née de Monsieur Gautiez eût offert un champ plus vaste au dévouement de Thérèse. Prendre sa part des privations et des souffrances communes, offrir à tous des consolations puisées dans la vigueur de sa foi, lui eût semblé si doux !... Mais il fallait obéir !

Pour notre jeune fille le seul parti qui parût raisonnable à embrasser était de se rendre aux légitimes désirs de son père, et elle se proposait de s'engager dans ce nouveau sentier qu'elle croyait tracé par la divine Providence, quand la voix de Dieu se fit entendre pour l'en détourner. Afin de ne pas contrarier les desseins du Ciel, elle consentit avec regret à accepter comme position transitoire, une place que Madame de Maud'huy lui offrait chez elle à titre d'amie. Cette dame ayant vu Thérèse à l'œuvre, n'avait pu s'empêcher d'admirer les riches dons de nature et de grâce que Dieu lui avait accordés ; et souvent elle avait envié à Madame Gautiez le bonheur de la posséder ; le départ de cette famille lui parut une circonstance providentielle, ménagée en vue de la réalisation de ses pieux désirs ; elle écrivit donc à Monsieur Putigny pour solliciter la permission de conserver sa fille un temps indéterminé. L'époque d'une grande Mission qui approchait, vint favoriser les projets de cette dame, et la mettre en possession du consentement demandé.

Avant de montrer Thérèse remplissant ses nouveaux devoirs, on nous saura gré de suivre dans l'exil les amis noblement chrétiens que Dieu avait faits les instruments de sa Providence sur notre chère enfant. Monsieur Gautiez occupait au Hâvre les fonctions de représentant d'une importante maison de commerce, lorsqu'en 1832 le choléra, fléau lancé par la main de Dieu, fondit sur la France coupable. Il en fut le premier frappé dans cette ville, comme si la Justice divine eût réclamé une pure victime avant de s'exercer sur les prévaricateurs. Sa veuve, n'ayant plus aucun lien qui la retînt au Hâvre, revint à Metz où elle fut accueillie avec cette pieuse sympathie qu'inspire un grand malheur religieusement supporté. C'était à qui lui fournirait les moyens d'élever ses enfants, et de se créer une honorable indépendance. Les plus jeunes des filles furent reçues au Sacré-Cœur pour y compléter leur éducation, l'une d'elles fut gratifiée de la vocation religieuse, et le plus jeune des fils honore aujourd'hui le sacerdoce par sa piété et ses solides vertus.

Mesdames Gautiez avaient ouvert un magasin de modes. Thérèse, devenue Sœur Marie-Catherine, ne sera pas la dernière à les seconder de son dévouement ; tous les ouvrages du pensionnat leur seront confiés ; elle usera encore de son crédit sur les parents de nos élèves pour les intéresser au sort de cette famille éprouvée. Et quand les difficultés d'une création nouvelle se feront plus vivement sentir, c'est dans le cœur bon et compatissant de notre chère Sœur que ses anciens bienfaiteurs viendront déverser leurs peines et raffermir leur courage, au contact de son inébranlable confiance.

Mais revenons à son séjour chez Madame de Maud'huy.

CHAPITRE IV.

Bien différente de sa première famille d'adoption, où tout était mouvement, animation, franche gaieté, celle de Madame de Maud'huy offrait à Thérèse une solitude complète et un silence presque claustral. Tout y favorisait l'attrait d'oraison et portait à Dieu. Dans cet intérieur calme et recueilli la chère enfant compta encore bien des jours heureux. Elle déploya, dans le gouvernement de la maison et la surveillance des domestiques, les rares aptitudes qu'elle avait reçues de Dieu ; aussi Madame de Maud'huy aimait-elle à se décharger sur elle du poids de l'autorité, sûre que son œil vigilant s'étendrait aux moindres détails des choses commises à ses soins. Le tact et la bonté avec lesquels Thérèse usait de la confiance dont elle était l'objet, la préservèrent toujours des traits malins de l'envie.

Une jeune fille, alors en pension au Sacré-Cœur, et deux fils qui commençaient leurs études chez un Curé des environs, composaient la famille.

Chaque mois, le jour de sortie les réunissait ; le joyeux entrain de leurs jeux, le bruyant usage de leur liberté, venaient pour quelques heures troubler la paisible régularité de ces lieux ; puis tout rentrait dans l'ordre accoutumé. Madame de Maud'huy se reposait sur Thérèse du soin de visiter ses enfants dans leurs pensions respectives, alors que sa santé ou quelque affaire imprévue la privait de le faire elle-même. Une de ces excursions à la campagne fut signalée pour notre jeune orpheline par un trait de Providence, dont nous la laisserons nous faire le récit.

« Il avait été convenu que j'irais surprendre les deux fils de Madame de Maud'huy ; par une belle matinée de printemps, je pars en compagnie de plusieurs personnes qui se dirigent vers le même but. Soit inadvertance, soit désir d'une solitude plus grande, je demeure en arrière, et ne tarde pas à perdre de vue mes compagnons de route. J'arrive sur la lisière d'un bois, plusieurs chemins sont à choisir ; j'hésite, et ne sais dans lequel m'engager. Un jeune homme d'un aspect pieux et modeste se présente à moi ; je le prie de m'indiquer le plus court pour aller au village que je lui nomme. Je prends ce sentier ; mais bientôt, redoutant d'avoir été trompée, je le quitte. Durant plusieurs heures, j'erre sans savoir ni où je suis, ni où j'arriverai. Enfin la crainte me saisissant... O mon Dieu, me dis-je, seule ainsi et perdue au milieu des bois, si j'allais faire une mauvaise rencontre ? et jetant un regard suppliant vers le Ciel, j'en reçois une vive lumière : Imprudente que j'ai été, je n'ai eu foi qu'en moi-même ; j'ai oublié que

Dieu condamne l'homme qui suit sa propre voie ;
n'est-il pas juste que je souffre la peine que mérite
ma faute ? L'esprit rempli de cette pensée, j'arrive
dans une clairière ; épuisée de fatigue et d'angoisse, je tombe à genoux au pied d'un grand
arbre, j'offre à Dieu le sacrifice de ma vie, et m'a-
bandonne à toutes ses volontés, ne lui demandant
qu'une seule grâce, celle de ne point l'offenser ;
puis, je m'assieds et j'attends du secours !... Quelques minutes à peine s'écoulent, et un bruit de
pas se fait entendre. Je regarde et n'ose encore
espérer. Cependant je vois s'avancer un prêtre,
c'était Monsieur le Curé du village vers lequel je
me dirigeais : « Vous ici, mon enfant, me dit-il
avec étonnement, où allez-vous donc ? — Chez
vous, Monsieur le Curé ; mais permettez qu'à mon
tour, je vous demande qui vous amène vers moi ?
—Je ne sais, répondit-il, je vais à Metz, et je n'ai
pu me rendre compte du mouvement qui m'a
porté à prendre ce chemin, de préférence à l'autre
plus court, que je suis d'ordinaire. » — Ainsi le
bon Maître continuait-il d'en user à l'égard de
Thérèse. Les leçons de la divine Sagesse lui
étaient données sous les formes les plus variées ;
tout en fournissait la matière, et venait fortifier
les attraits de vie surnaturelle, en même temps
que signaler les obstacles au développement de
cette vie. Tour à tour, Notre-Seigneur éclairait
son intelligence, échauffait son cœur, affermissait
sa volonté et semblait ne pouvoir perdre un instant de vue le but poursuivi par son amour dès
l'enfance de Thérèse, la remplir de sa plénitude.
Mais le moment était venu où une grâce plus

forte allait soulever l'heureuse disciple du Sauveur, et la placer dans une voie nouvelle, où, par un enchaînement de circonstances providentielles, elle serait amenée vers la petite terre de la Visitation pour y mourir à elle même et y vivre toute à Dieu.

Un demi-siècle s'était écoulé depuis le Jubilé de l'année sainte. Les désastreuses tempêtes qui avaient désolé l'Église et agité presque tous les peuples de l'Europe, s'étaient opposées en 1800 à sa promulgation régulière. En 1825, la troisième année de son Pontificat, Sa Sainteté Léon XII ouvrait enfin les trésors de la Miséricorde divine, et conviait le monde entier à la cour plénière, s'il est permis de s'exprimer ainsi, d'un nouveau règne d'amour et de grâce. Ce Jubilé fut accompagné d'une Mission qui fit passer sur les âmes un souffle de ferveur et de vie. La foi se réveillait au contact des grandes vérités, dont l'impression saisissante était portée à tous les sens : l'éloquence émouvante de la parole, la magnificence et la pompe des cérémonies, la beauté des chœurs de chant formés par une foule compacte et se fondant en une seule voix, pour faire monter jusqu'à Dieu le cri du repentir et de l'amour. Ce déploiement des splendeurs du culte électrisait les masses, et entraînait les pécheurs vers la conversion.

Thérèse avait toujours senti de l'attrait pour les manifestations de la piété tendant à procurer la gloire de Dieu, à exalter son Nom. Elle aurait voulu que Celui qu'elle aimait uniquement fût connu, aimé et servi par tous les cœurs, loué et béni par toutes les bouches ; aussi, connaissant l'in-

fluence du culte extérieur sur l'esprit du peuple, son bonheur était de contribuer d'une manière active à la décoration de l'église, à l'ornementation des autels et aux chants sacrés. Tout ce qui était religieux, tout ce qui élevait l'âme à Dieu et favorisait l'avènement de son règne dans les cœurs, pouvait compter sur sa coopération, se reposer sur son dévouement. Thérèse consacrait donc toutes ses heures de loisir aux labeurs dont nous venons de parler.

Une jeune fille, frappée de son assiduité aux exercices de la Mission, l'aborde un jour et la supplie de s'intéresser à son sort. Elle lui confie qu'appartenant à une famille aisée, mais entièrement hostile à la religion, elle a été élevée dans la plus grande ignorance de ses devoirs de chrétienne. Pressée par un mouvement de curiosité, elle a suivi la foule à la Cathédrale; la grâce l'y attendait; ce qu'elle a vu, ce qu'elle a entendu l'a touchée et pénétrée d'un sentiment indéfinissable : un monde surnaturel s'est découvert à son âme encore neuve; elle en est ravie. Aussi son désir est-il de mettre sa conduite en harmonie avec les lumières de sa foi. Mais les premières réformes qui ont paru dans l'ensemble de sa vie ont alarmé ses parents. Ils l'ont questionnée; elle n'a rien dissimulé et il s'en est suivi une scène violente, terminée par une honteuse et irrévocable expulsion de la maison paternelle.

Thérèse, dont le cœur est bon, l'introduit dans la famille où elle-même a reçu un si cordial accueil; elle demande et obtient de garder momentanément sa protégée. Le temps est soigneusement mis à profit pour l'instruire et l'affermir dans le droit chemin du devoir. En pieuse amie elle la confirme dans une salutaire horreur des maximes mondaines, et lui découvre la beauté de la vertu, avec l'éloquence entraînante de son cœur. Peu après, elle a le bonheur de la voir aspirer à la vie du cloître, qui apparaît à cette âme purifiée comme l'unique lieu de son repos. Une même soif de sacrifice et d'immolation s'empare des deux jeunes filles ; c'est à qui inventera de nouvelles pénitences, à qui s'y livrera avec le plus d'ardeur. Coucher sur la dure, la tête appuyée sur un fagot ; mêler des poudres amères à une nourriture à peine suffisante ; se dévouer aux travaux les plus pénibles ; priver ses sens des plus innocentes satisfactions ; fouler aux pieds le respect humain par certains signes extérieurs de dévotion, afin de savourer le bonheur d'être méprisées pour Jésus-Christ : telles étaient les pratiques journalières par lesquelles ces âmes ferventes s'efforçaient de s'introduire chaque jour plus avant dans le Cœur du divin Époux.

« Je veux être religieuse pour faire pénitence, avait dit notre jeune convertie ; si mes parents me refusent une dot, je serai Sœur Converse ; ce rang, mieux que tout autre, favorisera mon besoin d'expiation. » Un Révérend Père Jésuite l'encourage dans son généreux dessein, et s'offre à faire les premières démarches auprès de la Supérieure du Sacré-Cœur pour négocier son admission. L'ayant obtenue, il en fait part aux deux amies, qui, avant de se quitter, se promettent de se revoir à la mort, si Dieu daigne le leur accorder.

Quatre années à peine s'étaient écoulées depuis

la séparation, Thérèse devenue à son tour épouse
de Jésus-Christ, voit durant une nuit se présenter
à elle en silence une Religieuse vêtue d'un costume
qui lui est inconnu ; le lendemain, même apparition, même silence. Elle s'en ouvre à sa Maîtresse,
notre vénérée Sœur Louise de Sales de Condé,
qui refuse de croire à son récit. Pour la troisième fois la Religieuse lui apparaît, accompagnée de
notre chère Sœur Paul-Amélie G*** ; et prononce
ces paroles du ton d'un affectueux reproche : « Hé
quoi ! ne reconnaissez-vous pas Marianne ? »
puis elles disparaissent. Une Sœur tourière fut
aussitôt envoyée au Sacré-Cœur, afin de vérifier
la réalité de cette vision : la compagne de Thérèse
était effectivement morte depuis trois jours ; elle
avait accompli sa promesse en portant à notre
Sœur Marie-Catherine son dernier adieu.

Mais nous avons anticipé sur l'ordre des faits.
Ce n'est point sans fruit pour soi-même qu'on tra-
vaille au salut des âmes : l'esprit apostolique, dans
quelque mesure qu'on le suppose, est une source
féconde de grâces. Après être sorti du cœur qui
l'exerce, il y revient accompagné de célestes bénédictions. Aussi Thérèse vit-elle sa vocation se développer simultanément avec celle de son amie ; déjà
elle en avait reçu les premiers germes quelques années auparavant, lors d'un rêve mystérieux qui,
en lui faisant pressentir l'appel de Dieu, dans un
vague lointain qu'elle ne pouvait définir, la pressait de s'y disposer par une entière fidélité.

« J'avais à peu près quinze ans, dit-elle, lorsque je fis un songe symbolique qui m'impression-
na à tel point que le temps ne parvint pas à en

effacer de ma mémoire la moindre circonstance.
Me promenant dans la campagne, je m'amusais
avec plusieurs jeunes filles du village à cueillir des
noisettes ; une grotte se trouvait en ce lieu ; ne
l'ayant jamais vue, notre curiosité est vivement
excitée ; nous ouvrons une porte basse qui en ferme l'ouverture. Devant nous s'abaisse un escalier
raide et sombre ; sur la première marche à droite,
on a déposé des allumettes et un cierge ; à gauche,
une cassolette. Une de mes compagnes allume le
cierge, et essaie de descendre quelques marches ;
il s'éteint ; une seconde, une troisième font le
même essai, sans obtenir un plus heureux résultat ; mon tour arrive, je descends douze ou quinze
marches, et je vois la Sainte Vierge avec l'Enfant
Jésus. Elle m'adresse ces paroles : « *Faites tout ce
que mon Fils vous dira ;* » puis, déposant son divin
Enfant entre mes bras, elle me permet de le couvrir des plus tendres caresses. Je remonte dans des
transports de joie et d'amour difficiles à décrire ;
et, au sortir de la grotte, je vois un grand jardin
dans lequel se promènent des religieuses. Six ou
sept années plus tard, en franchissant le seuil de la
Visitation je reconnus avec émotion et le costume
et les lieux qui m'avaient été montrés en songe :
restait la parole, dont je résolus de faire la règle
de ma vie entière. »

Mais telle est parfois l'inconstance des meilleures natures, qu'après le départ de sa compagne,
Thérèse, en pleine jouissance d'une liberté qui
favorisait ses pieux attraits, aurait peut-être ajour-
né indéfiniment l'examen sérieux de sa vocation,
si une circonstance providentielle n'en fût venue

hâter l'exécution. Une autre amie, Mademoiselle Justine Gaudré, à la veille d'entrer dans notre Monastère, vint lui faire ses derniers adieux. Cette jeune fille dont l'angélique piété avait gagné le cœur de Thérèse, appartenait à une de ces familles patriarcales où semblent demeurer héréditaires les plus nobles traditions d'honneur et de vertu. La généreuse fidélité de la famille Gaudré à tous les vrais principes se signala pendant la grande Révolution ; et l'on vit alors ces fervents chrétiens offrir, au péril de leurs jours, un asile aux ministres de Jésus-Christ persécutés pour la foi, et retracer ainsi dans leurs mœurs celles de la primitive Église. Les relations d'amitié qui s'étaient établies entre cette famille et celle de Monsieur Gautiez, avaient mis les jeunes filles en fréquents rapports ; aussi le moment de la séparation fut-il particulièrement douloureux pour Thérèse : « Je serais bien heureuse d'être à votre place, » s'était-elle écriée, avec une expression de vivacité qui n'échappa point à la mère de la jeune fille. Cette parole transmise à son confesseur, amène un interrogatoire sur ses projets d'avenir. Elle avoue les luttes terribles entre la nature et la grâce, dont son cœur est le théâtre, et se remet pleinement à la conduite de son guide. Celui-ci, inspiré sans doute de Dieu, sollicite et obtient pour elle de notre Très Honorée Mère Marie-Thérèse de Tholozan son admission dans notre Monastère.

Madame de Maud'huy dont la tendresse a toujours été celle d'une mère pour l'orpheline, blessée au cœur de n'avoir point été consultée en cette délicate circonstance, s'oppose formellement à un dessein qu'elle juge prématuré, et met tout en œuvre pour l'entraver. La chère enfant, de son côté, sent croître ses répugnances à mesure que s'approche le moment de la détermination. « Pour obéir aux incessantes poursuites de la grâce, dit-elle, je me résignai à demander l'assentiment de mon père ; je voulais me rendre le témoignage d'avoir tout fait pour accomplir la volonté de Dieu, nourrissant toutefois en secret l'espérance de demeurer maîtresse de ma liberté. Je partis donc pour notre village, tremblante d'obtenir le redoutable consentement que j'allais solliciter. Durant les quelques heures nécessaires au trajet, je ne cessais de répéter : « Mon Dieu, je vous en supplie, ne permettez pas qu'on m'accorde la permission de me faire religieuse ! » Mon père témoigna une grande joie de me revoir. Après les préliminaires accoutumés, j'abordai le sujet de ma vocation. Sans me répondre, mon père se lève, et se promène les bras croisés derrière le dos ; il paraît en proie à une violente agitation ; on voit que les sentiments les plus divers se combattent dans son âme : quel en sera le résultat ?... Je n'avais pas voulu me servir d'intermédiaire auprès de lui, comptant bien qu'en me revoyant, l'amour paternel retrouverait sa vivacité, qu'il essaierait tous les moyens de me retenir auprès de lui, ou au moins, qu'il apporterait d'insurmontables obstacles à mes projets d'avenir.

« J'attendais à genoux ma sentence. Une demiheure s'écoule ainsi pleine de craintes et d'angoisses ; enfin le silence se rompt, et mon père me dit : « Je ne peux m'opposer à la volonté de Dieu. »

Je demeurai interdite. Ces paroles si calmes et si religieuses me causèrent une véritable déception, et m'obligèrent à refouler dans mon cœur un dépit que j'étais trop fière pour laisser paraître au dehors. J'avais compté sur de sérieuses difficultés, et, au contraire, toutes choses semblaient favoriser mon entrée en Religion ; impossible de ne pas voir en cette conduite l'action directe de la Providence. « Je me rends, Seigneur, lui dis-je, vous êtes le Tout-Puissant. Qui vous résistera, et gardera la paix de son cœur. ? »

Aussitôt son retour à Metz, Thérèse fit connaître à notre Très Honorée Mère Marie-Thérèse de Tholozan les bonnes dispositions de son père concernant sa vocation, et lui manifesta le désir d'ajourner son entrée à quelques mois, afin de mettre ordre à ses affaires. Celle-ci, avec le rare discernement qui la caractérisait, avait saisi le côté faible de la jeune Aspirante ; elle lui répondit que la détermination prise devait être exécutée sur-le-champ, les raisons qu'elle alléguait pour prolonger son séjour dans le monde étant tout à fait secondaires. Thérèse obéit ; mais en voyant se fermer sur elle la porte de clôture, elle ressentit un tel frémissement de crainte, que rien de ce qu'elle éprouva en sa vie ne put lui être comparé. « L'enfer, dit-elle, ne m'eût pas causé plus d'effroi. »

CHAPITRE V

Thérèse avait donc été subjuguée dès le premier abord par l'ascendant des remarquables qualités de notre Très Honorée Mère Marie-Thérèse de Tholozan. Il nous semble qu'un rapide aperçu sur la vie de cette vénérée Mère trouve ici sa place marquée. Elle est trop digne d'être connue, et s'est acquis trop de titres à notre reconnaissance, pour que nous ne regardions pas comme un devoir de justice de rappeler quelques-unes des œuvres d'héroïque patience et d'inébranlable foi accomplies par elle, à l'époque si récente alors de notre Fondation.

Notre vénérée Mère naquit à Metz, où Monsieur le Marquis de Tholozan, son père, exerçait la charge d'Administrateur général des subsides pour la Lorraine. Elle n'avait que huit ans, quand sa pieuse mère fut ravie à l'amour de sa jeune famille composée de huit enfants, dont Mademoiselle Joséphine était la seconde. Elle fut placée avec sa sœur aînée chez les Révérendes Mères Ursulines de notre ville, où une Religieuse de grand mérite, alliée à sa famille, devait leur consacrer ses soins. Son éducation était terminée quand éclata la Révolution de 1789 ; Monsieur de Tholozan se hâta de réaliser sa fortune pour passer à l'étranger. S'étant fixé en Suisse, son plus ardent désir était de voir ses filles former de brillants établissements dans le monde. En vain celles-ci sollicitaient leur entrée dans un Monastère, et mettaient tout en œuvre pour vaincre la résistance paternelle, leurs efforts étaient demeurés sans succès : le plan conçu devait s'exécuter. Cependant, informées par le Révérend Père de Diesbach, leur directeur, que l'Archiduchesse Marianne, sœur de François Iᵉʳ Empereur d'Autriche, avait l'intention de fonder à Rome une Congrégation religieuse sous le titre de Dames de la Foi ou du Sacré-Cœur, Mesdemoiselles de Tholozan essayèrent de nouvelles tentatives pour obtenir de Monsieur leur père la permission d'en faire partie ; il ne répondit que par un refus formulé encore plus nettement. Fatiguées d'une vie si peu conforme à leurs attraits de solitude et de recueillement, les trois Sœurs, fortes de la force du Seigneur, après bien des alternatives et des délais, conquirent enfin la liberté de suivre l'appel divin. Mais grande fut leur déception ! Leurs fonctions auprès de la Princesse étaient celles de Dames d'honneur ; car l'Archiduchesse, conservant toute l'étiquette de son rang, ne pouvait changer d'appartement sans qu'une sentinelle présentât les armes. Elle avait ses jours et ses heures de réception, et faisait de fréquentes promenades en voiture, auxquelles la visite de quelque Sanctuaire servait de but. C'était encore le monde, moins ses dangers ;

et nos jeunes filles aspiraient à la vraie vie religieuse, non dépouillée de ses attraits les plus puissants : pauvreté, silence, humilité. Aussi songè-
rent-elles, pour y arriver, à se frayer une voie à
travers les obstacles. La Providence ne leur fit pas
défaut, et notre Monastère de Fribourg ne tarda
pas à abriter la vocation de Mademoiselle Joséphine. Ses premières années de religion furent des
plus ferventes. Bientôt nommée Directrice, elle déploya les rares talents qu'elle avait reçus pour l'é-
ducation des Novices, et l'on comprit dès lors tout
ce qu'on pouvait attendre de sa sagesse et de son
discernement. Le moment de le prouver ne devait
pas se faire attendre.

Des personnes pieuses de notre ville, vivant en
communauté, désiraient se réunir à un Ordre
approuvé par la sainte Église. Monseigneur Jauf-
fret, Évêque de Metz, s'adressa à Monseigneur de
Genève et de Lausanne pour obtenir des Religieuses de la Visitation, et demanda spécialement notre
Sœur Marie-Thérèse de Tholozan, dont le nom de
famille bien connu rappelait des souvenirs d'honneur et de loyauté que le temps n'avait point effa-
cés. Notre cher Monastère de Fribourg, toujours
prêt à tous les dévouements pour la gloire de Dieu,
fit le sacrifice de ses meilleurs sujets en faveur de la
Fondation sollicitée. Cependant il n'y consentit
qu'après s'être assuré qu'on fournirait à la nouvelle ruche une maison meublée, et toutes les
ressources nécessaires pour subvenir aux premiers
besoins. On avait souscrit aux conditions posées.
Ce fut le 26 Septembre 1817 que la petite colonie
se mit en route; elle se composait de nos Très Ho-

norées Sœurs Marie-Thérèse de Tholozan, élue Supérieure, Marie-Stanislas de Schaller, Déposée de Fribourg, nommée Assistante, et sœur Marie de Sales Chappuis, professe d'un an. En approchant de Metz, Monsieur le chanoine Brusseaux député par Monseigneur à la conduite des Fondatrices, parut en proie à une angoisse intérieure qui ne put échapper à l'œil exercé de notre Mère Marie-Thérèse. Rompant enfin le silence à deux lieues de notre ville, il avoua avec hésitation que, la maison n'avait pas de dettes, mais manquait de tout et qu'il faudrait, au jour le jour, pourvoir aux nécessités de la vie, sans revenu, ni autre appui que la Providence. C'était la pauvreté et le dénuement complets de Bethléem. Le calme de notre digne Mère ne fut point altéré par cette ouverture ; elle répondit : « Je ne suis venue que pour Dieu et je ne me confie non plus qu'en Lui seul. »

Bientôt elle dut constater par l'expérience que la pauvreté était encore plus excessive qu'on ne la lui avait dépeinte. Nulle provision et point d'argent pour se procurer les choses les plus indispensables. Le jeûne pour la communauté était à l'ordre du jour, et notre Mère Marie-Thérèse usait de son autorité afin de se priver du nécessaire, sans égard à sa délicatesse et à ses habitudes passées. Elle le faisait avec une allégresse qui révélait l'élévation de son âme et la force de son esprit religieux. C'était surtout quand elle parlait des bénédictions qui sont, pour les communautés naissantes, la récompense des dures privations endurées avec amour, que son cœur débordait, et que son éloquence persuasive entraînait ceux de ses Filles. De toutes les épreuves qu'eut à subir notre jeune Sœur Marie de Sales Chappuis, nommée Assistante du Noviciat, celle de voir les retranchements de sa Mère fut sans doute la plus difficile à soutenir. Exerçant alors la charge de Dépensière, il lui semblait voir peser sur elle la responsabilité de cette santé si précieuse. D'une abnégation sans bornes, elle secondait sa Supérieure auprès des Novices, et nous savons, par son témoignage, la persévérante énergie que dut déployer la chère Mère et Maîtresse pour apprendre à ces commençantes, déjà avancées en âge, le Cérémonial, le saint Office et la pratique régulière de nos Observances. La formation des sujets fut donc, pour notre digne Mère, hérissée de difficultés. Les Sœurs qui avaient sollicité la Fondation étant, les unes, des débris échappés au désastre de la Révolution, les autres, des personnes dévotes selon leur attrait, chacune avait son esprit, ses pratiques, ses habitudes particulières. Jeter tous ces éléments hétérogènes dans le moule de dépendance et de simplicité de notre Saint Fondateur, n'était pas chose facile. Toutes y apportaient leur contingent de bonne volonté ; mais l'âge était une seconde nature, plus rebelle que la première, avec laquelle il fallait compter. Combien l'âme sensible de notre Mère habituée aux procédés les plus délicats, ne dut-elle pas souffrir d'un contact si peu en harmonie avec son éducation. Jamais cependant une parole ne sortit de ses lèvres pour trahir sa souffrance. Elle s'était donnée à son cher Sauveur pour ces âmes, et elle était prête à ne reculer devant aucun obstacle.

Notre digne Mère Marie-Thérèse poursuivait ainsi la tâche acceptée par son dévouement, quand une nouvelle épreuve, plus sensible, vint s'ajouter à toutes celles qui déjà lui avaient été imposées. La santé de notre Sœur Marie de Sales Chappuis s'altérait sensiblement, sous l'influence des privations de tous genres et du défaut d'air, conséquence de l'exiguité du local. Notre vénérée Mère crut devoir en avertir ses Supérieures, qui se hâtèrent de la rappeler à Fribourg. Ce fut avec regret qu'elle quitta notre Communauté, emportant le souvenir des faveurs spirituelles dont Dieu l'avait comblée, faveurs qu'elle n'oublia jamais : car bien des fois on lui entendit répéter : « Que le bon Dieu de Metz est bon ! » Bien vive fut toujours sa reconnaissante affection pour la vénérée Mère qui avait guidé ses premiers pas dans la vie religieuse, et dont elle avait partagé les soucis et les labeurs. « Il était remarquable, disait-elle, de voir réunis en une même personne tant de dons naturels et surnaturels, tant de capacité et tant d'humilité, avec un si grand esprit intérieur qu'il donnait à ses actions les plus ordinaires un immense mérite devant Dieu. » A son tour, notre Mère Marie-Thérèse de Tholozan professait pour son ancienne Novice une estime qui approchait de la vénération. Jusqu'à la fin de sa vie, elle recourut à ses conseils, et lui soumit sa conduite spirituelle, comme à une âme particulièrement éclairée dans les voies du Seigneur. Notre digne Mère pressentait-elle qu'au moment où nous écrivons ces lignes, les pièces du procès de Béatification de cette humble Servante de Dieu seraient soumises à l'examen du Siège-

Apostolique, et que des prodiges de toutes sortes manifesteraient la puissance de son intercession ?

Huit années s'étaient écoulées depuis la Fondation de notre Monastère, lorsque Thérèse en franchit le seuil. La pauvreté y était moins absolue ; quelques acquisitions avaient permis d'ouvrir un pensionnat dès 1819, et le nombre de trente à quarante élèves satisfaisait aux besoins les plus urgents. C'était une espérance qui laissait entrevoir des jours meilleurs. Notre jeune Aspirante fut présentée à la Communauté par notre vénérée Mère, comme un sujet précieux pour le rang des Sœurs Converses. On l'accueillit avec joie, mais nulle, à cette heure, n'entrevoyait encore l'ineffable bonté de Dieu dans le don qu'il nous faisait. Thérèse avait été heureuse de retrouver son amie, Mademoiselle Justine Gaudré, et de vivre sous le même toit. Celle-ci, devenue l'Épouse du Seigneur sous le nom de Sœur Marie-Xavier, fut tout d'abord pour la nouvelle arrivée une cause d'étonnement et d'admiration, comme elle l'était pour sa famille religieuse. Sa fidélité aux plus petites observances, la simplicité de son obéissance, l'amour ardent qui l'embrasait : tout en elle portait le cachet d'une perfection consommée. Rien d'assez bas ni d'assez mortifiant dans le Monastère pour apaiser la soif de souffrance qui la dévorait. La terre était pour elle le lieu de l'exil, et la seule crainte qu'elle connût était d'y languir longtemps. Dieu, touché de ses désirs véhéments, lui donna sous le drap mortuaire, au jour de ses vœux, le pressentiment de sa fin prochaine : une voix intérieure l'avertit de se hâter d'achever sa couronne, parce qu'il lui

restait très peu de temps à vivre. Bientôt, en effet,
sa santé s'altéra, sans que les soins les plus assidus
pussent arrêter les progrès du mal. Son air angélique, ses exemples, ses paroles, tout rappelait
d'une manière sensible saint Louis de Gonzague
mourant. La nuit qui précéda son décès, elle pria
la Sœur qui la veillait de lui chanter un cantique
sur le bonheur du Ciel. Deux fois, avant d'expirer,
elle éleva vers ce lieu, objet de ses désirs, des regards pleins de douceur et d'amour, puis alla se
joindre au chœur des Vierges qui entourent l'A-
gneau. Elle n'était âgée que de vingt-trois ans ;
quatre mois seulement s'étaient écoulés depuis sa
Profession. Beau lis d'une éclatante blancheur,
qui avait charmé le regard de Jésus, elle était digne de Lui être offerte comme prémices. Un sentiment d'indicible consolation se mêla aux regrets
de Thérèse ; elle avait perdu un modèle sur la
terre, elle acquérait une protectrice au Ciel.

Notre jeune fille fut d'abord placée comme aide
à la cuisine. Trois années s'écoulèrent dans ces
humbles fonctions. Heureuse de se dépenser pour
Dieu, et de consacrer à la prière tous les moments
dont elle pouvait disposer, Thérèse n'étendait
pas plus loin ses désirs ; elle aimait sa liberté et
attendait, pour en faire le complet sacrifice, cette
impulsion divine qui n'avait jamais manqué aux
actes importants de sa vie ; et l'heure, elle le sentait, n'en était pas encore venue. Mais cette heure,
la désirait-elle ? Faisait-elle surtout dans son cœur
ce silence des petites passions humaines, sans lequel on ne saurait l'entendre sonner ?... Elle-même
nous apprend, avec la sincérité qui la caractérise,

qu'une secrète attache s'y était glissée à son insu, celle d'une exquise propreté : tout ce qui était à son usage portait le cachet d'une netteté minutieuse. Son linge, d'une irréprochable blancheur, n'offrait jamais aux regards ni le moindre pli, ni la plus légère souillure ; et parce que la pureté de son âme n'était point étrangère à cette délicate recherche, l'amour-propre ne manquait pas de bonnes raisons pour justifier sa vanité, dont les liens se serraient chaque jour de plus près. Une voix importune, celle de la conscience, se faisait bien entendre, mais, presque imperceptible, elle n'était point écoutée.

Notre-Seigneur, en laissant ainsi notre chère Sœur expérimenter sa propre faiblesse, la préparait à recevoir, dans un degré éminent, le don de son saint amour. Il voulait que la futilité des obstacles qu'elle avait opposés à ses grâces, servît à jamais de salutaire contre-poids aux insignes faveurs dont Il devait l'honorer, et qu'ainsi son humilité fût sauvegardée contre les périls de la vaine gloire.

La perspicacité de Monsieur Louyot, son directeur, ne tarda pas à découvrir, sous un extérieur voilé de modestie, les liens secrets qui empêchaient cette âme pure de prendre son essor ; il sut par un moyen énergique les rompre sans retour. La clôture n'étant point encore établie, ce respectable Ecclésiastique entrait chaque jour dans le Monastère pour y offrir le Saint Sacrifice. Rencontrant une fois Thérèse, il l'arrête et lui dit : « Pourquoi donc, mon Enfant, portez-vous des bonnets si élégants ? ne serait-il pas mieux de les remplacer

par de plus simples ? » Ces paroles étaient
accompagnées d'un regard scrutateur que notre
pauvre accusée ne put soutenir ; baissant les yeux,
elle répondit avec une vivacité qui la trahit : « Mon
Père, je les porte par une raison bien naturelle,
c'est que je n'en ai pas d'autres, et je trouve fort
inutile de faire des dépenses pour m'en procurer. »
Monsieur l'abbé Louyot sourit et n'ajouta rien. Le
lendemain, notre Très Honorée Mère fit venir Thérèse et lui dit : « Mon Enfant, vous reculez devant
la dépense que nécessiterait l'achat de bonnets plus
simples ; prenez ceux-ci qui ne vous coûteront
rien. » C'étaient d'antiques *bonnets à la Reine,*
héritage oublié de quelque vieille postulante.
« Hélas ! dit-elle, on s'en souvenait pour moi ! Je
me rappellerai toujours mon effroi en voyant mon
rond et frais visage enseveli sous ces énormes plis.
La honte tenait mes yeux abaissés vers la terre, et
des larmes que je m'efforçais de retenir, s'en
échappaient malgré moi. Mais je n'étais pas au
terme de l'épreuve ; le lendemain, notre bonne
Mère me faisant appeler de nouveau, me dit avec
l'accent d'une profonde compassion : « Ma pauvre
Enfant, il fait froid, vous devez être transie, vos
vêtements sont si légers ! » Je frémis, un instinct
secret me faisait découvrir sous cette apparente
bonté un nouveau piège tendu à mon amour-
propre. Je mis à m'en défendre toute la vivacité
possible, je protestai n'avoir point encore souffert
de la rigueur de la saison ; mais ce fut inutilement, on ne voulut rien entendre ; et à la place
de mes vêtements si nets, on m'en donna d'autres,
où l'antiquité de la forme le disputait à la grossiè-

reté du tissu. Blessée au vif d'être habillée comme une indigente, Thérèse fut plusieurs jours avant de prendre résolûment son parti ; elle s'y décida cependant ; et, pour se défendre de toute tentation nouvelle, fit le sacrifice de son beau trousseau qu'on remplaça par du linge grossier.

Jusqu'alors un objet avait pu échapper au complot tramé contre la tenue si correcte de notre jeune fille. C'était un petit miroir soigneusement soustrait à tous les regards que, dans un Monastère, il aurait offusqués. Une pile de linge le recélait dans ses plis, et dissimulait sa présence. Mais l'œil de Notre-Seigneur pénétrait plus avant que celui de la Maîtresse, et sa voix divine ne tarda pas à condamner cette recherche superflue. En vain, chaque jour, notre chère enfant formulait cette prière : « Mon Jésus, laissez-moi encore aujourd'hui mon miroir ; je vous promets que c'est pour la dernière fois. » Le lendemain, faible et irrésolue, elle n'avait pas le courage de s'exposer à passer la journée avec son bonnet de travers ; et timidement le miroir était consulté. Cependant les remords devenaient plus vifs et plus pressants ; bien des fois durant l'oraison, du fond de sa conscience alarmée s'élevait ce reproche : « Ton miroir ! ton miroir ! » Enfin sonna l'heure de la grâce victorieuse ; le bon Maître parla si haut, que Thérèse vaincue lança énergiquement son miroir dans la rue, non sans craindre d'avoir causé quelque accident par sa promptitude. La vanité ainsi bannie de ses derniers refuges, l'amour de Dieu allait reprendre ses droits.

Son premier acte fut la demande faite par Thérèse d'être admise à l'essai de la vie religieuse. Il marque l'empire nouveau que cet amour souverain exercera désormais sur le cours entier de son existence.

CHAPITRE VI.

Dans l'œuvre de la perfection entreprise par la jeune Postulante, l'instrument principal fut notre Très Honorée Sœur Louise de Sales de Condé, à qui était confié le soin du Noviciat. Il ne sera pas sans intérêt, croyons-nous, d'esquisser rapidement le passé d'une vie dont les commencements, les progrès et la fin ont tant glorifié le Seigneur.

Notre Sœur Louise de Sales naquit en 1792 à Deux-Ponts où sa famille avait émigré. Durant plusieurs années, elle traversa toutes les péripéties d'une existence environnée de dangers. L'apaisement de la Révolution ayant permis aux émigrés de rentrer dans leurs foyers, Monsieur et Madame de Condé se fixèrent à Paris avec leur jeune famille. Mademoiselle Amélie fut placée, ainsi que ses sœurs, dans un pensionnat séculier en renom, où l'on recevait les leçons des meilleurs maîtres de la capitale, la religion exceptée ; et c'est dans cette atmosphère de complète indifférence, que Dieu parla au cœur de l'innocente enfant, et y déposa les premiers germes de vocation. La mort de la mère et l'absence prolongée du père éloignant momentanément les jeunes filles de Paris, elles firent chez Monsieur de Condé, leur aïeul, un séjour où l'appel du bon Maître fut clairement entendu par Mademoiselle Amélie. Saint François de Sales, le Saint de son cœur, l'attirait suavement à son petit Institut ; mais le désir de soulager les membres souffrants de Jésus-Christ fut plus puissant encore ; et après le temps nécessaire pour vaincre la résistance paternelle, elle entra au noviciat de Saint-Charles à Verdun, où l'une de ses tantes était religieuse depuis un certain nombre d'années. Elle s'y montra un modèle de générosité et de régularité, et, âgée à peine de vingt-cinq ans, elle fut nommée Supérieure de l'Hospice de Saint-Hippolyte dans la même ville. Les tracas extérieurs augmentaient sans mesure, en même temps que se développaient ses attraits de vie intérieure ; et elle ne pouvait se défendre de jeter un regard d'envie sur la part solitaire et recueillie des Filles de Saint François de Sales. Elle était loin de songer alors que le divin Maître s'apprêtait à lui aplanir lui-même les voies vers l'humble séjour de la Visitation. Il n'entre point dans notre plan de parler des alternatives douloureuses qu'il lui fallut subir, avant d'arriver à la possession de ce bonheur. Qu'il nous suffise de dire que, âgée de trente deux ans, elle vit, en 1824, le Noviciat s'ouvrir pour elle. Notre Très Honorée Mère Marie-Thérèse de Tholozan, alors Supérieure et Directrice, la reçut avec la plus tendre bonté, et comprit aussitôt que Dieu plaçait sous sa conduite une de ces *âmes de grand courage et de longue haleine* dont parle notre Saint Fondateur. Pour affermir une vertu déjà si solide et si éprouvée, la sage Maîtresse la remit au pas des commençantes, ne lui ménageant point les occasions de se perfectionner dans l'humilité. Notre Sœur Louise de Sales les embrassait avec amour, et profitait de tout pour s'effacer, obéir, et vivre, sous le regard de Dieu, dans un laborieux exercice d'abnégation. La Providence qui destinait cette chère Sœur à de grandes choses, l'avait admirablement douée ; tout était noble en elle : esprit, cœur, éducation. On la voyait, d'un vol rapide et sans s'arrêter, s'élever au plus parfait, et étonner par les hardiesses de sa foi ; sa confiance s'agrandissait de tout ce qui eût dû l'abattre ; jamais elle n'était plus inébranlable, que lorsque tout appui humain venait à lui manquer, et elle paraissait alors sereine au milieu des plus violentes tempêtes. « Cette Mère de Condé, disait un saint Évêque, a une trempe d'âme peu ordinaire ; c'est bien là un de ces cœurs vigoureux qui battent dans la poitrine des Saints. »

Disons maintenant ce qu'elle était pour toutes celles dont Dieu lui avait commis la formation religieuse. Rien de plus maternel que sa conduite ; elle gagnait les âmes faibles par l'aménité de ses manières, la douceur de sa parole et les tendres ménagements de sa charité : les premières difficultés vaincues, elle excellait à leur faire désirer les actes d'une perfection solide et puissante, et à leur imprimer un élan généreux vers ce qu'elles avaient le plus redouté. Aux âmes pusillanimes elle présentait la vertu sous un aspect facile ; elle encourageait leurs efforts, stimulait leur bonne volonté par son exemple, étant toujours la première à accomplir les actes les plus répugnants à la nature. Dans les luttes inséparables de l'acquisition de la sainteté, son œil était constamment ouvert sur le pauvre cœur, théâtre de ces luttes ; et elle usait de la plus tendre sollicitude pour le soutenir. Elle avait aussi le secret de ces paroles de foi qui sont un trait de lumière pour celles qui les reçoivent, et opèrent en leur âme un salutaire revirement. Il serait difficile, d'après le témoignage des Sœurs qui l'ont connue et ont été l'objet de ses soins, de se figurer un type plus accompli d'une Directrice selon l'esprit doux et suave de nos saints Fondateurs. — Mais comment concilier ce que nous venons d'affirmer, avec la poursuite vigoureuse qu'on la verra exercer contre les tendances naturelles de notre jeune Sœur, afin de les soumettre à la grâce ? Rien de plus simple cependant. A l'égard de ces âmes prédestinées à un degré élevé d'amour, Dieu ne rompt-il pas Lui-même les lois qu'il a posées ? et la main à laquelle Il daigne en confier la conduite, ne doit-elle pas recevoir de Lui seul l'impulsion à donner ? User de timidité en ces occasions serait trahir les plus chers intérêts de Dieu.

Avec la pénétration qui lui était naturelle, notre Très Honorée Sœur Louise de Sales n'eut pas de peine à découvrir le riche fonds de grâce de cette âme choisie : plus étaient précieux les matériaux préparés pour la construction de ce pur sanctuaire, plus aussi devaient être profonds les fondements qui en assureraient la solidité. Convaincue que l'attachement à la volonté propre est le plus redoutable obstacle à l'opération divine, l'habile Maîtresse apporte à la poursuivre cette persévérante énergie à laquelle nulle force ne peut résister. Aussi s'applique-t-elle à mettre en lumière, avec une inflexible rigueur, les côtés défectueux des remarquables qualités de Sœur Thérèse : le moment qui voit naître l'inclination naturelle, est aussi celui qui la voit condamner. On en jugera par le fait suivant.

L'exagération de propreté que nous avons signalée en notre chère Prétendante, n'était point restreinte à sa personne ; elle s'étendait à tout ce qui servait à son usage, et surtout à la modeste chambre qui lui avait été assignée par l'obéissance. Tout y était frais, reluisant, et révélait un esprit d'ordre trop minutieux pour être exempt d'attache : l'épreuve devait en donner la mesure. Envoyée vers le milieu du jour à ce petit palais, la jeune Sœur voit avec surprise amoncelés dans un complet désordre tabouret, table, literie, linge, cadres, etc, enfin tout ce que contenait ce lieu entretenu avec tant de soin. En quelques secondes elle est chez sa Maîtresse ; d'un air consterné, elle lui rend compte du spectacle qui s'est offert à ses yeux, terminant par ces mots : « On dirait que tout est disposé pour y mettre le feu. » — « N'est-ce point là, lui répond froidement notre chère Sœur Louise de Sales, ce qu'il convient de faire des attaches d'une âme qui aspire à se consacrer à Dieu ? »

Toutefois, ce n'était que le prélude de nouveaux exercices pour sa vertu, afin d'assouplir incessamment la volonté propre, et de la façonner à l'abnégation. Bientôt Sœur Thérèse n'eut plus de gîte assuré. Alors qu'exténuée de fatigue elle se rendait le soir dans le réduit occupé la veille, le pauvre lit en avait disparu : où le chercher ? à qui s'adresser pour le savoir, la Maîtresse étant à Matines ? Elle se résignait à attendre la fin de cet Office, après lequel, sans manifester aucun signe d'émotion, elle se dirigeait humblement vers le lieu qu'on lui désignait. C'était tantôt le corridor le plus fréquenté du Monastère, tantôt quelque coin obscur où des insectes abhorrés tendaient impunément leur toile. Que faire ?... se souvenir de la parole du divin Maître : « *Le Fils de l'homme n'a pas où reposer sa tête ;* » et se servir des répugnances pour dompter la personnalité par une soumission pleine d'amour ; c'est à quoi se résolut notre généreuse Postulante, qui dut vingt-quatre fois, en trois mois, renouveler le même acte.

La mortification des sens vint aussi lui offrir son contingent de sacrifices. Habituée dès longtemps à se réduire pour la nourriture au strict nécessaire, et à n'user que des aliments les plus grossiers, elle n'avait point songé pouvoir aller au delà de cette limite, lorsque le zèle de sa Maîtresse ouvrit un horizon plus étendu à sa générosité. « La vie commune est le tombeau de l'amour-propre, » dit un grand Saint ; elle fut aussi pour notre bien-aimée Sœur le tombeau des répugnances naturelles. L'exemple de sa chère Maîtresse, dont la trempe vigoureuse ne connut jamais l'hésitation en matière de sacrifice, et la mâle énergie de ses enseignements, finirent par l'emporter sur la délicatesse de notre chère Sœur, qui ne recula plus devant une mouche ou une araignée tombée dans ses aliments, un ver dans un fruit, etc. la répulsion sentie devenait aussitôt la répulsion vaincue.

Cependant ces mortifications n'atteignant que les sens, la victoire eùt été un trop facile triomphe pour cette âme ardente. Aussi Dieu intervint-il, en lui envoyant une complication de maux extraordinaires, qui nécessitèrent un régime et des soins contre lesquels se révolta d'abord sa nature fière et élevée. Une ordonnance du médecin l'obligea à prendre des aliments substantiels en petite quantité, dès qu'elle éprouvait les premiers symptômes du violent mal d'estomac qui la faisait souffrir. Cette mortification était trop peu au gré de l'amour-propre, pour n'être pas habilement exploitée. En conséquence, la chère Postulante reçut l'obéissance de se présenter à sa Maîtresse chaque fois que le besoin de nourriture se ferait sentir, pour en obtenir une permission à laquelle elle eût préféré mille fois les plus dures privations. Celle-ci, feignant une tendre compassion, l'envoyait à sa Supérieure, qui, à son tour, l'adressait à la Sœur dépensière, lui enjoignant de demander tel ou tel mets délicat qu'elle lui désignait. « Ignorez-vous donc, ma Sœur, lui disait alors celle-ci avec un accent qu'elle s'efforçait de rendre bienveillant, ignorez-vous que ce que vous désirez ne se trouve que chez le traiteur?... de pauvres Religieuses comme nous doivent-elles connaître ces délicatesses? » — D'autre fois, notre Mère avertie secrètement de certains préparatifs extraordinaires pour les repas de quelques pensionnaires, l'envoyait en réclamer sa part. « Nous n'avons apprêté que juste ce qu'il nous faut, lui était-il répondu ; nous regrettons de n'avoir pas été prévenues plus tôt de vos besoins. » Et notre pauvre Enfant ainsi congédiée, se retirait rouge de honte, sans dire un seul mot pour se justifier, savourant en silence cet amer mépris de la créature, dont son amour généreux comprenait déjà toute la valeur.

Sa liberté fut un autre point aussi énergiquement attaqué que vaillamment défendu. Être venue en Religion pour servir dans les plus bas emplois, ainsi que l'humble rang de Sœur Converse en impose l'obligation, c'était, au jugement de sa ferveur, avoir acquis un droit incontestable à pratiquer tous les dévouements ; tandis que, se laisser servir soulevait en elle de vives répugnances. Ce côté trop humain de son âme appelait aussi le renoncement, et les occasions ne lui firent pas défaut. On profitait de ses indispositions fréquentes pour lui apporter ses repas au Noviciat ; et sa Maîtresse attentive à la prévenir, se tenait debout à ses côtés. D'autres fois, c'était tout le petit ménage qu'une main charitable devait approprier sous les yeux de la chère Prétendante, qui s'efforçait de sourire à travers ses larmes. Un expédient heureux vint cependant un jour la sauver de cette confusion.

A la suite d'un crachement de sang, elle avait été retenue au lit une partie de la journée ; sa Maîtresse, voulant remplir à son égard les fonctions d'infirmière, lui dit en lui montrant la porte : « Ma Sœur, je vous défends d'en passer le seuil. » A son retour de l'Office, voyant Sœur Thérèse levée, et ce qui est à son usage dans un ordre parfait, elle lui dit d'un ton moitié triste, moitié sévère : « Ne m'aviez-vous donc pas comprise, mon Enfant, lorsque je vous ai défendu de sortir de cette chambre ? — Oh ! pardon, ma Sœur notre Maîtresse, je vous ai parfaitement comprise ; vous m'aviez défendu de passer par la porte, c'est pourquoi je suis passée par la fenêtre. »

L'esprit de Sœur Thérèse, fécond en expédients, savait toujours sortir avec un joyeux entrain des petits embarras. La Directrice, connaissant son infatigable activité au travail, lui avait dit un jour de récréation : « Si vous désirez votre part du goûter, il faut être exacte à vous trouver au Noviciat au moment où on le distribuera, sinon vous devrez vous contenter de pain sec. » L'avertissement fut nul en effet. Sœur Thérèse arrive trop tard. « Ma Sœur, lui dit la Maîtresse en lui présentant un morceau de pain, voulez-vous y ajouter quelque chose? je vous permets de le prendre sur ce cerisier, » et, du doigt, elle désignait un arbre trop élevé pour qu'il fût possible à notre jeune fille d'y atteindre. Mais celle-ci saurait-elle s'arrêter en présence d'une si minime difficulté?... elle attend le moment favorable, le saisit, s'esquive sans être aperçue, se munit d'une grande échelle, et ô surprise ! quelques instants après, en tournant les yeux vers le jardin, les Novices découvrent leur Compagne assise sur le cerisier, et accomplissant à la lettre la parole de sa Maîtresse.

Sœur Thérèse affectionnait particulièrement les maximes de saint François de Sales, dont l'aimable simplicité charmait son esprit et nourrissait son cœur. Une de celles qu'elle a retracées avec le plus de bonheur dans sa conduite était : « *Oui, ma Fille, je vous le dis, réjouissez-vous tant que vous pourrez en faisant le bien ; car c'est une double grâce aux bonnes œuvres d'être bien faites et d'être faites joyeusement.* » Cette joie habituelle venait de son fond de grâce, de ses rapports confiants avec Dieu, de la claire vue toujours croissante de ses bontés à son égard, et surtout du désir de ne jamais rien refuser à son amour. Cette disposition facilitait son travail par la liberté d'esprit qu'elle lui communiquait.

Elle avait reçu de remarquables aptitudes pour les emplois : intelligente, vive, alerte, elle se jouait avec les difficultés toujours moindres que son courage, les contradictions journalières servant de stimulant à sa ferveur sans troubler l'aimable sérénité de son caractère. — A son tour, sa vénérée Directrice excellait en tout ce qui concourt à la bonne tenue d'un Monastère. Son esprit était organisateur, entreprenant, et redisons-le encore, la première elle mettait la main à l'œuvre, ce qui donnait à sa parole une irrésistible autorité. Aussi était-ce un fait confirmé par l'expérience, que nulle n'était plus habile à dresser les jeunes Sœurs, et à développer leurs talents pour le bien de la Communauté. Sous son regard vigilant, notre Postulante poursuivit ses humbles fonctions. Le petit nombre des Sœurs Converses dans ces commencements rendait sa tâche très laborieuse. La journée ne lui suffisant plus, il lui fallut dérober plusieurs heures à son sommeil, et fixer son lever à trois heures, même pendant un hiver fort rigoureux.

Une nuit, alors que tout reposait dans le Monastère, étant allée seule à la cave faire la provision de braise, elle tomba du haut d'une échelle et demeura durant plusieurs heures évanouie sur la terre humide et froide. Revenue à elle, elle constate une blessure à la jambe, et ne parvient qu'à grand'peine et avec de vives douleurs à se traîner jusqu'à la cuisine. Le mal s'étant aggravé, on l'obligea à le découvrir à la Sœur Infirmière, puis au médecin. Celui-ci après avoir examiné la plaie, prononce froidement cet arrêt : « Cette jeune fille sera désormais incapable de vous rendre aucun service. » Sœur Thérèse prompte à saisir la portée de ces paroles, n'en est point ébranlée. Nul attrait sensible n'ayant présidé à sa détermination d'embrasser la vie religieuse, elle se sent libre de tout désir de la poursuivre, aussitôt l'assurance acquise que le cloître n'est point le lieu où Dieu a marqué sa place.

On était au 15 octobre, jour de la fête de notre Très Honorée Mère Marie-Thérèse de Tholozan, la Communauté, pour se récréer, visitait les bâtiments nouvellement construits; notre chère Postulante ne pouvant la suivre, se traîne péniblement au Chœur; et là, prosternée devant le Très-Saint Sacrement, elle donne un libre cours à ses larmes: ce qui les rend si amères, c'est la crainte d'être livrée entre les mains des médecins; cette seule appréhension la fait frémir. Elle supplie Notre-Seigneur, par l'intercession de sa sainte Patronne, de poser sur elle cette main divine dont le simple contact a guéri tant de malades. Telle est la vivacité de sa foi, qu'aussitôt sa prière faite, elle est

exaucée; la douleur a disparu ainsi que la difficulté de se mouvoir. Elle était encore absorbée
dans l'action de grâces, quand sa Maîtresse vint lui
offrir son secours pour regagner la Communauté.
« Je suis guérie, » s'écrie Sœur Thérèse ; et pour le
prouver, elle prend les devants avec une promptitude qui ne permet pas de la suivre. — Délivrée
de ses pénibles angoisses, elle repasse, avec le sentiment d'une profonde reconnaissance les miséricordes du Seigneur à son égard. La santé qui lui
est rendue, elle se résout plus énergiquement que
jamais à ne s'en servir que dans une étroite dépendance du bon plaisir divin. Vivre au-dessus
d'elle-même, s'approcher de Dieu par la pureté
du cœur, ne s'attacher qu'à lui seul, est le but
qu'elle se propose d'atteindre. La prière, dont elle
vient de sentir la puissance, sera sa force. Ainsi se
préparera-t-elle à la mission sublime qui lui est
réservée, mission dont elle n'a encore que de vagues pressentiments.

CHAPITRE VII.

PRISE D'HABIT ET PROFESSION DE
MARIE-CATHERINE.

Cependant le moment de revêtir nos saintes livrées approchait. Déjà à plusieurs reprises, le consentement de Monsieur Putigny avait été sollicité en vain. Dans un instant de retour à des pensées chrétiennes, il avait en effet consenti à l'entrée de Thérèse en Religion ; mais ses infirmités, la solitude qui s'étendait autour de lui, lui faisaient regretter sa condescendance et désirer ardemment la présence de sa fille au foyer domestique. Son opposition céda enfin, et la prise d'habit eut lieu le 8 décembre 1828 ; Thérèse y reçut le nom de Sœur Marie-Catherine.

Ses trois frères y assistèrent, et telle était la vivacité de leur affection pour leur sœur, que, durant toute la cérémonie, on n'entendit que sanglots comprimés. Notre Très Honorée Mère Marie-Thérèse de Tholozan leur fit servir un déjeuner, auquel il fut permis à la nouvelle Fiancée du Seigneur de présider. On avait beaucoup espéré de son empire sur les cœurs ; mais tous ses efforts vinrent échouer

en présence d'une douleur trop profonde à cette
heure pour être consolée. L'aîné des frères, se renfermant dans un sombre silence, ne prononça pas
une seule parole ; et avant de se retirer, il brisa sa
canne et en jeta les tronçons par une fenêtre qui
donnait sur le jardin du monastère. Il avait promis de ne plus reparaître en ces lieux, et une mort
prématurée vint malheureusement confirmer sa
promesse. Son fils, chrétien fervent et excellent
père de famille, aujourd'hui fixé à Versailles, a
toujours conservé avec sa vertueuse tante des rapports de respectueux attachement. — Les deux autres frères ont souvent édifié notre chère Sœur par
leur foi en la Providence. Comme l'un d'eux énu-
mérait, lors d'une entrevue avec elle, les ravages
de la grêle dans son village, et l'anéantissement
des récoltes qui lui avaient coûté tant de travail et
de peine, sa sœur lui offrait quelques consolations
naturelles afin d'arriver insensiblement à celles
d'un ordre supérieur : « Eh quoi ! lui répondit
son frère, avec une foi digne des premiers temps,
est-ce que le bon Dieu ne conduit pas tout avec
sagesse ? est-ce à nous à savoir ce qui nous est le
meilleur ? — Les rôles avaient changé, nous dit
notre Sœur Marie-Catherine, c'est mon frère qui
m'exhortait à la parfaite soumission à la volonté
de Dieu, alors qu'elle lui était si rigoureuse. » Les
visites de sa famille, rendues insensiblement plus
rares par l'âge, les difficultés de communications,
les habitudes sédentaires de la campagne, avaient
entièrement cessé à la fin de la vie de notre vertueuse Sœur, qui nous disait avec l'accent de la
reconnaissance : « Dieu m'a ôté toutes les jouis-

sances du cœur, Il a voulu m'être toutes choses ;
qu'il en soit béni ! »

Cette première consécration religieuse de notre
bien-aimée Sœur Marie-Catherine devait être marquée du sceau de la Croix ; mais de cette croix allait jaillir un rayon miséricordieux qui, pénétrant
jusqu'aux plus intimes profondeurs du cœur de
Monsieur Putigny, y porterait, avec la foi, le repentir
et la conversion. En même temps que sa fille recevait le virginal vêtement des Épouses de l'Agneau,
ce respectable père était frappé d'une apoplexie
plus terrible que la mort, puisque, durant une
année, elle le tint paralysé sur un lit de douleur.
Dès le début de sa maladie, il se confessa, et se
dépouilla si complètement de ses injustes préven-
tions contre les Prêtres, qu'il n'eût pu se décider à
passer la nuit sans recevoir la bénédiction de son
Curé. Il ne tarda pas à devenir apôtre, et travailla
si efficacement à la conversion de plusieurs anciens militaires, ses amis, qu'il eut le bonheur de
les ramener à la pratique de leurs devoirs. Ni l'impuissance où il était réduit, ni la longueur de ses
souffrances ne purent lui arracher de plaintes :
« Jamais Dieu ne me fera souffrir autant que je le
mérite, disait-il à ceux qui lui témoignaient de la
compassion ; j'ai tant péché ! il est bien juste que
j'expie. » Une seconde attaque, survenue une année plus tard, le jour même de la Profession de sa
fille, termina cette carrière dont la fin avait été si
chrétienne.

Comme son Postulat, la Probation de notre
chère Sœur s'écoula dans l'exercice des plus pénibles travaux que venaient interrompre de fré-

quentes hémorragies. Mais, douée d'un courage peu commun, elle reprenait ses occupations alors qu'on la croyait encore réduite à l'extrémité. Ses luttes intérieures devenaient plus violentes à mesure que s'avançait l'époque des derniers engagements. Le seul allègement qu'elle trouvât à ses tentations et à ses difficultés, était de baiser ses saintes Règles et de les presser sur son cœur. « On ne saurait croire, disait-elle, tout ce que mon âme recevait de force et de consolation de cette pieuse pratique. Sachant que mon sort se décidait au Chapitre, je me prosternai devant Dieu et le suppliai d'inspirer à nos Sœurs de me refuser leurs suffrages ; et quand on vint m'annoncer que j'étais admise, je ne pus me défendre d'exprimer ma douleur par mes larmes. »

Cette répulsion, qui se renouvelait avec une intensité plus vive chaque fois que Thérèse s'avançait par un acte extérieur vers l'engagement définitif, était évidemment due à l'esprit de ténèbres. Dieu qui, dans des desseins particuliers, l'appelait à un degré très élevé d'amour, permettait qu'elle fût purifiée par la répugnance, le dégoût même, pour l'ensemble des devoirs de cette vocation qu'elle devait tant aimer, aussitôt que serait formé le lien des saints vœux.

Elle les prononça le 13 décembre 1829, anniversaire du décès de notre sainte Mère Jeanne Françoise de Chantal. Une Novice, dont l'honorable famille habitait Metz, partageait le même bonheur ; cette cérémonie avait réuni dans notre modeste chapelle l'élite de la société de la ville. Ce jour béni plaça enfin la vocation de notre chère

Sœur à l'abri des atteintes du démon, et fit éva-
nouir toutes ses ruses; son action tracassière devait
s'arrêter à cette limite : dès ce moment, notre Sœur
Marie-Catherine recouvra la liberté de l'esprit, et
cette dilatation de cœur qui devait lui permettre de
courir avec tant de ferveur dans la voie de la perfection. Dieu prit alors une si entière possession de son
âme, que rien ne parvenait à la distraire de sa sainte
présence, il lui suffisait de se tourner vers Dieu
pour être absorbée dans un recueillement si profond, que la terre semblait disparaître à ses yeux.
. Quelques mois s'étaient à peine écoulés; l'heureuse Épouse du Seigneur savourait dans le silence et l'obscurité une paix laborieusement conquise, lorsque éclata la Révolution de juillet 1830.
L'opinion publique, égarée par les pamphlets
dont on inondait la France depuis quelques années, s'était habituée à regarder comme redoutable ce fantôme du parti-prêtre dont on ne se
lassait pas de l'épouvanter. Après l'avoir ainsi préparée à admettre les suggestions les plus invrai-
semblables, et afin de ruiner l'arbre sacerdotal
dans ses racines, on attaqua les Séminaires. Celui
de notre ville, envahi en ces temps de désordre et
d'anarchie, fut successivement occupé par l'autorité militaire et par l'autorité civile durant deux
années, les élèves du Sanctuaire furent dispersés.

Pendant ces jours de trouble[1] et de perturbation
religieuse, notre monastère avait été désigné pour
le pillage. En même temps qu'une populace fré-

---

[1] Cette agitation d'alors fut un acte tout à fait en dehors
du caractère paisible de la population messine, et ne doit
point préjudicier à sa réputation de calme et de placidité
habituelle.

nétique poussait des cris séditieux, elle ébranlait les portes de clôture par des coups redoublés. La maison était cernée de toutes parts, et la Communauté, réfugiée au Chœur, essayait de fléchir Dieu par ses prières et sa confiance. Notre Sœur Marie-Catherine, seule à l'extrémité opposée, était retenue au lit par son état de souffrance ; de sa cellule, voisine de la porte d'entrée, elle entendait les vociférations et les menaces de carnage et de mort de la foule toujours grossissante. Que faire, que devenir, seule et abandonnée ?... la clôture va être forcée !... la seule pensée de tomber au pouvoir de ces forcenés la fait frémir. Dieu lui suggère alors un de ces actes d'abandon comme en savent faire les Saints ; mettant les choses au pis, elle accepte tout ce que Dieu permettra ; et pleinement remise à son soin, elle demeure dans une profonde paix. L'acte à peine consommé, Dieu lui donne l'assurance de notre préservation : un général envoie des troupes pour réprimer l'émeute qui, cédant à une force supérieure, se dissipe lentement, et tout rentre dans l'ordre.

En rappelant cette époque de sa vie, Sœur Marie-Catherine parlait de l'acte de confiance qu'elle avait dû accomplir au milieu d'épouvantables angoisses, comme d'une grâce insigne, féconde en heureux résultats. « Rien, disait-elle, ne fixe et n'affermit dans le bien comme ces sortes d'immolations qui dépassent les forces de la nature, et l'obligent à se jeter en Dieu par un suprême élan d'abandon, et l'on est saisi par la vérité de cette parole : *Ceux qui se confient au Seigneur ne seront non plus ébranlés que la montagne de Sion.* »

CHAPITRE VIII.

MARIE-CATHERINE EST GRATIFIÉE DE LA VUE
HABITUELLE DE L'HUMANITÉ DE NOTRE-SEIGNEUR.

On l'a vu, Dieu avait exigé de notre chère
Sœur Marie-Catherine, avant même qu'elle pos-
sédât l'usage parfait de la raison, une soumission
presque instinctive à sa volonté. C'était une puissance à laquelle elle n'aurait pas voulu se soustraire : l'essayer eût suffi pour troubler la sérénité
de son âme, et y éveiller le remords.

Cependant, avec les années, la volonté propre
s'était fortifiée. Elle avait rencontré, comme auxi-
liaires, en cette nature si richement douée, une
grande énergie, et, par dessus tout, un amour ex-
cessif de la liberté. Ce ne fut donc pas sans une
résistance longue et opiniâtre, qu'au moment de la
Profession religieuse la victoire définitive était
demeurée à la grâce.

Le jugement de la Communauté avait eu le
temps de se fixer sur le mérite de la jeune Professe ; elle apparaissait à toutes ses Sœurs supérieure à son rang par l'intelligence, et toute
propre à embrasser les exercices de la vie inté-

rieure d'une manière peu commune, il n'était
point difficile toutefois de reconnaître en elle une
surabondance de sève naturelle que la main du
céleste jardinier devait, par le retranchement, utiliser à son profit. Rien dans sa conduite ne semblait excéder le niveau de la vie religieuse ordinaire, si l'on en excepte cette voix, sorte d'impulsion forte vers le bien, connue uniquement de
celles à qui Dieu avait confié son âme. Et cependant Notre-Seigneur allait l'honorer d'une de ces
faveurs réservées seulement à quelques Saints pri-
vilégiés. Faisant un jour son oraison à la tribune,
il lui sembla voir se projeter sur la muraille l'ombre d'une personne qui venait se placer à ses
côtés; elle n'y prit point garde, et continua de
prêter toute son attention à l'intime entretien de
Notre-Seigneur. L'oraison terminée, elle se lève;
quelle n'est pas sa surprise d'apercevoir en ce lieu
l'Humanité-Sainte de Notre-Seigneur, dont la
présence lui devint dès lors aussi inséparable que
l'ombre l'est du corps. « Souvent, disait-elle en
rendant compte de cette faveur, je Le vois dans
une demi-obscurité, comme on voit une personne
que l'on aime, d'une vue d'ensemble plutôt que
de détail. Plus rarement, Il se montre environné
d'une douce lumière, qui me permet de contempler sa Face adorable, toujours sous les mêmes
traits, bien que leur expression varie selon les différentes scènes de sa vie qui se déroulent à mes
yeux. Sa pose, son geste, sa démarche sont d'une dignité et d'une noblesse incomparables. Oh! quelle
majesté !... » Aussi, en voyant l'Humanité-Sainte
de Notre-Seigneur représentée sur des images ou

des tableaux, ne pouvait-elle retenir cette exclamation : « Ah ! ce n'est pas vous, mon bon Jésus, comment peut-on vous représenter ainsi, vous, si beau ! » — Une dame amie et bienfaitrice de notre Monastère nous ayant fait le don d'une très belle statue du Sacré-Cœur, nous exprimions à l'envi notre admiration pour l'expression divine de ce visage, dont le regard semble se reposer avec tant d'amour sur celles qui le contemplent. Notre chère Sœur Marie-Catherine, perdue dans la foule, gardait un modeste silence. Pressée de dire son sentiment, elle répondit : « Il y a bien quelque chose de Lui dans le regard ; » et, se couvrant les yeux de la main, comme pour effacer toute image terrestre : « mais ce n'est pas Lui, oh ! que c'est loin d'être Lui ! »

Cette vue de Notre-Seigneur ne la quittait ni le jour ni la nuit. Saisie plusieurs fois par la crainte de l'illusion, elle faisait de grands efforts pour détourner son regard intérieur de cette divine présence, mais en vain ; jamais elle n'y put réussir. Notre-Seigneur, touché de sa souffrance, daignait Lui-même la rassurer sur la réalité d'une faveur trop exceptionnelle pour qu'elle n'alarmât pas son humilité : « *C'est moi, ne crains rien* » lui disait-Il. Ces paroles pénétraient dans son cœur comme un trait de lumière, et y déposaient une certitude que nulle puissance n'aurait pu ébranler. Cette âme privilégiée, marchant toujours en la compagnie du Sauveur, parlant et agissant sans interruption en l'ineffable clarté de sa présence, semblait avoir été prévenue par anticipation d'un rayon de la lumière de gloire, dont le reflet illu-

minait tout l'ensemble de sa vie. On conçoit quelle
exquise délicatesse de conscience devait être le résultat de cette grâce : d'un regard pur et simple
sur Jésus, elle voyait comme en un miroir de sainteté tout ce qui, dans sa conduite, pouvait déplaire
au divin Maître. Les moindres nuances de ses
pensées, de ses paroles, de ses actes lui étaient dévoilées sous leurs côtés imparfaits, et toutes les
plus légères fragilités de sa vie, pénétrées de cette
lumière, lui apparaissaient comme autant de taches sur un blanc vêtement. — Est-ce à dire que
Sœur Marie-Catherine ne commît point de fautes?
Hélas! non ; comme toute créature déchue, elle
portait au fond de son être les tendances opposées
à la loi de l'esprit; les mouvements des passions
humaines se faisaient donc sentir ; rarement ils
obscurcissaient la raison; et ils ne tardaient pas à
s'apaiser en la présence du divin Exemplaire
qu'elle contemplait incessamment. — Comment,
en effet, demeurer exposée aux rayons du Soleil de
Justice sans voir se dissiper, sous sa bienfaisante
influence, les brouillards produits par l'infirmité
humaine ?

Placée sous l'action immédiate et permanente
d'une telle grâce, notre chère Sœur se laissa mouvoir aveuglément par son impulsion ; le chemin
à suivre, les épreuves à traverser, ne furent plus
aux yeux de sa foi que choses secondaires. S'étant
donnée à Dieu, dans l'acception la plus étendue
du mot, et sachant que ce don est le plus glorieux
hommage qu'une créature puisse rendre à son
souverain domaine, elle s'estimait heureuse de se
livrer, avec une sorte de témérité, à l'inconnu de

ses desseins d'amour. Cette donation fut si complète qu'elle pourrait se définir : une prise de possession de son être tout entier par le Saint-Esprit.

Toute son attention fut alors de discerner la volonté de Dieu, et la pente de son cœur, de la suivre ; le temps, le lieu, la forme ne viendront point modifier cette détermination première. Au milieu des plus amères traverses, on l'entendra dire à Dieu avec un calme vraiment céleste : « Vous croyez me contrarier, mon Dieu ? eh bien, c'est tout le contraire ; votre Volonté est la seule chose que j'aime au monde : la connaître et l'accomplir fait tout mon bonheur. » Ne s'arrêtant qu'au bon plaisir de l'unique objet de sa dilection, tout lui sera un. Réussir ou échouer, voir les obstacles et les difficultés se multiplier sur son chemin, ou suivre du regard la douce main de la divine Providence qui les aplanit, se trouver en présence du travail, allègre ou languissante, être recherchée, estimée, ou savourer dans l'oubli l'inconstance de la créature : tout lui agréera aussitôt que sa foi y aura découvert le sceau du Bien-aimé.

Dieu n'a pas coutume d'accorder ces faveurs insignes comme récompense ; le plus souvent, elles sont, dans ses desseins, une sorte d'initiation à une vocation plus sublime que celle du vulgaire, en même temps qu'un moyen actif de s'y perfectionner. On ne saurait s'imaginer les marques de bonté et de tendresse qu'Il prodigue à certaines âmes appelées à une union plus parfaite avec Jésus-Christ. Lorsqu'il est donné de pénétrer dans le sanctuaire intime de ces âmes vaillantes, on est

ravi de voir avec quel beau mélange de force et de
suavité le Saint-Esprit poursuit leur perfectionnement. La vue constante de ce Visage adorable qui
fait la joie des Bienheureux dans le Ciel, alluma
bientôt dans l'âme de notre chère Sœur le désir
d'une entière conformité de vie avec Jésus souffrant. Plus s'augmentait son amour, plus aussi se
fortifiait cette soif d'immolation qui devait l'unir
à son cher Sauveur, et la faire en quelque sorte
passer en Lui par une immense compassion. Le
nombre et la valeur infinie de ses divines expiations, l'ineffable bonté avec laquelle Il les offre
pour tous, et le mépris qu'en font la malice et la
légèreté, étaient autant d'aiguillons qui la pressaient de se concentrer, en quelque sorte, dans une
prière incessante pour gagner des âmes à Jésus.

Les grâces extraordinaires dont Sœur Marie-Catherine était l'objet, s'affirmaient chaque jour avec
plus d'évidence ; aussi les Supérieures ne crurent-
elles pas devoir s'écarter des règles prescrites par
la prudence, qui enjoint d'éprouver tout esprit
suréminent avant de lui reconnaître le droit de se
produire. On le sait, ce qui sort des voies communes et unies est justement suspect à la Visitation, dont le cachet propre est la simplicité. Afin
donc de s'assurer si les grands attraits d'union de
notre chère Sœur venaient de Dieu, on multiplia
ses occupations de telle sorte que, le plus souvent,
elle devait se priver de l'oraison, ou la faire en
vaquant aux travaux de son emploi. « Mais plus
je dépensai d'activité pour l'amour de Notre-
Seigneur, dit-elle, plus il me semblait qu'Il en
mettait à me poursuivre et à me combler de ses

divines faveurs; aussi, s'il n'avait tenu qu'à moi, je n'aurais pas cherché plus de loisir pour m'occuper de Lui : me dépenser pour Lui, était toute mon ambition. » — Un jour cependant, elle se vit dans un grand embarras. On sonnait un sermon extraordinaire auquel la Communauté avait reçu la recommandation d'assister. « Que faire ? se dit notre chère Sœur; si je laisse sans soin sur le fourneau, pendant un temps si long, ce qui est destiné au repas de nos Sœurs, il ne pourra plus leur être servi. » Dans sa perplexité, elle s'adresse à son recours perpétuel, la très sainte Vierge; et, à genoux devant sa statue, elle entend distinctement cette réponse : « *Allez pratiquer ce que je vais enseigner à vos Sœurs.* » Sœur Marie-Catherine revint toute joyeuse à son office de Marthe. — Malgré son attrait pour la parole de Dieu, elle était presque toujours privée des sermons extraordinaires; mais depuis ce moment, l'occasion de ce sacrifice la remplissait de joie : « Que peut dire le Prédicateur, pensait-elle, que Dieu ne me dise ici ? »

C'est ainsi qu'elle goûtait Dieu en tout et partout. Recevant beaucoup, elle voulait aussi donner beaucoup: son corps, elle le livrait en sacrifice par les fatigues souvent volontaires auxquelles elle le condamnait, et son cœur, par le retranchement des jouissances les plus légitimes. Elle avait une soif ardente de s'ôter à elle-même tout ce qui constitue la joie naturelle et humaine; elle allait jusqu'à se priver des consolations spirituelles les plus appréciées, et trouvait dans le cœur à cœur dont Jésus voulait bien l'honorer, avec le courage de surmonter toutes les difficultés, un avant-goût des délices du ciel.

CHAPITRE IX

On était en 1832. Le choléra sévissait en notre
ville. Après avoir envahi plusieurs quartiers avec
une terrible rigueur, il vint s'abattre tout à coup
sur le Monastère. Onze membres de la Communauté furent atteints à la fois par le fléau. Allant
d'un lit à l'autre, assidue surtout où le danger
était plus pressant, notre Sœur Louise de Sales de
Condé prodiguait à toutes, avec le plus complet
oubli d'elle-même, les trésors de charité renfermés
en son cœur. Sa famille religieuse, déjà éclairée
sur son mérite par la direction sage et élevée
qu'elle donnait à ses Novices, et pénétrée d'admiration pour son dévouement, voulut se prévaloir
du don de Dieu, et, peu après l'épidémie, lui con-
fia le gouvernement de la Communauté.

Sœur Marie-Catherine se remit avec bonheur
sous la forte, mais suave direction de celle qui,
pendant son enfance religieuse, l'avait nourrie
d'un pain si substantiel. Un doux lien l'attachait
à sa nouvelle Mère, celui d'une conformité d'at-

trait pour l'Humanité-Sainte de Notre-Seigneur. Toutes deux, elles avaient reçu cette puissante touche de grâce qui fixe invariablement le cœur là où il a trouvé son trésor. Notre chère Sœur, encore peu habituée à la présence continue de son divin Sauveur, avait besoin de déverser dans l'âme de sa Mère la surabondance de joie spirituelle dont la sienne était toujours débordante, et d'apprendre, de son expérience, la sage réserve commandée en ces rencontres, toujours délicates pour l'amour-propre.

Cependant une mission plus importante que celle d'aide de la Sœur cuisinière avait été donnée à notre Sœur Marie-Catherine. Pour accomplir ses desseins, Dieu se servit d'un redoublement de souffrances; l'ardeur du feu ayant été reconnue nuisible à sa santé, elle fut retirée de ce premier emploi, et placée au Pensionnat, où sa vie ne devait être qu'un long exercice de dévouement. Si cette nouvelle disposition de l'obéissance apporta quelque allègement au corps, il n'en fut pas de même pour l'esprit, les sollicitudes de notre bien-aimée Sœur devant s'étendre à une multitude de détails, et embrasser à la fois le vestiaire, le service de table et l'infirmerie. Son zèle suffit à tout; mais ce fut spécialement à l'infirmerie que ses aptitudes naturelles pour le soin des malades se signalèrent dans tout leur éclat. Pour se perfectionner en sa nouvelle charge, elle reçut de sa Mère de fort utiles leçons. Nul tact n'était aussi délicat que celui de la Très-Honorée Mère Louise de Sales, nulle main aussi douce et aussi habile à la fois; elle avait mille industries pour soulager les malades sans les fatiguer; à ce point, qu'étant encore Supérieure à l'Hospice Saint-Hippolyte, elle passait déjà pour consommée en son art. L'exercice ne manqua pas non plus à notre Sœur Marie-Catherine : la fièvre typhoïde et la fièvre cérébrale, depuis quelques années, avaient fait leur apparition dans notre Monastère, et paraissaient devoir s'y maintenir, malgré toutes les précautions sanitaires prises pour qu'il en fût délivré. Un jour que notre bonne Sœur soignait une malade réduite à l'extrémité, le médecin, meilleur praticien que théologien, la tirant à l'écart, lui dit : « Ma Sœur, votre place n'est point ici; c'est chez les Sœurs de la Charité que vous devriez utiliser vos rares talents pour le soin des malades; croyez-moi, allez à l'Hôpital de Bon-Secours, où je me fais fort de vous procurer le soin d'une salle. » Si tous les médecins n'étaient pas aussi explicites, ils ne laissaient pas d'éprouver la même surprise en présence de ses connaissances médicales : aussi se bornaient-ils le plus souvent à constater le résultat des remèdes appliqués au mal dès son principe.

On ne s'étonnera point de l'efficacité vraiment surnaturelle qui semblait attachée aux remèdes employés par notre chère Sœur, si nous disons avec quel profond esprit de foi ils étaient administrés. Le Tabernacle fut toujours pour elle Jésus vivant au milieu de nous, dans sa puissance, dans sa bonté, dans l'irrésistible penchant de son Cœur à faire du bien. Elle s'approchait de Lui comme les malades aux jours de sa vie mortelle, appelant la vertu qui sortait de sa Sainte-Humanité sur toutes les misères qui l'environnaient et qu'une tendre charité lui rendait, pour ainsi dire, personnelles. Dès qu'une indisposition menaçait de prendre un caractère sérieux, on la voyait se diriger vers le Chœur, en ouvrir doucement la porte, s'agenouiller respectueusement, poser à ses pieds le médicament ordonné, prier Notre-Seigneur de le bénir, se relever pleine de confiance, et emporter au fond de son cœur une inébranlable espérance, souvent même une certitude que le temps ne tardait pas à réaliser. Arrivait-il que les remèdes demeurassent sans effet, sa prière devenait plus humble, plus suppliante encore; une inspiration rapide comme l'éclair, venait parfois traverser son esprit : la suivre en tous points, c'était se tenir assuré du succès.

On avait fait une application de sangsues à une élève atteinte d'une grave maladie; depuis deux jours notre Sœur Marie-Catherine se tenait debout à ses côtés, le pouce posé sur la veine que l'on s'était inutilement efforcé de cautériser. Déjà la malade, condamnée par les médecins, pâle, sans vie, le cierge bénit entre les mains, paraissait près de rendre le dernier soupir, lorsqu'une illumination soudaine découvre à notre bonne Sœur le moyen infaillible de l'arracher à la mort; elle en fait usage, et l'enfant est sauvée.

Le sacrifice de sa sagesse naturelle était ordinairement la condition du succès de ces sortes de cures. Il se livrait alors d'étranges combats entre sa foi et sa raison. Pour sa foi d'une vigueur exceptionnelle, croire à la Toute-Puissance de Dieu était un besoin; tandis que sa raison avait peine à se dégager de l'influence des appréciations hu-

maines. Jésus répondait à son appel; Il venait
pour guérir; et quand il voulait user de salive ou
de boue, elle souffrait dans son orgueil. La mort
n'était point encore descendue en son âme à ces
profondeurs où tout est soumission aveugle, anéantissement. — Une autre élève s'était fait une brûlure au pied; bientôt le mal s'envenima de telle
sorte qu'après quelques jours, le pied brûlé ne
présentait plus qu'une masse informe, exhalant
une odeur fétide; le remède qui devait le guérir,
s'était bien présenté à l'esprit de notre chère
Sœur, mais elle le trouvait si peu conforme aux
lumières de sa raison, qu'elle ne pouvait se décider à l'appliquer. Toutefois, le mal empirant,
elle a remords de son infidélité, saupoudre le pied,
qui déjà semble en putréfaction, d'une certaine
fécule qu'on lui a indiquée. Aussitôt les douleurs
aiguës cessent; elles font place à un sommeil ré-
parateur; le lendemain matin, le membre malade était tout à fait en voie de guérison ; quelques excroissances de chair demeuraient encore,
comme pour attester la grandeur de la grâce qui
avait été accordée.

Une maladie se prolongeait-elle, ou menaçait-
elle de prendre un caractère alarmant, sans que
les ressources de l'art parvinssent à en arrêter les
progrès, notre pieuse Infirmière se tournait du
côté de Notre-Seigneur avec cette foi qui obtient
des miracles, et ne tardait pas à ressentir les effets de
la promesse divine : « *Tout ce que vous demande-
rez à mon Père, en mon Nom, Il vous l'accordera.* »
Depuis plusieurs jours, une élève était atteinte de
la fièvre typhoïde ; le mal s'aggravait rapidement,

et déjà l'état de la malade inspirait les plus vives inquiétudes, lorsque, dans sa douleur, notre Sœur Marie-Catherine fait monter vers Dieu un de ces élans de confiance auxquels son divin Cœur ne sait point résister. Non-seulement elle demande la guérison de l'enfant confiée à ses soins, mais elle ose demander encore que cette guérison s'effectue par les mains mêmes de Marie. Cette prière que formait sans doute le Saint-Esprit, est aussitôt exaucée. Au chevet de ce lit où elle est si assidue, la Sainte Vierge lui apparaît resplendissante de beauté, pour lui donner l'assurance d'une complète guérison. La lumière céleste qui environne Marie est visible pour la jeune pensionnaire. Son éclat lui révèle une faveur divine. Elle en ressent une émotion si vive que l'on a peine à la calmer et surtout à obtenir le secret toujours réclamé et difficilement gardé en pareille circonstance. A partir de ce moment un mieux se manifeste et la malade ne tarde pas à entrer en convalescence.

Un fait analogue se renouvela à l'égard d'une autre élève affligée de la même maladie. Cette jeune fille devenue aujourd'hui mère de famille a toujours conservé un fidèle souvenir de cette grâce miraculeuse et a bien voulu nous en communiquer la relation écrite de sa propre main :

« Étant pensionnaire à la Visitation de Metz, dit-elle, je fus atteinte vers l'âge de quatorze ans d'une fièvre typhoïde compliquée d'accidents cérébraux très graves. Les soins les plus dévoués me furent prodigués par plusieurs Religieuses, et particulièrement par notre chère Sœur Marie-Catherine, qui nuit et jour à mon chevet semblait oublier

toute fatigue, pour ne songer qu'à l'enfant confiée
à sa sollicitude. La maladie ayant pris rapidement
un caractère presque désespéré, on dut me faire
quitter l'infirmerie du Pensionnat, et Sœur Marie-
Catherine à bout de forces ne fut plus exclusivement
chargée de me soigner, mais son cœur et son dévouement l'attiraient à chaque instant vers mon
lit de douleur, et c'est elle qui avait dû communiquer à mon âme cette quiétude et cette soumission
à la volonté divine que je ressentais plus vivement
quand elle était à mes côtés. Sa présence m'apportait toujours un soulagement, et dans mon délire
toujours je reconnaissais sa douce voix. J'eus le
bonheur de recevoir la sainte Communion en
viatique, ayant près de moi ma chère Sœur Marie-
Catherine, dont l'ardente charité m'inspirait le
sacrifice de ma vie : je le fis avec une joie sans
mélange. La douce influence de ma chère Infirmière me pénétrait, et trop faible pour avoir une
pensée je suivais cette âme sainte dans son élan
vers le Ciel. Après la pieuse cérémonie, je vis entrer ma mère dont les larmes sont mon dernier
souvenir, et je ne me rappelle rien si ce n'est le
fait merveilleux dont la certitude intense ne m'a
jamais quittée :

« Sœur Marie-Catherine était seule à mon chevet,
elle priait avec ardeur. Tout à coup je vis distinctement (et je vois encore), à côté de mon lit, dans une
vapeur diaphane une figure d'enfant, angélique et
souriante, c'était l'Enfant Jésus près de moi, et sa
divine Mère avec Lui. J'eus à l'instant même l'assurance d'une manifestation surnaturelle et divine... nulle crainte ne troubla mon âme. Des

paroles furent-elles prononcées ? Je l'ignore.... toujours j'ai conservé l'impression ressentie à cet instant précieux. Marie semblait s'entretenir avec Sœur Marie-Catherine, Jésus remplissait mon cœur d'une joie sans nom... mais bientôt la céleste vision disparut !... J'aurais voulu mourir à cette heure bénie !... Sœur Marie-Catherine eut bien de la peine à me persuader que le bon Dieu ne me voulait pas encore... Celle qui m'avait décidée à faire le sacrifice de ma vie, eut alors la même peine à me faire accepter la prolongation de mon existence : car depuis cet instant elle m'assura toujours que je guérirais, et en effet, peu de temps après cet évènement ma santé se rétablit. »

Le Triennat de notre Très-Honorée Mère Louise de Sales était écoulé. Dans la charge de Supérieure, elle avait été un modèle des vertus qui distinguent une mère selon le Cœur de Dieu, et avait réalisé deux œuvres, qui, par leur importance, suffiraient pour perpétuer sa mémoire : le bâtiment du pensionnat, et la clôture qu'elle établit définitivement, malgré des difficultés presque insurmontables. Elle reprit de nouveau la conduite du Noviciat, labeur aimé, vers lequel l'inclinaient les attraits de son âme. Une Sœur nous ayant été demandée par notre bien-aimée famille d'Amiens pour y remplir la charge de Supérieure, la réponse fut telle qu'on pouvait l'attendre d'un cœur aussi désintéressé que celui de notre Mère Marie-Thérèse de Tholozan. Malgré une santé faible qui lui rendait si nécessaire la présence de sa chère Déposée, elle avait aussitôt arrêté son regard sur cette Fille dévouée, sur ce parfait modèle religieux. La

séparation fut, de part et d'autre, on ne peut plus douloureuse; nulle ne la ressentit plus intimement que notre Sœur Marie-Catherine. Cachée dans un coin obscur de la tribune, elle essayait en vain de retenir ses sanglots ; la mort lui eût semblé moins cruelle que cette séparation : car Dieu lui donnait le pressentiment qu'elle serait sans retour ! Des bienfaits de l'ordre le plus élevé avaient établi entre ces deux âmes des rapports de confiance intime, les plus difficiles de tous à briser.

Le cœur de Sœur Marie-Catherine plein de Dieu l'était donc aussi de la divine charité. Façonné par le Saint-Esprit en vue de ses particuliers desseins d'amour, rien de vulgaire ne s'y rencontrait; il était étranger à l'intérêt personnel, et tout acte spontané dévoilait en lui une noblesse, une élévation peu commune, en même temps qu'une tendresse de compassion qui l'eût porté à se priver de tout pour soulager les malheureux. C'est entre mille traits que nous choisissons le suivant :

Notre digne Mère Marie-Thérèse de Tholozan poursuivait les constructions nécessaires à l'agrandissement de sa famille religieuse. Parmi les ouvriers qui travaillaient au chantier, il y en avait un dont la femme, gravement malade, manquait de tous les secours que réclamait son état. Transie par la fièvre, elle ne pouvait réchauffer ses membres glacés, faute de couvertures suffisantes. Cette détresse émut d'une profonde pitié notre bonne Sœur qui, aussitôt, va trouver sa Supérieure, lui expose les besoins de la pauvre famille, et la supplie de lui permettre de disposer en sa faveur d'un duvet des élèves. « Mais vous n'y pensez pas, répond notre chère Mère, faisant violence à son cœur, leur nombre égale celui des lits, il n'y en a pas un seul en réserve. — Oh ! ma Mère, repart vivement notre Sœur Marie-Catherine, il ne faut pas compter avec le Sacré-Cœur ; n'est-il pas assez puissant pour rendre tout ce que l'on fait pour Lui ? » Vaincue par une insistance qui étaitsi bien d'accord avec ses inclinations, notre bonne Mère donne la permission désirée, et le soir, grande est la surprise, en constatant qu'aucun lit n'est privé de son duvet. Quand Notre-Seigneur avait parlé par une de ces inspirations qui excluent le doute, Il voulait être obéi sans regard sur les difficultés à vaincre, non plus que sur les jugements qui auraient pu accuser la conduite de Sœur Marie-Catherine d'imprudence ou de présomption. Bien des fois déjà le divin Maître avait ainsi répondu à la confiance de sa Servante afin de la confirmer dans son inébranlable foi.

L'année 1842 plaça le gouvernement de la Communauté entre les mains de notre Très-Honorée Mère Marie-Joséphine de Courten, qui appartenait à une famille également recommandable par sa naissance et par les principes religieux. Une constante exactitude aux plus petits devoirs, un remarquable esprit d'ordre, et des aptitudes d'organisation unies à un grand amour de la vie cachée, avaient jusqu'alors distingué la nouvelle Mère : l'élection, en l'obligeant à produire au dehors des qualités et des vertus qu'elle tenait dans l'ombre, révéla à ses Filles un aspect inconnu du don qui venait de leur être fait par la divine Providence. On connaissait sa douceur, sa régularité ; mais on

ignorait de quelle juste mesure de fermeté et de
zèle elle saurait les accompagner, pour le maintien
et la perfection de nos saintes observances. Dès le
commencement de sa nouvelle mission, elle ga-
gna tous les cœurs par son dévouement, l'aimable
égalité de son caractère; et cet empire, elle ne voulut en user que pour le perfectionnement de la vie
intérieure, attrait dominant de son âme. Affermir
le règne pacifique de Jésus, en fermant toutes les
avenues à la propre volonté, son redoutable anta-
goniste, devint la poursuite incessante de cette
vertueuse Mère : aussi aimait-elle à fournir à ses
Filles l'occasion de nombreux sacrifices journaliers, afin d'établir solidement leurs âmes en cette
souplesse spirituelle qui est l'agent le plus actif
de notre perfection. Est-il nécessaire de dire que
d'un regard plus vigilant encore elle suivait Sœur
Marie-Catherine dans le détail de ses différents
emplois, pour extirper jusqu'aux moindres racines
d'attache à ses vues personnelles : n'est-ce pas à
qui a plus reçu qu'il est juste de demander davantage ?

Le côté vulnérable de notre chère Sœur se rencontrait, on s'en souvient, dans une recherche
minutieuse de propreté, et l'incomparable perfection de tout ce qu'elle était chargée d'accomplir.
Pour vaincre l'habitude par une habitude contraire, elle usait d'une généreuse volonté; mais de
spécieuses raisons se présentant à son esprit, elle se
fût peut-être replacée sur une pente dont elle avait
peine à se défier, son propre intérêt ne lui sem-
blant pas en jeu. « Plaire à Dieu, disait-elle quelquefois, est la seule fin que je me propose, ose-

rais-je bien lui offrir des actions indignes de lui? »
Ou encore : « Le profond respect que je porte à
nos Sœurs ne doit-il pas se traduire dans les
moindres services que je suis appelée à leur rendre? » La Très-Honorée Mère Marie-Joséphine
n'oubliait pas que, quelque gratifiée que soit une
âme, le démon de la vanité a toujours certaine
intelligence dans son fonds mauvais. Elle s'appli-
quait donc en toutes rencontres à découvrir ses artifices et à dévoiler ses ruses. Sœur Marie-Catherine, de son propre aveu, ne ressentait point les
atteintes de ce défaut dans ses rapports avec Dieu ;
mais ne pouvait-il, à son insu, surgir quelque sentiment de complaisance sur sa dextérité, son in-
dustrie, son savoir-faire? Un jour que notre chère
Sœur, après s'être donné beaucoup de peine pour
approprier le grand dortoir des élèves, à une époque où l'absence de santés robustes parmi les
Sœurs Converses se faisait sentir, contemplait d'un
œil satisfait son travail achevé, sa Mère, venant à
passer par ce lieu, notre bonne Sœur lui adressa
quelques paroles qui tendaient à fixer son attention sur le résultat obtenu : « Ma Sœur, lui dit
gravement celle-ci, pendant que vous admirez
votre ouvrage, le démon, lui aussi, le regarde et rit
de votre vanité. »

La voix de Notre-Seigneur se faisait encore
entendre en certaines occasions où Il voulait imprimer en son âme une ineffaçable leçon. Il ne
supportait pas les détours donnés à l'obéissance
au profit de la propre volonté; en cette matière,
ni la promptitude ni l'irréflexion ne trouvaient
grâce à ses yeux. Or il arriva qu'un jour notre

bonne Sœur faillit à la simplicité qui fait de cette vertu d'obéissance un sacrifice de si agréable odeur à Dieu. Une application de sangsues lui avait été ordonnée à la jambe, elle la fit au bras, peut-être pour vaquer plus librement aux devoirs de son emploi. Cette faute lui valut une sévère réprimande de sa Supérieure ; mais bien plus sévère encore fut celle de Notre-Seigneur qui lui dit d'un ton ferme : « *Tu vas voir ces sangsues être plus obéissantes que toi.* » Il en fut ainsi ; les sangsues se détachant aussitôt du bras, se placèrent à la jambe, sous le regard étonné de celle qui en était le témoin.

On l'a dit avec beaucoup de vérité : l'obéissance est la voie la plus courte de la perfection ; c'est peut-être parce qu'elle est la forme la plus assurée de l'amour qu'on possède pour Dieu. Ne pourrait-on pas dire avec la même vérité : L'obéissance est l'artère de la vie spirituelle ; c'est à son battement, bien plus qu'à la fréquence et à la grandeur des grâces extraordinaires que se mesurent les accroissements de la vertu ? Les Saints aimaient passionnément cette vertu ; telle était la haute idée qu'ils avaient conçue de son mérite et de la gloire qu'elle rend à Dieu, qu'ils eussent voulu en marquer tous leurs actes, et comme Jésus, notre divin Modèle, s'y sacrifier jusqu'à la mort de la croix. Sœur Marie-Catherine dut pratiquer cette parfaite soumission dans des circonstances exceptionnellement pénibles. La même Supérieure, déposée depuis quelques mois seulement, remplissait la charge d'infirmière [1], ce qui la mettait en rapports habituels avec

---

[1] De la Communauté.

notre vertueuse Sœur. Celle-ci conservant, à son insu peut-être, une affection trop sensible pour son ancienne Mère, ne tarda pas à expérimenter combien est inexorable la jalousie de Notre-Seigneur. Laissons notre chère Sœur nous en faire le récit : « Nous étions au premier jour de notre Retraite, et depuis la veille, notre Très-Honorée-Sœur Déposée Marie-Joséphine n'avait pas encore paru dans l'emploi ; une inquiétude me saisit : serait-elle malade ?... Je fais de vains efforts pour me rendre maîtresse de cette pensée ; elle me poursuit, et à son importunité, je comprends que le démon n'y est pas étranger. Pour triompher de lui, et aussi de mon propre cœur, je prends la résolution de baiser la terre aussi souvent que ce souvenir s'offrira à mon esprit. Combien de fois en cette journée le fis-je? Il me semble que ce fut plus de cent fois. Enfin le soir arrive, et me trouvant en présence de notre Très-Honorée Mère, je demande des nouvelles de la santé de notre Sœur Déposée. « Elle est souffrante, m'est-il répondu, ce n'est qu'une forte migraine ; si demain elle n'est point dissipée, nous ferons venir le médecin. » La permission de la visiter, et de juger par moi-même de son état me fut accordée pour le lendemain seulement. La nuit me parut bien longue ! Le docteur, appelé, ne reconnut aucun caractère sérieux à l'indisposition ; enfin mon tour arriva, j'entrai dans la chambre de la malade. A peine mes yeux se furent-ils arrêtés sur elle que Notre-Seigneur, me la désignant de la main, me dit : « *Vois cette créature que tu as tant aimée ; bientôt elle ne sera plus qu'un cadavre.* » Consternée et brisée de douleur, je cours chez notre Très-Honorée Mère, pour la prier de faire administrer sans retard la pauvre mourante. Sa Charité essaie de me calmer, rit de ma frayeur qu'elle attribue à la vivacité de mes impressions ; mais sans me laisser déconcerter, je poursuis mes instances ; j'assure que le temps presse, et notre Mère cède enfin, ne voulant pas assumer sur elle une si lourde responsabilité. Monsieur notre Confesseur, mandé aussitôt, confère l'Extrême-Onction et applique l'Indulgence *in articulo mortis* à la chère malade, qui ne tarde pas à rendre son âme à son Sauveur. »

Après de telles leçons sorties de la bouche de la Vérité même, comment le néant de toutes choses n'eût-il pas apparu à notre Sœur Marie-Catherine, dans sa rigoureuse évidence ?... Le coup était cruel, mais il avait porté juste et atteint l'endroit sensible. Sœur Marie-Catherine perdait l'un de ses plus chers appuis. C'était le glaive à deux tranchants, pénétrant jusqu'à la division de l'âme d'avec l'esprit, et discernant jusqu'aux fibres les plus intimes pour les extraire sans pitié. « O Seigneur, disait quelque fois notre chère Sœur, qu'il faut que vous aimiez mon âme pour la traiter ainsi ! » Et Notre-Seigneur répondait à ce cri de souffrance par un redoublement de mort, de séparation et de renoncement. Il connaissait le cœur de sa Servante, et ses pensées sur elle étaient des pensées d'amour !

CHAPITRE X.

Dieu avait élevé un mur de préservation entre
notre Sœur Marie-Catherine et ce monde, dont
un instinct de grâce lui révélait la malice. C'était
assez qu'il eût été maudit de Notre-Seigneur, pour
lui devenir l'objet d'une souveraine répulsion. De
plus, un don éminent de prière et de recueillement
intérieur la tenait en éveil contre les surprises de
l'ennemi du salut. Elle possédait aussi à un haut
degré la délicatesse de conscience qui règle les
mouvements du cœur, et la vigilance qui déjoue
les ruses de Satan. Ces excellentes dispositions auraient dû, ce semble, l'acheminer tout naturellement vers la fréquente Communion. Il n'en avait
pas été ainsi. Jeune fille, Thérèse se contentait
d'approcher de la sainte Table aux principales
Fêtes, sans pressentir encore la faim insatiable
que, plus tard, elle devait éprouver du céleste aliment. On traversait alors une époque, où ceux
mêmes qui manifestaient le plus d'opposition pour
les désolantes doctrines du Jansénisme, ne pou-

vaient se défendre d'en subir l'influence pratique :
la fréquentation des Sacrements était rare ; notre
chère Sœur n'avait pu être abritée complètement
contre le souffle glacial qui avait passé sur toutes
les âmes. Vivement impressionnée par la pureté
que requiert le Banquet des Anges, elle tremblait
à la pensée de la moindre imperfection : aussi la
crainte qui tient à distance, occupait-elle dans sa
piété une place réclamée par l'amour. Toutefois,
dés son entrée en notre Monastère, on vit diminuer en elle l'empire de ce sentiment ; et son âme,
affranchie d'une réserve excessive, dut céder au
doux appel de la sainte dilection : « *Venez à moi !* »

Nous l'avons dit : au début de la Fondation, il y
avait peu de sujets, et par suite une grande surcharge de travaux. Les occupations échues en partage à notre chère Sœur la mettaient à certains
jours dans l'impossibilité de recevoir la Sainte
Eucharistie. Monsieur Louyot, son Confesseur,
lui en témoignait parfois un vif mécontentement.
Mieux que personne, il comprenait les desseins de
Dieu sur cette âme privilégiée ; et pour les seconder, la Communion lui paraissait de tous les
moyens le plus efficace ; mais bien des années devaient s'écouler encore, avant que sa pénitente pût.
sur ce point, réaliser les désirs de son zèle. — Une
fois cependant que celle-ci s'était vue dans la nécessité d'omettre plusieurs Communions de suite,
il lui dit d'un ton inspiré : « Vous ne trouvez pas
la possibilité de faire celles qui sont de Règle ; eh
bien, je veux qu'en sortant du saint Tribunal, vous
alliez demander à votre Mère la grâce de la Communion journalière. » Ce fut un coup de foudre

pour notre chère Sœur, qui obéit, non sans de vives répugnances : « Vous ! la Communion journalière ! lui dit notre Très-Honorée Mère Marie-Thérèse de Tholozan, en jetant sur elle un de ces regards pénétrants dont on ne pouvait soutenir la profondeur, vous ! la Communion journalière !... voilà qui demande de sérieuses réflexions !... »

Aussi notre digne Mère avant de prêter son concours à une dérogation si importante à nos saintes lois, en faveur d'une Religieuse encore à l'entrée de sa carrière, se crut obligée d'en conférer avec le sage Directeur ; et de concert, il fut décidé que notre bonne Sœur demanderait chaque jour la sainte Communion à sa Supérieure. Jamais elle ne se dispensa de le faire, bien que souvent ce fût sans résultat ; les fréquents refus qu'elle recevait devant servir à la fixer solidement dans l'indifférence au bon plaisir divin, et à la soustraire ainsi aux entraînements de l'imagination et de l'amour-propre. Notre vénérée Mère se reconnut-elle enfin vaincue par la persévérance de notre humble Sœur, ou la durée fixée pour l'épreuve était-elle expirée ? on ne le sait ; mais la permission de recevoir Notre-Seigneur lui fut plus largement octroyée. Notre chère Sœur, encore à certaines heures sous l'impression de la crainte, ne céda tout d'abord, en accomplissant cet acte, qu'à une obéissance aveugle. A Notre-Seigneur seul il appartenait de faire disparaître ces derniers vestiges des impressions de sa jeunesse, et d'y substituer une impulsion plus conforme à celle de son divin Cœur. Elle le rapporte ainsi : « Allant un jour à la sainte Table, je suppliai Notre-Seigneur, si cette Communion

n'était point à sa gloire, d'user de sa puissance pour m'anéantir. A peine L'eus-je reçu dans mon cœur, que j'entendis sa voix me dire avec une douceur incomparable : « *Ne sais-tu pas que c'est l'amour, et non la crainte, que je veux de toi ?. .*»

Dans une autre circonstance, se reprochant quelque faute, elle avait résolu par un sentiment profond d'humilité de s'abstenir du Pain de vie, croyant ainsi offrir à Dieu l'expiation qui lui agréerait davantage. O surprise ! au moment de la sainte Communion, elle voit deux Anges portant des flambeaux se diriger vers elle, l'inviter à les suivre, l'accompagner à la sainte Table, et la reconduire de la même sorte !

Quelle extension rapide l'amour, une fois débarrassé de ses entraves, dut-il prendre dans une âme aussi pure ! Bientôt les désirs véhéments de la sainte Eucharistie la consumèrent. Plusieurs d'entre nous se rappellent avoir vu maintes fois cette pauvre famélique entr'ouvrir doucement la porte de la chambre de notre vénérée Mère, et se retirer humblement après un très mortifiant refus. Souvent les jours se succédaient sans lui apporter d'autre pain que celui de l'humiliation, pain amer qui l'aidait néanmoins à accepter la privation de l'autre. Cependant Notre-Seigneur, prenant visiblement parti pour son humble Servante, agissait fortement sur la volonté de sa Supérieure. Un aveu de cette dernière vint un jour trahir la lutte qu'il lui fallait subir : « Je voudrais vous refuser la sainte Communion, et je ne sais ce qui m'en empêche ! » — Un matin, notre chère Sœur, n'ayant pu rejoindre notre bien-aimée Mère avant son en-

trée dans le Chœur, s'approche de Sa Charité, et
lui demande timidement le pain de son âme : un
geste négatif est la seule réponse qu'elle reçoit.
Son sacrifice était généreusement offert à Dieu,
lorsque cette bonne Mère, venant à elle, lui dit
qu'elle ne peut résister plus longtemps au mouvement qui la presse de lui permettre la sainte Communion. Mais avant d'assumer sur elle la responsabilité de rendre cette faveur quotidienne, et ne
craignant pas moins de s'opposer aux desseins de
Dieu en s'y refusant, notre digne Mère référa le
jugement en dernier ressort d'une si importante
question à Monseigneur du Pont des Loges, notre
vénéré Prélat. Notre fervente Sœur dut en conséquence subir plusieurs examens, avant d'obtenir
l'heureuse solution qui mit le comble à tous ses
vœux. « La première fois que je me présentai à
Monseigneur notre saint Évêque, dit-elle, ce fut
sans préparation aucune : une grâce intérieure,
forte et puissante, m'élevait au-dessus de moi-
même, et je sentais que Dieu mettrait sur mes lèvres les paroles dont je devrais me servir. Sa
Grandeur, avec la sagesse qui la caractérise, m'ex-
posa la perfection de la vie commune, le danger
des exceptions, etc. — Monseigneur, lui dis-je, je
suis parfaitement soumise à ce qu'il vous plaira
d'ordonner : car obéir est l'attrait le plus pressant
de mon âme. » Le Saint-Esprit s'étant prononcé
affirmativement par la bouche de son organe vénéré, à partir de cette époque la Communion
journalière vint consommer l'intimité de l'heureuse Épouse avec Jésus-Christ.

Quelque obstacle imprévu surgissait-il pour

l'en détourner, à peine avait-elle accepté le sacrifice, qu'une Providence admirable, aplanissant les difficultés, lui faisait trouver dans l'acte même de son devoir le moyen de réaliser ses saints désirs. Une maîtresse de musique, atteinte d'un mal subit au moment où Sœur Marie-Catherine se dirigeait vers le Chœur pour communier, la conjure de ne point la quitter ; celle-ci le promet, lui offre son lit, et se constitue son infirmière, sûre d'accomplir par cet acte de charité une volonté formelle de Dieu. Elle s'assied auprès d'elle, soumise et résignée, lorsque la malade, sortant d'un évanouissement, lui dit : « Je vous prie, faites chercher une voiture pour me reconduire à mon logis. » Notre Sœur se hâte d'exécuter son message ; l'avant-Chœur est sur son chemin ; instinctivement elle en ouvre la porte ; la Sœur Sacristine disait le *Confiteor*... ô bonheur ! elle prend son rang de Communion, reçoit Jésus, et retourne auprès de la malade en se livrant aux transports de sa reconnaissance !

Cet aimable Sauveur déjouait toutes les mesures qui eussent pu la priver de sa céleste nourriture, et au besoin, il allait jusqu'à rendre notre Sœur invisible. Notre Très-Honorée Mère Marie-Thérèse de Tholozan n'aimait pas que l'on ouvrît le Tabernacle, lorsqu'une seule des Sœurs devait communier à la Messe qui se dit pendant l'oraison. Or un jour que, pour une raison particulière, Sœur Marie-Catherine se trouvait dans ce cas, la Sœur Portière dut la prévenir de se préparer au sacrifice pour le lendemain ; elle cherche notre fervente Sœur à l'infirmerie et dans toutes ses dépendances, sans pouvoir la trouver. Rendant compte le soir à la Supérieure de l'impossibilité où elle s'était vue d'exécuter l'ordre qui lui a été enjoint : « Eh bien, laissez les choses suivre leur cours, » lui fut-il répondu ; et Sœur Marie-Catherine put être admise au banquet sacré sans rencontrer d'obstacles. La récréation venue, la Sœur Portière lui dit : « Vous avez du bonheur, ma Sœur, d'avoir été introuvable hier soir : car j'avais une mauvaise nouvelle à vous porter ; mais où donc vous cachiez-vous ? — A quelle heure ? — A quatre heures et demie. — Je faisais notre oraison devant le tableau du Sacré-Cœur ; je vous ai bien entendue traverser l'Infirmerie. — Pourquoi n'avez vous rien dit ? — Je n'ai pas cru devoir interrompre ma prière ; il faisait grand jour d'ailleurs. » Interrogée sur ce fait, qui ne fut pas l'unique en ce genre, notre chère Sœur disait : « Je sens qu'on ne peut me voir ; mais je ne puis exprimer comme je le sens ; et il ne m'est pas permis d'y réfléchir. »

Une grâce d'un genre différent, quoique non moins merveilleuse, lui fut accordée en plusieurs occasions à cette époque, et eut des témoins dont on ne saurait suspecter la bonne foi. Une pieuse fille de service, attachée à notre Monastère depuis de longues années, venait de quitter Sœur Marie-Catherine ; elle entre au dortoir, se rend dans une chambre placée à l'autre extrémité, elle l'y rencontre encore. N'en pouvant croire ses yeux, elle pousse un cri de stupéfaction, et lève les bras vers le Ciel comme pour lui demander raison de ce prodige. — Une de nos Sœurs, compagne d'emploi de Sœur Marie-Catherine, cessant à peine de lui parler, traverse un corridor dont l'issue est unique; quelle n'est pas sa surprise de se trouver en face d'elle ! « Comment se fait-il, lui demanda sa Supérieure, qu'on vous voit en plusieurs lieux à la fois? — Je ne sais, ma Mère, répondit notre Sœur avec sa simplicité habituelle ; je sens bien qu'il se passe en moi quelque chose d'extraordinaire, mais je ne cherche pas à m'en rendre compte. Plusieurs nécessités d'emplois réclamant ma présence en même temps, comme je ne peux suffire à tout, j'entends au fond de mon cœur qu'il m'est dit : « *Demeure en paix ; confie-toi à mon amour ;* » et je le fais. Ah ! ma Mère, ajoutait-elle avec son fin sourire, que je m'estime donc heureuse de n'être pas née il y a quelques siècles ! — Pourquoi cela ? — Parce qu'on m'aurait brûlée vive; et convenez que ce n'eût pas été tout à fait sans apparence de raison. »

CHAPITRE XI.

MARIE-CATHERINE REÇOIT DES LUMIÈRES
PROPHÉTIQUES.

Il y a eu en tous les temps des âmes éclairées
par l'esprit de prophétie ; les procès de canonisa-
tion en font foi. Contester les révélations privées,
serait méconnaître l'un des caractères de sainteté
de la véritable Église et la souveraine puissance de
Dieu. Le Seigneur donne plus ou moins d'extension à ces lumières prophétiques selon le plan de
sa sagesse divine sur l'âme qui les reçoit. Le plus
souvent, elles sont moins une faveur personnelle
qu'un secours spécial accordé aux vocations appelées à accomplir de grandes choses pour la gloire
de Dieu [1].

La Révolution de Février 1848 avait renversé le
trône de Louis-Philippe, et, au grand étonnement
de tous, elle semblait pacifique et religieuse. Cependant elle ne put longtemps se contraindre ; on
le pressentait, et les journées de juin vinrent con-

---

[1] L'époque à laquelle nous amène notre récit est celle
des plus fréquentes manifestations surnaturelles que reçut Sœur Marie-Catherine.

firmer les craintes qui étaient au fond de tous les
cœurs. Les horreurs de la guerre civile à Paris, le
meurtre de l'Archevêque, glaçaient d'effroi toutes
les âmes. On sentait que des questions de vie ou
de mort se décidaient pour la société française, et
l'on en attendait le résultat avec une sorte d'angoisse. Aussi les journées de juin furent-elles considé-
rées comme le plus grand triomphe qui ait été
remporté contre le désordre.

Un Ecclésiastique fort âgé, Monsieur l'Abbé
X***, croyant voir, dans les scènes de carnage qui
venaient de se produire, des réminiscences de la
grande Révolution, vint confier à notre Sœur Marie-Catherine ses tristes appréhensions. Aurait-il
encore, comme aux jours de sa jeunesse sacerdo-
tale, le courage de s'exposer aux hasards et aux
dangers de la déportation? Et si l'échafaud venait
à se dresser, trouverait-il dans sa nature défaillan-
te la force d'en monter les degrés pour confesser la
foi?... Notre bonne Sœur lui répondit avec une assurance qu'elle ne pouvait puiser que dans une
certitude divine : « Monsieur, croyez que vous
mourrez fort paisiblement dans votre lit, et de
votre belle mort. » Ce qui ne tarda pas à se vérifier.

Elle prévoyait que, si la Religion et l'ordre n'a-
vaient rien à redouter de la Révolution présente,
viendrait le moment où la sécurité n'existerait
nulle part. A cette date de 1848, elle vit se dérouler sous ses yeux une série d'évènements dont
la réalisation était réservée pour une époque encore
bien éloignée. Le Concile, la guerre, notre ambulance, la Commune, l'embrasement de Paris,
comme autant de tableaux, passèrent successive-

ment devant son esprit effrayé. En parlant du Concile et en décrivant cette magnifique réunion d'Évêques, elle était transportée d'admiration : « Jamais, disait-elle, je n'aurais imaginé un spectacle semblable. O sainte Église catholique ! quelle vie et quelle puissance Dieu vous a communiquées ! » Une expression de doute avait accueilli ses paroles. — « Qui songe à un Concile ? lui répondit sa Mère, le nom peut-être n'en a pas été prononcé. — Ma Mère, je dis ce que je vois, et comme je crois le voir ; Notre-Seigneur seul sait si je dis vrai, et l'avenir nous l'apprendra. » A plusieurs reprises, le tableau de notre ambulance se reproduisit sous ses yeux. Il nous souvient d'une fois où, se trouvant dans la salle d'étude, elle parut subitement envahie par une vue pénible dont elle cherchait à dominer l'impression. « Oh! s'écria-t-elle, en se cachant les yeux de la main, « quel pensionnat je vois ici, mon Dieu ! sera-ce possible ? » Et elle traça nettement le tableau du fait qui devait se réaliser un jour si exactement. — Il en fut de même pour les scènes épouvantables de la Commune à Paris : elle dépeignait les sinistres lueurs de l'incendie, les flammes qui s'élançaient de toutes parts, les murs croûlants, les victimes entassées dans des caves, d'où sortaient des cris lamentables de détresse. Ce spectacle, réitéré plusieurs fois, fut tellement saisissant que notre Sœur Marie-Catherine en eut une faiblesse au Chœur. Mais habituée à tout laisser passer pour n'arrêter son esprit qu'en Dieu seul, sous l'action du temps, l'impression s'en amoindrit, et sa mémoire ne conserva plus que les grandes lignes des faits remarquables qui lui avaient été dévoilés. Ces révélations laissaient une entière certitude dans son âme ; elle ne se fût pas cependant dispensée de les soumettre en simplicité à sa Supérieure, se tenant dans une totale indifférence sur le jugement qui en serait porté. Parfois, elles étaient accueillies avec un silence profond, d'autres fois par un air de doute ou un sourire d'incrédulité, et notre humble Sœur se retirait confuse, sans qu'elle se permît de jeter un seul regard sur sa confusion.

Aux grandes scènes d'un lointain avenir succédaient souvent des avertissements d'un ordre inférieur, mais dont les résultats auraient pu être désastreux pour notre Communauté. Le 30 juillet 1849 tout le monde reposait encore dans le Monastère, lorsqu'une voix fait entendre distinctement ces paroles à notre Sœur Marie-Catherine : « *Lève-toi, on va sonner au feu !* » Prompte à obéir aux avertissements de son Ange Gardien, elle se lève aussitôt. A peine est-elle vêtue, que le sinistre son du tocsin ébranle les airs, en même temps que des coups redoublés sont frappés à notre porte charretière. C'étaient les pompiers qui demandaient à grands cris de l'eau de notre citerne, le foyer de l'incendie étant un grenier à foin contigu à notre Monastère. On ne saurait calculer les conséquences d'un quart d'heure de retard, sans l'intervention divine.

Il lui arrivait fréquemment de lire à distance dans l'intérieur des âmes. Un de nos anciens Aumôniers, après avoir confessé une malade qui touchait à ses derniers moments, était venu exercer le même ministère dans notre Communauté.

Quelle n'est pas sa surprise d'entendre notre chère Sœur lui dire après l'absolution : « Mon Père, retournez au plus tôt auprès de la malade que vous venez de quitter, car elle vous a célé un tel péché en confession ; quel malheur si elle venait à mourir sans avoir réparé sa faute ! » Ce fait, nous le tenons de la bouche même de l'Ecclésiastique qui en reçut la communication. Il demeura pénétré de la plus vive reconnaissance pour la conduite miséricordieuse de Dieu sur cette pauvre brebis égarée, que déjà peut-être l'enfer réclamait comme une conquête assurée.

Notre Sœur pénétrait les pensées intimes des personnes avec lesquelles elle était en rapport d'emploi : « Elle m'a plusieurs fois rassurée, dit l'une d'elles, sur certains doutes que je ne lui avais pas communiqués ; et elle m'a prévenue de me tenir en garde contre des dangers dont Dieu seul pouvait l'instruire. » Un court entretien, ou le récit de quelques faveurs surnaturelles lui suffisaient pour pouvoir prononcer avec une précision que les faits ne vinrent jamais démentir : « Cela vient de l'Esprit de Dieu ; » ou : « Il y a du mélange là-dedans. » — Une personne, Mademoiselle Pauline-Marie Jaricot, dont l'héroïque charité sut enfanter de si grandes œuvres, celles de la Propagation de la Foi et du Rosaire vivant, avait tenté d'autres essais pour la préservation de la classe ouvrière ; elle eut l'amère douleur de les voir périr par suite d'un infâme abus de confiance. Enfin, réduite à une grande indigence, elle dut porter encore les peines extrêmement poignantes que lui causèrent créanciers, tribunaux, rebuts, blâmes,

calomnies, mépris, en un mot, tout ce qui est capable d'abattre le cœur le plus vaillant. Son Directeur, saint Religieux, voyant fondre sur elle les épreuves d'un genre si nouveau et si humiliant redouta la responsabilité d'une voie si obscure et si épineuse, et de plus sentit la nécessité d'une salutaire diversion. Il pria donc la Très-Honorée Mère Marie-Séraphine Fournier, Supérieure de notre cher premier Monastère de Paris, dont il connaissait l'expérience consommée dans le discernement des âmes, de lui prêter le concours de ses lumières. Mademoiselle Jaricot fut installée dans un local hors de la clôture, et confiée à la charitable Mère. Mais, si anéantissante et si cachée était l'action de Dieu, que l'habile Directrice, incertaine, elle aussi, sur l'esprit qui conduisait cette âme éprouvée, n'osait se prononcer. Ayant eu l'occasion de connaître et d'apprécier par intermédiaire la vertu de notre Sœur Marie-Catherine, la digne Mère la fit consulter sur les peines de Mademoiselle Jaricot, sans lui rien révéler de ses antécédents. En dictant sa réponse, notre bonne Sœur demanda qu'on la reproduisît textuellement, parce que, « souvent, disait-elle, en changeant un seul mot, on dénature le sens de ce que Dieu veut exprimer. » Notre-Seigneur lui avait révélé, à la sainte Communion, que la personne dont il s'agissait était conduite par son Esprit; que son état était bon, et qu'ayant été à la tête de grandes œuvres, et fort applaudie dans le monde, les épreuves crucifiantes qu'elle soutenait, avaient pour but de l'humilier et de lui faire perdre le souvenir du bien qu'elle avait accompli, afin de la préserver ainsi du danger de la vaine gloire. Un magnifique Bref donné par Sa Sainteté Léon XIII, bien des années après, vint confirmer la vérité des paroles de Sœur Marie-Catherine.

Citons encore les traits suivants pour clore ce sujet. Un Ecclésiastique, ami de notre Monastère, se trouvant dans un moment de grande anxiété par suite de scrupules, dit un jour à la Supérieure : « Je voudrais bien savoir ce que Dieu pense de moi. » Celle-ci ne lui répondit rien sur l'heure; mais ayant eu peu après occasion de le revoir : « Vous vous rappelez, lui dit-elle, que vous désiriez savoir ce que Dieu pense de vous. J'ai chargé Sœur Marie-Catherine de le lui demander, et Il a répondu : « Je ne suis pas mécontent de ce Prêtre, mais je lui reproche de trop se livrer à ses craintes. » Puis elle entra dans un détail si clair et si précis, que l'Ecclésiastique s'y reconnut parfaitement, et qu'il fut évident pour lui, ainsi qu'il l'a raconté par la suite, que Dieu avait vraiment manifesté son intérieur à notre bonne Sœur. Aussi, à quelque temps de là, se trouvant un soir accablé de nouveau par ce tourment, il invoqua l'Ange Gardien de Sœur Marie-Catherine, lui demandant d'avertir notre Sœur qu'elle priât pour lui, et il vit à l'instant même se dissiper ses inquiétudes.

« Un jour, nous écrit un autre Ecclésiastique, sans que je lui eusse ouvert mon âme à ce sujet, elle me dit une phrase qui était le résumé d'une grande demande que Notre-Seigneur m'avait faite dans l'action de grâces de ma première Messe. »

C'est ainsi que son œil purifié lisait dans les

cœurs les secrets qu'il plaisait à la divine Bonté de
lui dévoiler. D'autres faits analogues trouveront
place dans ce récit, selon l'ordre des temps. Presque toutes les révélations qu'elle reçut durant les
dernières années de sa vie avaient un caractère général, et se rapportaient aux épreuves de la Sainte
Église ou de la Société ; c'est pourquoi nous les
consignerons plus tard dans un chapitre détaché.

CHAPITRE XII.

L'état de souffrance de notre Très-Honorée Mère
Marie-Thérèse de Tholozan s'aggravant chaque
jour, nous faisait douloureusement pressentir l'heure de la séparation. On était à la fin de l'année 1850,
et sa Charité ne faisait plus que de courtes et rares
apparitions en Communauté. On respirait auprès
d'elle le parfum de l'abandon et de la confiance.
Son visage, malgré de cruelles souffrances, reflé-
tait une expression de céleste béatitude. Lorsqu'on
lui demandait de ses nouvelles, sa réponse ordinaire était : « J'attends le Seigneur. » Elle parlait
peu, mais son silence devenait une muette prédi-
cation. L'hydropisie progressait chaque jour, et
il n'y avait aucun moyen d'enrayer le mal. Le jour
de la Fête de notre saint Fondateur, elle ne put
communier ; elle assista toutefois à la sainte Messe,
et, durant l'action de grâces, parut si absorbée par
la divine Présence, qu'on ne parvint qu'avec peine
à l'en tirer pour la reconduire à l'Infirmerie. En

revenant, elle dit en confiance à une Sœur : « Notre-
Seigneur m'a fait sentir qu'il faut que l'on demeure bien tranquille. Que l'on n'ait donc aucune inquiétude, soit pour le temporel, soit pour le spirituel de la Communauté. J'ai eu aujourd'hui quelque chose de plus spécial là-dessus, qui m'assure
que Dieu prendra soin de tout, pourvu qu'on se
confie en Lui, et qu'on s'abandonne à sa volonté.
Il aime cette Communauté ; quelle bonté ! Il veut
bien nous aimer ! » Ce fut sa dernière sortie de
l'Infirmerie. Le mal empirant, notre vénérée Fondatrice demanda à recevoir les Sacrements des
mourants ; ils lui furent administrés le 31 Mars.
Elle accomplit tous les actes qui nous sont pres-
crits pour ce moment solennel avec tant d'humilité,
nous témoignant sa reconnaissance en termes si
profondément émus, que toutes nous fondions en
larmes. Monseigneur du Pont des Loges, notre
digne Évêque, ayant offert de venir lui donner
une dernière bénédiction, Sa Grandeur dit après
l'entretien qu'elle eut avec Sa Charité : « J'ai vu
en elle comment meurent les Saints ; vous devez
désirer une fin semblable ; pour moi, je la demande
à Dieu. » Monseigneur, avant de se retirer, donna
la permission de réitérer le saint Viatique à la vénérée Malade, aussi souvent qu'elle pourrait le
désirer.

Le lendemain, la Communauté s'assembla de
nouveau près de ce lit de souffrance, afin de
demander à cette Mère que le Ciel allait nous ravir, une suprême bénédiction et ses avis pour le
bien de notre famille religieuse : « Il ne faut voir
que Dieu ; il n'y a que cela de bien en ce monde,

et rien que cela, » dit-elle. Et encore : « Vouloir ce que Dieu veut, ne s'attacher qu'à sa Volonté : c'est le moyen de conserver l'esprit de nos saints Fondateurs. » La journée du 7 fut extrêmement pénible ; sur le soir, Notre-Seigneur daigna la consoler : elle vit des saints Anges entourer son lit de douleur, et reçut des connaissances sublimes sur les miséricordes du Seigneur et sur sa divine Bonté. Un rayon de la lumière de l'Éternité semblait s'être reposé sur elle ; de son cœur débordaient des transports de confiance et d'amour qu'elle ne pouvait contenir. La nuit, elle dit : « Cette Communauté est au Ciel dans le Cœur de Jésus, je l'y ai vue. Oh ! que de grâces elle reçoit et recevra encore !... Recommandez-lui qu'en ce moment surtout elle ne cherche que la seule volonté de Dieu ! » Elle souffrait beaucoup d'oppression, et son corps ne reposait plus que sur des plaies. Jamais un mot de plainte ne lui échappait ; seule, une contraction douloureuse laissait parfois apercevoir ce qu'elle endurait. Le 17 au matin, les signes avant-coureurs de la mort se manifestèrent. La Communauté se réunit autour de la couche de la chère Mourante : un quart d'heure après, son âme avait quitté sa dépouille mortelle, et pris son essor vers la Patrie, mais si paisiblement que l'on ne put remarquer son dernier soupir. C'était le Samedi-Saint de l'année 1851.

Ainsi s'éteignit cette pure lumière dont le rayonnement surnaturel avait vivifié notre Communauté durant vingt-quatre années d'un gouvernement laborieux, et fécond en croix de toutes sortes. Aussitôt que la Très-Honorée Mère Marie de Sales

Chappuis en apprit la nouvelle, elle dit et répéta à plusieurs reprises : « Quelle belle couronne la Mère Marie-Thérèse a conquise ! Dieu montre bien aujourd'hui qu'il rend à chacun selon ses œuvres. » Et elle le disait avec tant d'assurance, que ses Filles ne purent douter qu'elle n'en ait eu la claire vision.

Quelle était la disposition intérieure de Sœur Marie-Catherine, alors que la main divine venait de s'appesantir sur la Communauté ? A l'épreuve générale qu'elle subissait comme ses Sœurs, le Dieu jaloux en avait ajouté une particulière et secrète, connue de lui seul, qui atteignait profondément le cœur filial et dévoué de cette vraie Religieuse. N'est-ce pas sa Providence qui forme les liens les plus sacrés pour les briser ensuite, afin de perfectionner en ses amis les plus chers la sainte vertu de détachement ? Or, durant la dernière maladie de notre Très-Honorée Mère Marie-Thérèse de Tholozan, Sœur Marie-Catherine avait encore ses entrées libres auprès d'elle, mais l'intimité des rapports était rompue par la présence d'une Sœur Converse constamment assidue au chevet de la Mourante. Après avoir prodigué à sa vénérée Mère, pendant bien des années, ses soins intelligents, fruits d'une longue expérience, elle doit assister comme simple spectatrice au dévouement des nouvelles infirmières. Elle souffre plus qu'il ne se peut dire ; mais elle reconnaît le trait divin, et ouvre son cœur pour le recevoir.

Combien fut grande aussi l'amertume de la séparation pour notre chère Sœur Marie-Thérèse Dorr, Assistante ! elle pleura notre vénérée Mère

comme les Saints pleurent ceux auxquels ils sont
unis en Dieu, avec ces larmes qui coulent sans altérer la parfaite résignation, et qui laissent l'âme
soumise et abandonnée. On la vit, dans cette pénible épreuve, dominer les sentiments de sa douleur
personnelle, remplir tous les devoirs que lui imposait sa charge, et trouver encore dans la force de
son âme des paroles de consolation pour celles
que des regrets trop vifs laissaient désolées et abat-
tues. — Notre vertueuse Sœur Assistante avait
toujours éprouvé une répulsion invincible pour
les emplois élevés ; sa seule ambition était d'occuper dans le Monastère la dernière place ; ce qui la
charmait en ce rang, c'était le droit pour toutes ses
Sœurs de lui commander. Dans son âme généreuse,
le Seigneur n'avait pu découvrir que cette réserve ;
il la poursuivra sans pitié, et ce sera en vain que
les humbles supplications de notre pauvre Sœur
essaieront de détourner le coup qui la menace. Les
jours qui précédèrent l'élection, furent pour elle des
jours d'agonie : « Je ne croyais pas, avoua-t-elle,
que l'on pût tant souffrir ! » Nos saints Fondateurs
dirigèrent sans doute leurs Filles quand leur choix
s'arrêta sur cette bien-aimée Sœur Assistante, qui
devait les conduire, avec une si infatigable abnégation, dans les routes bénies qu'ils nous ont tracées.
Aussitôt élue, la nouvelle Mère, malgré son humble soumission à la volonté de Dieu, ne put s'empêcher de verser des larmes abondantes ; ce fut le
seul tribut accordé à la faiblesse de la nature. Forte de la protection de la Très Sainte Vierge, à
laquelle elle avait confié le fardeau que redoutait
tant son humilité, notre bien-aimée Mère se mit

courageusement à l'œuvre. Bientôt le cœur de la Mère s'était révélé à ceux de ses Filles avec son incomparable dévouement, et l'on vit s'accomplir à la lettre les paroles prophétiques de notre vénérée Fondatrice : « Le jour viendra où ce trésor sera estimé ce qu'il vaut. »

On comprend qu'avec la défiance d'elle-même qui caractérisait notre Mère, la direction de l'âme de notre Sœur Marie-Catherine dut, dans les commencements, la laisser incertaine, anxieuse même, sur la nature de l'esprit qui la conduisait, et sur les conséquences d'une voie toujours dangereuse pour l'humilité. Aussi rien ne fut épargné pour acquérir sur ce point une sécurité entière, soit par le soin pris d'étudier et d'exercer notre vertueuse Sœur, soit par l'avis de personnes compétentes, à l'examen de qui elle la soumit. Leur jugement fut toujours favorable à la direction suivie ; la simplicité et la droiture des intentions de notre chère Sœur, sa parfaite obéissance, ne laissaient aucun doute sur la nature de ses grâces et sur la bonté de leurs effets.

Notre Mère Marie-Thérèse Dorr, — qu'on nous permette de consacrer ici quelques pages à faire connaître cette âme si grande et si belle, — notre Mère, ne gouvernait que d'après la Règle, et selon l'esprit de la Règle. Donner à notre régularité toute la perfection dont elle est susceptible, fut toujours l'objet de sa chère ambition. Pour arriver à ce résultat, il devenait urgent de construire plusieurs Offices dont le besoin se faisait vivement sentir ; mais les ressources matérielles manquant, c'était à la Providence seule qu'il appartenait de déterminer le temps où le projet conçu pourrait se réaliser.

L'attente dura peu. De vieilles masures menaçant ruine furent examinées, et les Supérieurs ecclésiastiques conclurent qu'immédiatement il fallait mettre la main à l'œuvre pour les démolir. Sur leur emplacement s'éleva un bâtiment qui, bien que trop exigu encore, facilitait, pour différents emplois, une organisation plus conforme à ce que nos saints Fondateurs nous ont marqué. Avec quel soin vigilant et quelle prudente charité notre vénérée Mère ne poursuivit-elle pas cette tâche difficile ! Mais quelle sagesse aussi présidait à sa conduite ! Avant de prendre une détermination, elle consultait Dieu dans la prière, mûrissait sa pensée par la réflexion, puis, allait droit au but sans aucune considération humaine. « Quand je connais la volonté de Dieu, disait-elle, rien ne saurait m'arrêter pour l'accomplir. » Un don de discernement remarquable lui faisait saisir le moment le plus propice à l'exécution de sa pieuse entreprise; une fois reconnu, elle poursuivait avec force et douceur le plan qu'elle s'était tracé, n'opposant aux difficultés qui surgissaient qu'une sérénité et un calme imperturbables. — Quelques années plus tard, notre chère Mère eut la consolation d'élever un temple au Seigneur. Elle avait si longuement et si ardemment désiré cette faveur ! Au milieu des embarras et des soins inséparables de ses travaux, le bonheur d'offrir à notre adorable Jésus une demeure moins indigne de Lui, venait adoucir l'amertume de toutes les contradictions qu'il lui fallait subir; et quand arriva la Consécration solennelle de notre modeste église, elle se crut largement dédommagée de tout ce qu'elle avait souffert. Et cependant que de peines et de traverses de tous genres endurées en silence, sans autre témoin que l'œil de Dieu, sans autre confident que son divin Cœur, avant de voir l'œuvre d'un zèle si pur couronné d'un plein succès! Celles de nos Sœurs qui ont connu les oppositions venues du dehors, et suscitées par l'esprit de ténèbres pour renverser les desseins de notre Mère, se réjouissent aujourd'hui à la pensée du riche trésor de mérites qui en doit être la récompense dans l'éternité !

Une amoureuse dépendance de la volonté de Dieu était le trait particulier de sa vertu. En maintes circonstances qui eussent bouleversé une âme moins affermie, on voyait notre chère Mère s'abîmer dans une muette adoration de cette divine volonté : « N'est-elle point assez aimable, disait-elle souvent, pour que nous nous portions vers elle par le seul motif de l'amour, sans retour sur nos propres intérêts ? » Elle se plaisait à l'appeler la manne du désert, et se montrait si fidèle à la recueillir, qu'elle put dire en confiance peu de temps avant sa mort : « Je me tiens toujours dans une dépendance actuelle de la volonté de Dieu ; nulle occupation ne vient plus m'en distraire. »

En 1866, l'humble rang de Déposée ramena notre bien-aimée Mère aux paisibles attraits de la vie obscure et assujettie, remplie pour elle de tant de charmes ; et dans cette Communauté où, pendant douze années, elle s'était si largement dépensée pour le bien des âmes, elle ne réclame qu'un droit, celui de s'effacer, de disparaître. Mais en vain le poursuit-elle avec la persévérance qui la caractérise ; la sainteté de sa vie rayonne à son insu ; l'on ne voit plus en elle que suavité et amour.

Nous espérions jouir longtemps encore des fruits de l'expérience et de la vertu consommée de cette vénérée Sœur, lorsque la lente consomption qui minait sa santé, présenta tout à coup les caractères les plus alarmants. Le dernier mois de sa vie s'écoula dans une profonde paix et une amère souffrance. Durant ce temps, l'amoureux acquiescement, signe précurseur de la croix, se faisait intimement sentir, et notre vertueuse Déposée nous disait : « Dieu me prépare au sacrifice, quel sera-t-il ?... Je l'ignore ; *mon cœur est prêt, Seigneur, mon cœur est prêt.* » Le 18 juillet 1868, à quatre heures du matin, une forte hémorragie l'obligea de réclamer du secours. A cinq heures, un nouvel accident se manifestant, on prévint sa Supérieure. Hélas ! l'arrêt de mort était porté ! pour le comprendre, il suffit d'un regard échangé ; il y avait une si tendre compassion dans le sien, il semblait dire : « Ma Mère, acceptez avec amour ; ce serait en vain que vous essaieriez de me disputer à Dieu ! » Monsieur notre Médecin, appelé en toute hâte, déclara aussitôt le danger imminent. Le mal marchait avec une telle rapidité, que l'Extrême-Onction fut administrée à notre vénérée Sœur. « Je m'abîme dans la volonté de Dieu, dit-elle alors, je ne sais plus faire que cela. » Le 19, vers une heure de l'après-midi, une nouvelle crise, accompagnée de suffocations, nous avertit que nous touchions à l'instant suprême. Jusqu'à la fin, la sainte Mourante s'unit aux prières de la Communauté, et le mouvement de ses lèvres ne cessa que lorsqu'elle rendit son dernier soupir, à une heure un quart, dans la paix du Seigneur. Les vœux les plus ardents de cette âme généreuse étaient accomplis : elle mourait les armes à la main, dans l'humble rang d'inférieure ; et des peines amères, émanant, soit d'une source divine, soit d'une cause humaine, lui avaient été largement départies.

Telle fut la Mère appelée après notre digne Mère Marie-Thérèse de Tholozan à diriger dans les sentiers de la sainteté Sœur Marie-Catherine. Comme les Supérieures précédentes, elle l'avait laissée dans l'exercice de sa même charge à l'Infirmerie de nos élèves.

CHAPITRE XIII.

En donnant un aperçu des travaux extérieurs
que Sœur Marie-Catherine fut appelée à accomplir
dans notre Monastère, nous l'avons montrée douée
de toutes les aptitudes naturelles et surnaturelles
qui devaient la rendre une parfaite infirmière. Il
nous reste à la considérer au point de vue de l'influence morale et religieuse qu'elle a exercée sur
notre pensionnat, presque jusqu'au terme de sa
carrière. Notre bonne Sœur, en paisible possession
du souverain Bien, n'avait pour les élèves confiées
à ses soins que des procédés pleins de douceur; et
de son cœur, sanctuaire de la divine charité, semblait rayonner sur chacune d'elles un regard sympathique d'affectueuse compassion.

Il fut une époque où sa mission de dévouement
prit un caractère singulièrement touchant. Deux
enfants de quatre à cinq ans avaient été confiées à
sa sollicitude; leur position malheureuse excitait au
plus haut point sa commisération. L'une d'elles n'a-
vait dû la conservation de sa vie qu'à une sorte de
miracle. Sa mère, atteinte d'aliénation mentale, al-

lait lui donner le coup de la mort, quand son père
intervenant parvint à la soustraire à sa fureur. Une
personne pieuse l'apporta en notre Monastère, comme en un abri assuré. La seconde était une enfant
douée d'une rare intelligence unie à une ravissante
beauté. Un accident, arrivé pendant qu'elle était en
nourrice, avait imprimé à sa taille une déviation qui
l'empêchait de marcher. La mère blessée dans sa
vanité, refusa de reconnaître sa fille; le père, moins
dénaturé, exigea qu'au moins une place lui serait
faite dans la maison paternelle; elle y fut donc
reçue, mais privée des soins et des caresses de sa
mère, commise à la garde d'une domestique, et
reléguée dans une chambre loin de la famille. Une
de nos Sœurs Tourières, ayant eu connaissance du
triste sort de la malheureuse enfant, intéressa en
sa faveur notre Très-Honorée Mère Marie-Thérèse de Tholozan, qui lui permit de faire les démarches requises pour la recevoir dans le Monastère. Lorsqu'on lui amena la jeune victime de
l'orgueil maternel, elle la prit entre ses bras, et
voulut elle-même la confier à notre Sœur Marie-
Catherine qui la reçut comme un présent de Dieu.
C'était un petit ange de piété : « Ouvre-moi le
plafond, disait-elle quelquefois, afin que je voie le
bon Dieu, et que j'aille près de lui. » Telle était
la pureté de sa conscience, que Monsieur l'abbé
Martin, Confesseur de notre Communauté, assura
qu'elle n'avait jamais commis de péché de propos
délibéré. Accusée une fois de mensonge, elle demande avec instance de se confesser, et ses larmes
ne tarissent que lorsqu'on lui assure qu'elle n'a
point offensé Dieu. Un médecin venant un jour

visiter une de nos élèves malade, s'arrête devant le lit où notre chère enfant jouait avec sa poupée : « La vie de cette enfant s'éteint, dit-il après l'avoir considérée attentivement ; elle ne passera pas la journée. » On ne le crut point. Cependant, par mesure de prudence, on fait venir un second médecin qui confirme la sentence du premier. En toute hâte les parents sont prévenus ; la mère, jusque-là si oublieuse de ses devoirs, accourt ; elle sent s'éveiller en elle un retour de tendresse, exprime un vif désir d'expier le passé et de réparer ses torts envers sa fille, si le temps lui en est laissé. Cependant Monsieur notre confesseur averti vient visiter la chère malade et réciter près de son lit les litanies des agonisants ; mais, aucun symptôme de mort prochaine ne se manifestant, notre bonne Sœur reçoit l'obéissance de se coucher. A peine l'a-t-elle exécutée, qu'elle voit la petite fille se dresser sur son séant, étendre vers elle ses bras déjà glacés par le froid de la mort. Aussi prompte que l'éclair, notre Sœur Marie-Catherine court au Chœur et revient accompagnée de la Supérieure. L'enfant, en l'apercevant, sourit et dit : « Je vous remercie, ma chère Mère ; » puis après quelques mouvements spasmodiques, elle meurt dans les bras de sa dévouée Infirmière, à qui, par une lumière d'en haut, il est donné de suivre l'angélique enfant au delà des limites du temps, et de connaître son bonheur éternel.

L'instinct prophétique préside à un grand nombre de ses actes. Une élève, gratifiée plus tard de la vocation religieuse, nous apporte ce témoignage : « Un fait que jusqu'ici j'avais cru inexplicable.

m'apparaît maintenant comme revêtu d'un cachet
surnaturel. Je me réveillai de grand matin avec
une faim dévorante dont je me sentais mourir, et
je m'écriai : « J'ai faim ! au secours ! » M'éveiller,
pousser ce cri de détresse, et voir devant moi Sœur
Marie-Catherine furent une même chose ; elle
m'apportait un peu d'échaudé, et me sauva vraiment la vie. Le médecin, qui me vit peu après, me
dit : « Vous avez du bonheur, car aujourd'hui
même, un homme est mort, rue du Haut-Poirier
(rue qui longe le Monastère), à la suite d'une frin-
gale trop tardivement et imprudemment assouvie. »
Jamais je n'oublierai l'étonnante coïncidence de
l'apparition de Sœur Marie-Catherine à mon ré-
veil. Par quelle voix avait-elle été avertie de mon
besoin ? Comment se trouvait-elle là si fort à
propos, sa cellule étant éloignée du dortoir ? Je
n'en savais rien, sinon que cela était. »

Lorsqu'il s'agissait des petites fêtes du Pensionnat, le matériel en usage pour les récréations extraordinaires était du ressort de notre Sœur Marie-
Catherine, qui, durant des heures, se mettait à la
disposition des élèves, vidait ses armoires, allait
de la cave au grenier pour les satisfaire, sans qu'un
mot de plainte ou d'impatience trahît une lassitude
quelconque. Dans cette multitude de détails, on la
sentait donnée à Dieu, livrée à son bon plaisir. Il
était facile de se convaincre que ces jours durs à la
nature, étaient ses meilleurs jours. Son esprit de
foi lui montrait le devoir en tout. Les choses les
plus insignifiantes, quand elles étaient voulues de
Dieu, avaient à ses yeux la même importance que
les plus relevées.

Une irrésistible attraction rapprochait notre Sœur Marie-Catherine du jeune âge. Quelque indisposition fixait-elle une élève à l'Infirmerie; si loin que se trouvât placée son installation de jeux, livres d'images, etc., avant que cinq minutes fussent écoulées, les genoux de notre bonne Sœur étaient devenus dépositaires des objets les plus goûtés. « Ma Sœur, expliquez-moi cela, s'il vous plaît. — Ma Sœur, racontez-moi une de vos belles histoires ! » et la complaisante infirmière s'exécutait. Jésus ne parle-t-il pas aussi par la bouche de l'enfant ? comment notre chère Sœur, constamment aux écoutes pour entendre la douce voix de sa volonté, aurait-elle pu résister ? Cette sympathie n'engendra jamais la familiarité. Toujours digne, et d'une réserve qui commandait le respect tout en ouvrant le cœur à la confiance, elle semblait mettre une barrière infranchissable entre son caractère religieux et les manifestations d'une sensibilité trop humaine. Sœur Marie-Catherine n'embrassait point; on le savait, et nulle élève n'eût essayé de la contrarier.

Dieu l'avait largement pourvue des dons naturels qui exercent une influence entraînante sur l'esprit si mobile des enfants; elle les étonnait et les charmait à la fois par la variété de ses ressources, par son rare talent d'opérer une brusque diversion dans leurs idées; elle avait de ces bons mots, de ces tours fins et spirituels qui les déridaient et amenaient un sourire sur leurs lèvres, alors que leurs yeux étaient encore pleins de larmes. Elle excellait surtout à leur dire à l'occasion leurs vérités sous des formes plaisantes, à mettre

en relief leurs petits travers d'une manière si ingénieuse, que les plus susceptibles, loin de s'en bles-
ser, l'en aimaient davantage. En un mot, elle avait
le don de les contenter toutes et de s'en faire aimer,
afin de les conduire à Notre-Seigneur, sans s'écarter jamais de l'humble position que lui assignait
son rang de Sœur Converse, ne se servant du remarquable ascendant qu'exerçait sa présence, que
pour les diriger vers l'autorité. Le secret de cet
ascendant, on le cherchait tout d'abord dans le
caractère surnaturel de sa mission. Il était impossible d'être en fréquents rapports avec cette âme
fervente, sans découvrir son union intime avec
Dieu : la sérénité de son visage, l'égalité de son caractère, l'expression céleste de son regard, le ton
inspiré de sa voix, tout en elle commandait une
confiance et une vénération qu'on subissait instinctivement. Il devenait évident pour les élèves,
que l'intérieur des âmes était manifesté à cette
humble Sœur soit d'une manière générale, par
une sorte de répulsion invincible que lui causait
la vue du péché, soit par une connaissance particulière des obstacles qu'au fond des âmes Dieu
rencontrait aux desseins de son amour ; aussi
nulle ne pouvait soutenir son regard, cependant si
doux, sans avoir reçu de sa conscience le témoignage d'être bien avec Dieu. « Quand je n'étais
pas sage, dit une élève, je fuyais la présence de
Sœur Marie-Catherine ; je n'aurais pu supporter
son regard ; il me semblait qu'il plongeait jusqu'à
l'intime de mon cœur. » Un jour, une pensionnaire
indisciplinée lui est envoyée par la première
Maîtresse, afin de se recommander à ses prières.

Notre pieuse Sœur était en ce moment à genoux, absorbée dans son oraison ; se levant pour répondre, elle découvre à la coupable les pensées qui ont occupé son esprit durant le divin Sacrifice, lui parle avec une sainte hardiesse de sa conduite, et lui trace la ligne à suivre pour se corriger ; puis, s'apercevant de tout ce qu'elle a dit, elle se sauve, pleine de confusion, s'écriant : « Qu'on ne vous envoie plus ainsi ! » L'enfant, terrassée, entra dans une meilleure voie.

De jeunes espiègles essayaient vainement d'exploiter sa bonté naturelle, en tendant des piéges à sa perspicacité. « Sœur Marie-Catherine, rapporte une élève, avait dans une armoire de l'infirmerie un grand livre que je vois encore d'ici. C'était, je crois, un commentaire sur l'Apocalypse ; au moins, suis-je assurée que l'Apocalypse y était. En enfant terrible, je furetais dans ses affaires, et ce livre me tentait. En vain me disait-elle que les enfants n'y lisaient pas ; ses persévérants refus augmentèrent ma tentation, et je dressai mon plan en conséquence. Le lendemain matin, pendant que notre bonne Sœur était à l'oraison, je vais à l'armoire qui avait toujours sa clé, j'ouvre le livre mystérieux ; et, bien déçue, j'acquiers la conviction qu'il n'offre aucun intérêt pour les enfants. Dans la journée, tournant autour de la chère Infirmière, je la vois fixer sur moi un regard inquisiteur, et, d'un air malicieux, prendre le fameux volume et le changer de place. Le trouble me gagne : « Vous l'ôtez donc de là, ma Sœur ? — Oui, pour que vous n'y lisiez plus. — Moi ?... lire dans ce livre ?.... Oh ! jamais !... — Si, si, me dit-elle, avec son regard que je sens encore, vous y avez lu ce matin pendant la messe de six heures. » Dans ma honte, je conclus que Sœur Marie-Catherine regardait par la serrure tandis que je me croyais bien seule, et cette conviction me resta jusqu'au moment où les signes de sa sainteté se manifestant avec évidence, je compris que ce fait était le résultat d'une lumière de grâce. »

Cette connaissance de ce que l'âme recèle dans ses plus secrètes profondeurs, n'était pas en notre Sœur l'effet du discernement naturel, qui suppose l'observation, au moyen de laquelle on remonte des plus légers indices jusqu'au principe qui les produit ; personne ne fut plus qu'elle, par caractère et par éducation, étrangère au raisonnement. Cette perspicacité n'était pas davantage le fruit de l'expérience ; car du mal, cette âme si pure n'avait connu que le nom. Prévenu d'une grâce de préservation bien rare à ce degré, son cœur aimant ne s'était reposé que dans de saintes et légitimes affections. « Je n'ai jamais aimé que mes Mères, » disait-elle à la fin de sa vie. Et cependant, pour faire monter ses affections au-dessus du sensible, et les maintenir à cette hauteur, elle n'eut point de luttes à soutenir. L'esprit mondain n'avait pas eu le pouvoir d'altérer, même légèrement, la blancheur de son innocence. Dieu demeura toujours son amour unique ; elle s'éleva vers lui par attraction céleste, à la façon des Anges. Cette pénétration des âmes était donc une intuition surnaturelle, formée en son intelligence, qui n'y avait d'autre part que de recevoir le rayon divin. Dans ces moment d'illumination intérieure, un coup d'œil lui

suffisait pour plonger jusqu'au fond d'une conscience, pour découvrir les mystères qu'en vain
cette conscience eût voulu se dissimuler à elle-
même. Les dehors les plus séduisants ne lui faisaient pas prendre le change. Sous quelque dégui-
sement qu'il se présentât, le vice était démasqué ;
sa laideur repoussante lui était montrée avec une
telle évidence, que toute illusion devenait impossible. Un jour, entrant au Pensionnat, elle s'arrête
subitement, et paraît saisie d'une impression vive
dont personne ne devine la cause. Seule, sa Supérieure a le droit de la connaître. « Ma Mère, lui
dit-elle, N. N. qui semble vertueuse ne l'est pas ;
elle s'efforce en vain de garder les apparences ;
Dieu m'a manifesté son âme ; le démon en est le
maître. » Et l'enfant, se voyant découverte, avouait
tout et acceptait les remèdes qui devaient la guérir. — « Il m'est arrivé quelquefois, rapporte encore une élève, qu'empêchée de communier par un
trouble de conscience, j'avalais de l'eau en faisant
ma toilette, et je donnais cet accident comme prétexte. Or une fois Sœur Marie-Catherine, en nous
servant à déjeûner, me dit d'un air sévère : « Vous
avez fait exprès d'avaler de l'eau pour ne pas communier ; j'en ai demandé pardon à Notre-Seigneur
pour vous. » Qui le lui avait dit ?... Je conçus
une grande idée de sa perspicacité ; mais je ne
m'élevai pas assez haut pour l'attribuer à une
cause surnaturelle. » — « Un jour, dit une autre
élève, j'étais retenue à l'Infirmerie par quelque
indisposition. Un chagrin de famille sur lequel je
gardais un silence profond, m'absorbait tout entière. Quelle n'est pas ma surprise d'entendre

notre chère Infirmière répondre à mes pensées les plus intimes, et me parler de ma peine comme une personne qui en est instruite à fond ? »

Consoler des affligés, encourager des cœurs faibles, raviver la foi chez d'autres trop sensibles aux séductions du monde, signaler et quelquefois renverser, avec une sainte liberté, les obstacles que Dieu rencontre à ses desseins, en quelques âmes plus largement prévenues de ses grâces : telle était sa mission de chaque jour. Sous l'influence de sa parole où l'énergie s'unissait à tant de bonté, que de dispositions se sont modifiées, que d'actes se sont accomplis dont l'Éternité garde le secret ! Ce que nous pouvons affirmer, c'est qu'il est un grand nombre de ces paroles qui ont laissé dans les âmes une trace ineffaçable, et que leur souvenir, à un moment donné, a été décisif pour la direction de la vie.

A leur tour, les anciennes élèves se plaisaient à recourir à ses conseils, et à réclamer ses prières en toutes les rencontres importantes. Que de services n'a-t-elle pas rendus sur ce point comme sur tous les autres, avec le calme, la simplicité et la prudence dont elle était douée ! Il en est plusieurs qui, ayant placé leur confiance en elle dès leur temps de pension, la lui ont conservée jusqu'au terme de son existence. Leurs épreuves et leurs difficultés lui devenaient en quelque sorte personnelles ; et, comme un autre Moïse, elle élevait incessamment les bras vers Dieu pour obtenir le secours divin qu'elles attendaient de sa ferveur. Il n'était pas rare de lui voir découvrir à distance le péril que couraient certaines âmes : « Ma Mère, disait-elle un jour, combien je souffre depuis trois nuits ; Dieu fait continuellement passer sous mes yeux le triste état de N. N. (ancienne pensionnaire alors éloignée de notre ville) ; le démon multiplie autour d'elle ses pièges ; elle lutte toujours plus faiblement, déjà sa volonté n'oppose qu'une imperceptible résistance. Dieu me montre qu'elle n'est plus soutenue que par la prière ; oh ! ma Mère, prions, prions ! » Humainement, il lui eût été impossible de pénétrer le secret de luttes intérieures que rien n'avait pu faire soupçonner au dehors. La Supérieure, confidente intime de la jeune fille, les connaissant seule, put ainsi constater la vérité du fait. — « Elle me parut souvent dit encore une élève, connaître des choses sur lesquelles elle se refusait absolument de répondre quand on l'interrogeait ; mais son regard pénétrant, son silence, et son air mystérieux semblaient dire : « Il ne m'est pas permis de divulguer le secret de Dieu. »

En certaines occasions, l'avenir semble tout à coup se dérouler devant elle. « Il y a comme deux personnes en Sœur Marie-Catherine, disait une ancienne pensionnaire, rentrée depuis peu dans le monde ; l'une gaie, simple, naturelle comme toute bonne Religieuse : l'autre qui n'est pas elle, mais qui parle par elle, seulement à certains jours et à certaines heures : « Vous aimez beaucoup le monde, me dit-elle dans un de ces moments d'inspiration, et le monde aussi vous aime ; vous croyez qu'en cela consiste la souveraine félicité , eh bien ! l'avenir vous l'apprendra. Après avoir joui de tous les biens qu'une créature peut désirer sur la

terre, vous traverserez plusieurs années d'épreuves
si cruelles et si multipliées, que vous serez obligée
de vous jeter dans les bras de Dieu, et de reconn-
naître le néant de tout ce qui n'est pas Lui. »
Tout cela se vérifia exactement dans la suite. Ce n'é-
tait du reste que par surprise, poussée par un mouvement irrésistible, qu'elle parlait ainsi. — « Serai-
je Religieuse ? » lui avait demandé une autre élève.
— Quand je serai Pape, » avait répondu notre
chère Sœur, avec une assurance qui, en pareil cas,
était une marque certaine de l'inspiration. On crut
un moment ses lumières prophétiques en défaut ;
la jeune fille entra au couvent, y passa même plusieurs mois dans une pratique fervente des exercices de la Règle. Sœur Marie-Catherine gardait
modestement le silence ; mais quand on la pressait de faire connaître sa pensée, elle disait en
souriant : « N'est-il pas convenu qu'elle sera Religieuse quand je serai Pape ? » Le temps donna
raison à notre bonne Sœur : la Postulante n'étant
plus soutenue par une dévotion sensible, tous ses
attraits pour la vie du cloître s'évanouirent ; elle
rentra dans le monde, où elle devint une vertueuse
mère de famille. — « J'avais onze ans, rapporte
une de nos Sœurs, je me trouvais mêlée à un
groupe de grandes élèves qui devisaient sur leur
future vocation religieuse. Notre Sœur Marie-
Catherine s'approchant d'elles, leur dit avec cet
accent de conviction qui n'admet pas le doute :
« Je vous avertis qu'aucune de celles qui assurent
qu'elles se feront Religieuses ne le deviendra. Mademoiselle Clémence qui n'a pas dit un mot, sera la
seule choisie de Dieu. » Ce qui s'effectua à la lettre.

La mission de notre bien-aimée Sœur au Pensionnat, fécondée par la prière, l'était surtout par la souffrance, cette puissante coopératrice de l'homme aux œuvres divines. « Dans une retraite suivie par un bon nombre d'anciennes élèves, parmi lesquelles plusieurs n'avaient pu se soustraire à la pernicieuse influence du monde, le Prédicateur me dit en la commençant, rapporte la première Maîtresse : « Il faut que nous obtenions des miracles, quitte à y laisser notre peau. » Notre Sœur Marie-Catherine m'ayant rencontrée m'aborde ainsi : Votre part est le travail ; à moi la souffrance. » Je pense qu'elle s'offrit comme victime, car nous obtînmes en effet des miracles de grâce ; et pendant que cette bonne Sœur me comblait d'attentions, elle, dès trois heures de l'après-midi, et quelquefois plus tôt, était obligée de s'étendre sur son lit, avec l'extérieur d'une mourante, ne pouvant supporter aucune nourriture : cet état dura jusqu'à la clôture de la retraite ; le lendemain sa vie avait repris son cours habituel. Il paraît que ce qu'elle endura dans ces circonstances fut bien terrible, car il lui échappa de me dire : « Oh ! ma Sœur, vous n'aurez pas trop souvent de retraites, n'est-ce pas ? »

Prier, travailler et souffrir pour établir le règne de Jésus-Christ dans les âmes confiées à nos soins, les accompagner jusqu'à la dernière limite du temps, eût été déjà le fait d'une charité peu commune ; celle de notre chère Sœur devait s'étendre au delà, et les suivre jusqu'au lieu même de l'expiation. Nous avions reçu une élève d'un pays éloigné et appartenant à une famille distinguée ;

elle s'était présentée munie des meilleures recommandations. Sa conduite exemplaire au Pensionnat la faisait citer comme un modèle accompli. Rien de plus facile pour elle que de laisser son passé dans l'ombre ; on ne lui demandait pas de le faire connaître, ne doutant point que des vertus si solides n'eussent eu pour préparation une vie pure et innocente. Par une admirable délicatesse de conscience, la jeune fille résolut de s'ouvrir à la Supérieure sur les entraînements de sa vie passée ; elle le fit avec l'humilité et le courage d'une âme prévenue d'une touche particulière de grâce. Sa vocation religieuse se développant de jour en jour, elle voulait, avant de demander d'être admise au Noviciat, que l'on sût combien elle s'en trouvait indigne. Le secret de ses confidences intimes lui fut scrupuleusement gardé ; jamais rien ne transpira au dehors, et ne vint diminuer la haute réputation de vertu dont cette chère enfant jouissait auprès de ses compagnes et de ses maîtresses. Deux années déjà s'étaient écoulées depuis son entrée dans notre Pensionnat, lorsqu'elle tomba malade. Les médecins consultés ne voyaient aucun caractère de gravité dans son état, qui lui permettait de suivre au moins en partie les exercices communs, quand une crise, que rien ne présageait, nous l'enleva subitement. Durant les trois jours qui suivirent cette mort, notre chère Sœur souffrit d'incroyables angoisses ; plusieurs fois elle alla trouver sa Supérieure et lui dit : « Ma Mère, je ne vous demande rien ; mais permettez que je vous le dise, je vois un mystère épouvantable planer sur cette vie ; mon âme en est glacée de terreur. Dieu me fait descendre au fond du précipice où sa miséricorde a été chercher cette pauvre brebis perdue ; sa Justice réclame, et il faut que j'en porte la rigueur. »

Fréquemment d'anciennes élèves venaient, après leur mort, solliciter la charité de leur dévouée Infirmière ; nous ne citerons ici que ce seul trait, devant revenir plus tard sur ce sujet. Notre Sœur Marie-Catherine était tranquillement assise auprès d'une pensionnaire retenue à l'Infirmerie, lorsque celle-ci, jetant un cri d'effroi, lui dit : « Qu'est-ce donc, ma Sœur, que cette ombre qui tourne autour de vous ? — Ce n'est peut-être qu'un effet de lumière ; » répond notre Sœur visiblement embarrassée, et s'efforçant de distraire l'enfant de sa préoccupation. — « Ma Sœur, je la vois encore, elle vous suit ; de grâce, dites-moi ce que c'est. — Mon enfant, repart celle-ci, ne pouvant échapper à l'interrogatoire sans manquer à la vérité, c'est une élève de la Visitation qui vient me demander de prier pour son soulagement ; mais promettez-moi le secret. » C'était un âme très pure. Au bout de huit jours, elle lui apparut de nouveau, lui apprit sa délivrance et son entrée dans la gloire.

Notre bonne Sœur était souvent demandée par les parents de nos élèves. On aimait sa façon simple et naïve de traiter, à laquelle s'alliaient une rare vivacité d'esprit et une réserve de bonne éducation qui l'élevait au-dessus de son rang, et lui attirait à un haut degré l'estime et la confiance. Malgré son insurmontable répulsion pour le Parloir, par obéissance, il lui fallait se résigner. Là commençait pour elle un véritable supplice. Se sentant envahie par l'action divine, tous ses efforts pour lui résister devenaient parfois impuissants. Le surnaturel de son état se trahissait dans des paroles ardentes, enflammées, et par le ton inspiré avec lequel elle énonçait ses jugements sur les choses qui lui étaient soumises. Lorsque plus tard on lui demandait : « Pourquoi avez-vous affirmé telle chose ? » elle répondait avec étonnement : « Si je l'ai dit, ce n'était pas moi qui parlais ; dans ces moments, je ne suis pas responsable de ce que je dis, me sentant emportée par une impulsion plus forte que moi, à laquelle je ne puis résister. » Plusieurs fois, des paroles prophétiques prononcées à son insu ayant eu leur parfait accomplissement, la réputation de sa sainteté commença à se répandre ; et, soit par curiosité, soit par piété, les Parloirs se multiplièrent. Notre humble Sœur demanda alors, avec de si pressantes instances, d'être délivrée de ce piège dangereux pour son humilité, que les Supérieures jugèrent prudent de cacher totalement cette âme au monde, comme Dieu permettait qu'elle demeurât cachée à elle-même.

CHAPITRE XIV

CHARITÉ DE MARIE-CATHERINE DANS SES RAPPORTS
AVEC LA COMMUNAUTÉ.

L'œuvre spéciale de la charité pour cette vertueuse Infirmière était le Pensionnat. Ces bornes
ayant été assignées à son zèle, elle se fût bien
gardée de les franchir par son propre mouvement.
Mais arrivait-il un accident, se présentait-il une
indisposition grave et inaccoutumée, un symptôme
de maladie, les Supérieures faisaient aussitôt appel
au dévouement et à l'expérience de notre bonne
Sœur, sûres qu'elles étaient de ne trouver jamais
ni l'un ni l'autre en défaut. Aussi le petit cabinet
où elle se plaisait tant à être solitaire avec Notre-
Seigneur, devenait-il le rendez-vous de toutes les
misères humaines : car, au-dessus du jugement
des médecins, et bien plus haut que les décisions
de l'art, étaient estimés le jugement de notre
Sœur Marie-Catherine et ses propres décisions.
Elle partageait toutes les sollicitudes de la Sœur
Infirmière de notre Communauté; d'un regard elle
avait deviné ce qui pouvait être pour les malades
une cause de souffrance, et sa charité ingénieuse

lui fournissait mille inventions pour les soulager. Les plaies dégoûtantes devenaient son lot de choix ; elle les pansait avec une légèreté et une sûreté de main remarquables ; et ces actes si répugnants à la nature, étaient accomplis avec tant de grâce et d'enjouement, qu'il eût semblé qu'elle ne connaissait pas de plus douce satisfaction. Sa délicatesse fut si généreusement combattue dès le début de ses nouvelles fonctions, que le triomphe sur ses répugnances avait été complet.

« Il faut, dit notre sainte Mère [1], avoir pour le prochain des cœurs larges en dilection, en amour et support, étant toujours disposé à le servir, assister, consoler, supporter et soulager en tout ce qu'on pourra, mais gaiement et cordialement. » C'est bien ce que faisait notre chère Sœur Marie-Catherine. Au chevet de nos Sœurs malades, si elle était prodigue de soins, elle ne l'était pas moins de consolations. Après avoir accordé au mal physique la part que réclamaient justement la convenance et la charité, elle savait, au moyen d'une heureuse transition, arriver à l'âme. Habile à s'en frayer le chemin, elle usait tour à tour et selon le besoin du moment, ou des vigoureuses pensées de la foi, ou de « propos saintement joyeux, » sachant bien que ramener la joie dans un esprit, c'est en fermer les avenues au démon. Sa façon gracieuse d'aller au-devant de toute souffrance, disait à ses Sœurs bien plus éloquemment que des paroles : « Je suis à vous ; usez de moi comme d'une chose qui vous est propre ; ce sera m'obli-

---

[1] Jeanne Françoise de Chantal.

ger. » Tant est vrai ce mot d'un Saint : « L'amour fait entrer les cœurs les uns dans les autres, et sentir ce qu'ils sentent. » C'était, pour le sien, avide de prouver pratiquement sa reconnaissance et son amour au cher prochain, une indicible con-solation de pouvoir incessamment en prévenir les désirs. Qu'on en juge par son propre témoignage : « J'ai toujours regardé comme une précieuse grâce l'occasion de rendre service, de me dévouer à ma Communauté ; jamais cependant je ne l'ai fait dans une mesure suffisante pour contenter mon cœur; ce qu'il sentait de ce côté, c'était une soif que rien ne pouvait satisfaire; ma seule crainte eût été d'y mêler du naturel, tant j'y trouvais de jouissance. »

Son dévouement pour sa famille religieuse se traduisait encore dans son zèle persévérant à for-mer les Postulantes Converses qui lui étaient confiées. Du lieu élevé où elle jugeait tout ce qui constitue l'ensemble de nos saints devoirs, elle exigeait, pour les moindres détails, la perfection dont ils sont susceptibles. « Ils ont revêtu la forme de la volonté de Dieu, disait-elle, et sont destinés à lui prouver notre amour, ne faut-il pas s'y appliquer entièrement ? » Aussi quelle souffrance pour sa foi, lorsqu'elle se trouvait en contact avec la négligence, le désordre, si communs de nos jours ! Avec quelle insistance elle s'en constituait l'adversaire, hélas ! parfois redouté ! Une habitude imparfaite, quelque profondes qu'en fussent les racines, devait nécessairement céder le terrain à une habitude laborieuse et réglée. Avant d'atteindre ce résultat poursuivi par notre dévouée Sœur, bien des souffrances se rencontraient inévitablement de part et d'autre : l'œuvre d'une transformation est toujours ingrate, non-seulement pour la main qui l'opère, mais aussi pour celle qui en est le sujet. Des accusations exagérées, des jugements sévères avec apparence de fondement, furent formulés sur la conduite de notre chère Sœur Marie-Catherine ; elle le savait, l'acceptait, sans varier dans ses principes : la fin qu'elle se proposait était si surnaturelle et si noble !

Ingénieuse à détourner les yeux de ce qui l'atteignait elle-même, c'est au point de vue du prochain qu'elle se plaçait pour estimer, juger, déterminer. Se donner à ce cher prochain, n'était-ce pas se donner à Dieu ? A cette hauteur de perfection, sa charité demeurait à l'abri des atteintes de l'égoïsme, dont les froideurs et les resserrements furent toujours antipathiques à la trempe généreuse et dévouée de son âme. Ce prochain, trop souvent jugé digne de notre indifférence par ses imperfections et ses défauts de caractère, sa foi le lui montrait couvert en quelque sorte de la personne de Jésus-Christ, et marqué ainsi d'une inviolabilité sacrée.

Nous l'avons dit déjà : mettre au service de toutes, sans nulle distinction, son temps, ses forces, les trésors de son cœur, était devenu comme une seconde nature que la grâce ne fit que fortifier. Elle ne dérogeait à la loi d'une parfaite égalité, qu'au bénéfice de celles dont elle avait reçu quelque sujet de peine. « Dieu m'a faite ainsi, disait-elle, que mon plus grand bonheur est de venir en aide aux personnes qui ont pu me contrister. » En

leur faveur, elle usait de tout ce que la charité a
de plus tendre et de plus délicat. Ayant une fois
été atteinte par des procédés peu bienveillants,
comme Dieu sait en ménager à ses meilleurs amis,
elle savourait encore toute leur amertume, lorsque
celle qui en avait été l'auteur fut frappée par un
mal secret, qui nécessitait des soins pénibles et
assidus. A peine notre chère Sœur l'a-t-elle appris
qu'elle court chez sa Supérieure, réclame la faveur
de soigner la pauvre malade. L'ayant obtenue :
« Ah ! ma Mère, disait-elle avec un accent qui ne
se peut traduire, ces occasions-là, ce sont mes
meilleures consolations. »

La prière était pour notre fervente Sœur une
toute-puissance mise au service de sa charité;
aussi en usait-elle largement. La vivacité de sa
confiance lui faisait tout attendre de la Bonté de
Dieu, le miracle même, quand le bien de sa chère
famille religieuse le réclamait. Sous les auspices de
Jésus, son divin Avocat, elle se présentait à Dieu
avec cette foi qui transporte les montagnes. Fau-
drait-il s'étonner ensuite que Dieu changeât en sa
faveur le cours régulier des évènements, et lui ré-
vélât par une promesse de vie le pouvoir qu'elle
avait sur son Cœur?... Une Sœur, atteinte d'une
fluxion de poitrine, était depuis plusieurs jours
entre la vie et la mort. La dernière consultation
venait de nous enlever cette lueur d'espérance à
laquelle il coûte tant de renoncer. On attendait la
crise suprême qui ne pouvait tarder. Notre Sœur
Marie-Catherine reçoit l'obéissance de solliciter, à
la sainte Communion, la guérison de la mourante.
L'acte accompli, elle rend ainsi compte du résul-

tat de sa demande : « Ma Mère, Notre-Seigneur vous l'accorde ; notre Sœur N. N. nous sera conservée. Il me l'a montrée à la porte d'un beau palais, il n'y avait plus que quelques pas à franchir pour y parvenir ; nos prières l'en ont détournée; mais avant d'y arriver une seconde fois, la pauvre Sœur aura encore un long et pénible circuit à faire, par la souffrance intérieure et extérieure. » Ce qui se vérifia exactement : car dix-huit années de vie lui furent encore données, années bien laborieuses et méritoires pour le Ciel.

En d'autres circonstances, c'est une réponse de mort qu'elle reçoit, réponse positive et sans appel, comme si Notre-Seigneur eût redouté son irrésistible ascendant sur Lui. Une Sœur était gravement malade ; sachant combien cette perte serait sensible à sa Supérieure, notre dévouée infirmière offre à Dieu sa propre vie, en échange de celle de la chère mourante. Cet acte qu'elle remplit avec la charité la plus pure, n'est pas agréé de Notre-Seigneur, qui lui dit d'un ton sévère :« *As-tu le droit de disposer de la vie de tes Sœurs? Eh bien! sache que tu n'as pas plus le droit de disposer de la tienne. Qui s'est donné une fois ne s'appartient plus.* » Elle comprend dès lors que la volonté de Dieu est irrévocable, et que les prières pour la guérison désirée demeureront sans effet. — Dans une occasion semblable, Notre-Seigneur lui dit encore : « *Sera-ce donc toujours ma volonté qui devra céder à la tienne ?* » puis, lui découvrant la sublime, mais incompréhensible perfection de cette divine Volonté, Il la laisse pénétrée d'un saint désir de la voir s'accomplir sur la terre comme au Ciel, fût-ce même par le sacrifice de ce qui lui est le plus cher. Lorsque ensuite on la pressait de prier pour la conservation de la malade, elle répondait avec une expression qui ne se peut rendre : « Non, mon Dieu, non, je ne vous la disputerai pas ! »

Il plaisait encore à Notre-Seigneur, à l'approche de maladies soudaines et imprévues, de l'avertir intérieurement, afin qu'elle obtînt à l'avance des grâces de courage et de résignation pour celles que l'épreuve atteindrait. « Qu'avez-vous donc, lui demande-t-on un jour, en voyant la tristesse empreinte sur son visage ? — Ce que j'ai ? répond-elle avec une émotion qu'elle cherche vainement à dissimuler ; Notre-Seigneur m'a fait connaître que notre Sœur N. N. va tomber gravement malade, et j'ai vu le bouleversement que sa maladie apportera dans son emploi. En vain j'ai supplié Notre-Seigneur de se laisser fléchir ; rien ne pourra détourner le coup. » Le soir du même jour, sans aucun signe précurseur de l'accident qui allait la frapper, notre chère Sœur N. N. fut prise d'un violent crachement de sang, et réduite en peu de temps à un état d'épuisement tel que, craignant pour ses jours, sa Supérieure se vit obligée de la décharger de ses fonctions ; et la prédiction se vérifia ainsi de point en point.

Aux vocations extraordinaires doivent correspondre les secours extraordinaires ; c'est-à-dire, que là où la créature a atteint les dernières limites des dons de nature et de grâce reçus de la libéralité divine, elle ne peut opérer d'œuvres qui les dépassent, si Dieu ne la soutient par des faveurs proportionnées au but poursuivi par son amour. Aus-

si, pour réaliser dans toute son étendue sa mission
de dévouement envers la Communauté, arrivait-
il fréquemment à notre Sœur Marie-Catherine
de recevoir une perception intérieure, claire et
évidente du besoin de ses Sœurs, ainsi que de l'acte
de charité que Dieu l'appelait à accomplir à leur
égard ; et une audition si distincte de leur recours
à elle, qu'il n'était pas au pouvoir de la distance
d'en affaiblir le son. Les Anges furent, en maintes
circonstances, les agents de ces effets surnaturels.
« *Je suis la lumière du monde,* » a dit Notre-Seigneur dans son saint Évangile ; seul, Il est le foyer,
la splendeur ; toutefois ses desseins ne sont pas
toujours d'illuminer par Lui-même ; Il se plait à
accomplir certaines missions providentielles par
l'intermédiaire des Anges, ministres de ses Volontés. Ceux-ci éclairaient notre bonne Sœur en se manifestant visiblement sous une forme humaine, ainsi
qu'il arriva le jour où notre Sœur Marie-Catherine
vit un Ange soutenir et consoler une Sœur, qu'elle
savait sous le coup d'une épreuve intérieure.

Grâce aux communications intimes établies par
le Seigneur entre sa fidèle Servante et ces Esprits
célestes, par eux elle était aussi quelquefois tirée
de son sommeil, et invitée à se rendre au lieu où
ses bons offices étaient désirés. Citons rapidement
quelques faits.

A la suite d'une application de sangsues, une
Sœur s'évanouit pendant la nuit. Prévenue par
son bon Ange, notre dévouée Sœur se lève en
toute hâte, accourt, et lui prodigue les soins que
réclame son état. — Chez une autre Sœur, tous les
symptômes précurseurs d'un mal qui l'obligeait de

s'aliter, s'étaient manifestés ; déjà elle songe tristement aux surcharges que son absence causera, et s'efforce d'entrer dans les sentiments d'un complet abandon, quand notre Sœur Marie-Catherine, avertie par son charitable Coopérateur, se rend près d'elle au milieu de la nuit, et ne la quitte qu'après avoir obtenu de Notre-Seigneur sa complète guérison. — Un remède pris le soir pour calmer une toux opiniâtre, rend une Sœur fort malade. Sachant que ce médicament administré à forte dose est mortel, elle croit toucher à sa dernière heure. Dans l'impuissance de réclamer des secours humains, elle s'adresse au bon Ange de la Privilégiée de Notre-Seigneur, avec une foi vive d'être exaucée, et abandonne son âme à Dieu. A peine quelques minutes se sont écoulées depuis cette prière, que des pas légers se font entendre ; la porte de la cellule s'ouvre, et le doux et radieux visage de notre Sœur apparaît à la malade comme une vision du Ciel. « Comment se fait-il, lui demande celle-ci le lendemain, que vous soyez venue à moi dans ce moment d'angoisses, au milieu de la nuit, et à une si grande distance ? — J'ai entendu une voix intérieure qui m'avertissait que vous aviez besoin de moi, et je suis venue, » répondit-elle avec simplicité, comme si c'eût été chose tout ordinaire.

Il n'était pas rare d'entendre notre chère Sœur dire : « Vous avez beaucoup souffert cette nuit, corporellement et spirituellement, mon bon Ange me l'a fait connaître, et m'a pressée de prier pour vous. »

Bonté admirable de Dieu, qui mettait ainsi ses célestes Messagers à la disposition de son humble Servante !

CHAPITRE XV.

Après avoir parcouru le domaine de la Charité, vaste théâtre du dévouement de notre bien-aimée Sœur, il nous tarde de remonter jusqu'au foyer d'où rayonnait cette reine des vertus. Notre Sœur Marie-Catherine avait été prévenue d'un don éminent d'oraison ; et c'était dans l'intimité de ses rapports avec son divin Époux, que s'allumait le feu ardent dont nous subissions la vivifiante influence. La droiture de son amour pour Dieu, la simplicité de sa foi et le total abandon d'elle-même la disposaient admirablement aux faveurs divines. N'ayant d'autre souci que celui de plaire au Bien-Aimé, elle pense, parle et agit sans motif personnel : elle n'a qu'un regard, qu'un amour, et elle va vers Lui d'un essor rapide. Sa façon de traiter avec ce doux Ami de nos âmes était d'une ingénuité charmante. Par une sorte d'instinct de grâce, elle retraçait dans sa conduite cette parole du divin Maître : « *Si vous ne devenez semblables à de petits enfants, vous n'entrerez pas dans le royaume des Cieux.* » Le Ciel sur terre, n'est-ce point cette communication intime, toute de candeur et d'innocence, avec l'unique objet de notre amour? Et l'état d'enfance spirituelle, n'est-il pas celui de la vertu consommée ? Il ramène l'âme à l'innocence baptismale et lui en rend les privilèges. Ce fut, croyons-nous, le secret de la puissance de notre chère Sœur sur le Cœur de Dieu. On eût dit qu'elle avait mission de le charmer, de le réjouir par les innocentes familiarités et les saintes hardiesses de son amour. Dieu paraissait sourire aux marques les plus naïves de sa tendresse; et quand elle osait tout, ce Dieu de bonté semblait l'inviter à oser davantage encore.

« *L'âme qui s'est délaissée*, dit notre saint Fondateur, *n'a autre chose à faire qu'à demeurer entre les bras de Notre-Seigneur comme un enfant dans le sein de sa mère, lequel, quand elle le met en bas pour cheminer, il chemine jusques à tant que sa mère le reprenne; et quand elle le veut porter il la laisse faire ; il ne sait point et ne pense point où il va, mais il se laisse porter ou mener où il plaît à sa mère; tout de même cette âme, aimant la volonté du bon plaisir de Dieu en tout ce qui lui arrive, se laisse porter et chemine néanmoins, faisant avec grand soin tout ce qui est de la volonté de Dieu signifiée.* » Aussi le doute n'aurait-il point trouvé accès dans l'âme confiante de notre bonne Sœur, s'il ne lui eût été diverses fois suggéré par ses Supérieures. Habituée à s'identifier à leurs sentiments, elle entrait en défiance, aussitôt que celle qui était si vraiment pour sa foi l'organe du Saint-Esprit ne paraissait pas rassurée. Il s'en suivait des colloques avec Notre-Seigneur, où l'amour se mêlait à de tendres reproches, tels que celui-ci : « Est-il possible, mon Dieu, que vous permettiez au démon de me tromper ?... Quelle gloire vous en reviendrait-il ?... Est-ce que la gloire ne serait pas pour lui, le maudit... Eh quoi! je viens à vous, pauvre ignorante, avec toute ma bonne foi, vous demander la vérité; je me fie à vous, et ce serait votre ennemi qui me répondrait par des mensonges?... Et vous, mon Jésus, vous le verriez, et vous le laisseriez faire? Non, ce n'est pas possible! » Et Jésus sensible aux innocentes plaintes de son Épouse, ne tardait pas à ramener en son âme la certitude et la joie.

A mesure que se perfectionnait la conformité entre le Cœur de Dieu et celui de sa fidèle Servante, leur union croissait en intimité. Le Cœur de Dieu épanchait ses pensées, ses sentiments, sa divinité même dans le cœur de Sœur Marie-Catherine. Par un privilège plus spécial encore, il se tenait incessamment exposé à ses yeux comme un miroir éclatant de perfection : de son côté, le cœur de son humble Disciple aspirait avec ardeur la lumière et l'amour de la vie divine, et plus elle recevait, plus se dilatait sa capacité pour recevoir sans limites les largesses du Sauveur. Et que l'on ne s'étonne point de l'union familière que Notre-Seigneur daignait contracter avec l'âme pure et aimante de Sœur Marie-Catherine, de sa douce condescendance à lui communiquer ses secrets. La raison souveraine de toutes les merveilles qu'Il opérait en elle, est l'amour. Nous croyons au mystère de ses ineffables tendresses, et nous savons qu'en Dieu l'amour explique tout, justifie tout. Et si l'on nous demande où cette humble Sœur, dont l'esprit était sans culture, a puisé des pensées si élevées, des sentiments si nobles ; comment, d'un simple regard, elle voyait, malgré la distance des temps et des lieux, se retracer sous ses yeux les diverses scènes de nos mystères sacrés ; comment l'avenir soulevait pour elle ses voiles en lui découvrant des vérités et des faits inconnus de tous ? Nous répondrons : elle aimait et elle était aimée. Ce feu de l'amour devenait parfois si intense qu'elle avait peine à s'y soustraire. Son ardeur ne connaissait plus de bornes, lorsque Dieu, pour quelques instants, écartait les ombres qui cachaient à ses yeux cette Face adorable, que les Séraphins eux-mêmes n'osent contempler qu'en se voilant. Rarement elle recevait cette faveur sans tomber en extase, l'infirmité de la nature ne pouvant soutenir l'éclat de cette Beauté incomparable dont la vue est une partie du bonheur des Saints et sera un jour la béatitude de nos corps glorifiés.

Dès ces commencements, la vie de Notre-Seigneur se déroulait devant elle sous forme de tableaux, qui variaient selon les temps, et plus encore, selon les épreuves que cette chère Sœur aurait à subir, ou les vertus qu'elle devait exercer. Les diverses scènes de cette vie divine lui semblaient s'accomplir dans le présent, sous les yeux de son âme ravie, sans aucune préparation de sa part. « Je ne m'applique pas aux mystères de Notre-Seigneur selon mon désir ou mon goût naturel, disait-elle ; c'est ce bon Sauveur Lui-même qui m'y applique selon sa volonté. Ma vie, ajoutait-elle en souriant, n'est qu'une représentation continuelle. — N'en êtes-vous pas fatiguée ? lui demandait sa Supérieure. — Pas plus que d'ouvrir les yeux pour vous voir, ma Mère; ouvrir les yeux de mon âme est la seule part que j'aie à cette grâce; la mémoire ou l'imagination n'en ont aucune, comme action propre. Le plus souvent, Notre-Seigneur se présente à moi dans ses états souffrants, me laissant entendre que ce sont ceux où Il est le plus délaissé. D'autres fois, je Le suis avec les saintes femmes, de bourgades en bourgades, dans la Judée; je suis témoin de ses miracles; j'entends les paroles de vie qui découlent de ses lèvres; je les recueille dans mon cœur; je vois ses gestes divins dont rien ne saurait exprimer la beauté; enfin je subis, sans pouvoir y résister, le charme attaché à sa Sainte-Humanité. Je vois les lieux comme on voit dans un miroir les objets qui s'y réfléchissent, les montagnes rocailleuses, les bords du lac de Génésareth, le désert avec tous les accidents de terrain, comme si je les parcourais en vérité; ou, fréquemment encore, je vois le Sauveur à Béthanie conversant avec Lazare et ses Sœurs. Il n'est guère de circonstances transmises par le saint Évangile, dont je n'aie été le témoin. Plusieurs fois, j'ai suivi Notre-Seigneur sur la montagne d'où les Pharisiens Le voulaient précipiter. Ce doux Sauveur, invisible pour tous, l'était aussi pour moi, comme le soleil, lorsque la lune se plaçant devant lui, nous prive d'une partie de sa lumière; puis, je Le voyais reparaître aussitôt que le danger avait cessé. » Sans songer que ce privilège lui était particulier, il arrivait parfois à notre chère Sœur de dire, en écoutant la description des campagnes de la Judée, théâtres de la vie publique ou souffrante du Sauveur : « Ce n'est pas tout à fait juste, il y manque tel détail ; mais bien des choses ont dû changer depuis. »

Les soins absorbants pour l'esprit, qui résultaient des emplois d'infirmière, de réfectorière et de maîtresse d'ordre au Pensionnat, emplois qu'elle menait de front avec une précision rare, n'étaient pas capables de suspendre le cours de cette vie de Notre-Seigneur, qui se reproduisait incessamment sous ses yeux. « C'est le monde de mon âme, disait-elle, j'y vivrais malgré tous les efforts que je pourrais faire pour m'en retirer. » Sa Supérieure lui ayant demandé une fois quelle était son occupation intérieure parmi cette multitude de devoirs et l'attention qu'ils réclament : « Toujours la même, répondit-elle, Notre-Seigneur dans ses mystères. — Et cet après-midi, par exemple, où, entourée d'enfants, vous vous efforciez par vos joyeux propos de dissiper leur mélancolie ? — Cela ne m'a pas distraite, parce que je n'apporte à mon occupation intérieure aucun travail d'esprit ou effort de volonté ; l'extérieur ne nuit pas à l'intérieur, non plus que l'intérieur à l'extérieur ; l'un vient aider et fortifier l'autre. »

Toujours prête à se livrer à tous les labeurs, à affronter toutes les contradictions inséparables de sa position exceptionnelle, on ne put, même au milieu de ses plus rigoureuses épreuves, surprendre sur son visage un air triste et ennuyé. Rien ne lui faisait perdre la douce égalité, l'un des privilèges de la sainteté véritable. On la vit toujours épanouie, gardant jusque dans sa vieillesse l'inaltérable fraîcheur de son enfance religieuse. Cette sainte joie, n'était-ce pas la meilleure preuve de son union habituelle avec Jésus, sa béatitude anticipée ? « Ma Mère, disait-elle quelquefois à sa Supérieure, il en faut prendre son parti ; je serai jeune jusqu'à mon dernier jour. Comment ne serais-je pas enfant avec la créature, puisque Notre-Seigneur me permet de l'être avec Lui ? Je Lui en demande pardon ; mais plus souvent encore je Lui dis : « Mon Dieu ! c'est votre faute ! pourquoi êtes-vous si bon pour votre pauvre petite Sœur Marie-Catherine ? »

Ce qui s'était commencé à l'oraison se poursuivait dans l'action, presque à son insu, sans que sa vigilance, pour se réveiller, eût besoin de ces petites industries dont se servent avec fruit les âmes moins gratifiées. A cette question que lui adressa un jour une de ses Supérieures : « N'avez-vous jamais été éprouvée par des sécheresses ? — Ma Mère, je ne comprends pas en quoi consistent les sécheresses; veuillez me l'expliquer. — On appelle sécheresse, lui fut-il répondu, l'impuissance où l'âme se trouve réduite d'entretenir en soi les bonnes et saintes pensées qui éclairent l'esprit et émeuvent la volonté. En cet état, les exercices de piété sont sans attrait; la pratique de la vertu est sans charme; le cœur est comme une terre aride, épuisée, qui a soif du saint amour. — Ma Mère, cette seule pensée que Dieu avec tous les trésors de sa grâce est à moi, et que, moi aussi, je suis toute à Lui, me suffit pour me faire goûter en sa présence un bonheur que rien ne vient troubler. J'ai eu des moments de privation, mais courts et rares; alors je sentais instinctivement et j'entendais Notre-Seigneur comme s'Il se fût retiré dans une chambre contiguë dont la porte serait demeurée entr'ouverte, ou encore comme s'Il se fût caché derrière un rideau ; cependant Il ne se cachait jamais si entièrement, que je ne pusse Le découvrir ; et mes yeux, mes oreilles, mon cœur, tout mon être se tournait aussitôt du côté de l'unique objet de ma dilection. » On l'entendait alors se plaindre amoureusement : « Pourquoi vous cacher, mon Jésus, et me laisser ainsi dans la tristesse ? N'êtes-vous pas mon seul bien sur la terre ; puis-je vivre sans vous ? Je vous ai déplu, et je mérite bien que vous vous retiriez ; mais si vous attendez que je sois digne de la grâce de votre retour, quand reviendrez-vous ? » Puis se tournant vers la Sainte Vierge, elle la suppliait d'une manière si pressante de lui rendre les bonnes grâces de son Fils, qu'elle ne tardait pas à être exaucée. Ces colloques se faisaient souvent à haute voix, avec toute l'ingénuité d'une conversation enfantine. Il n'était pas rare de surprendre celui-ci : « Êtes-vous encore fâché, mon Jésus ?... le serez-vous encore longtemps ?... Hier j'ai été bien mauvaise, je le sais ; mais aujourd'hui j'ai fait tout mon possible pour vous contenter. Ne voyez-vous pas que j'aimerais mieux mille fois mourir que de vous déplaire en la moindre chose ? Vous pardonnez, n'est-ce pas, à la pauvre Sœur Marie-Catherine ; elle ne se relèvera pas que vous ne le lui ayez promis. C'est oui, n'est-ce pas ? »

Son amour pour Notre-Seigneur se traduisait par une naïveté de tendresse, qui alla grandissant jusqu'à son dernier jour. Une simplicité d'enfant

présidait à tous ses rapports avec Lui ; on y re-
trouvait l'aisance, l'abandon, l'ingénuité du jeune
âge, de cet âge qui ose tout parce qu'il se sent aimé. Si les âmes simples sont presque toujours
l'objet d'étonnantes libéralités divines, c'est parce
qu'elles ont plus d'humilité, l'esprit d'enfance
étant le plus sûr antidote de l'orgueil. Que peut,
en effet, s'attribuer l'âme qui repose sur le Cœur
de son Dieu, et qui ne se meut que par son impulsion ? Se laisser faire par sa bonté semble si
peu de chose ; il y a, au contraire, tant de satisfaction naturelle à user de courage, d'énergie, pour
abattre des ennemis puissants : on se grandit par
la difficulté vaincue, et l'héroïsme spirituel a
tant de charmes, que l'écueil de la vaine gloire est
difficile pour l'ordinaire à éviter. Aussi est-ce sur
l'âme toute petite, que s'abaisse le regard de la
divine complaisance : parce qu'elle s'ignore, elle
reçoit des caresses que ceux-là seuls peuvent
comprendre qui les ont expérimentées.

Nul détail de la vie pratique n'était jugé par
notre chère Sœur assez puéril pour échapper à la
douce intervention de Notre-Seigneur. Avait-elle
égaré son dé, ses ciseaux, etc. : « Vous voyez, mon
Dieu, le temps que je perds, disait-elle. Vous savez où est ce que je cherche, veuillez m'y conduire ; » et se levant instinctivement, elle allait
mettre la main sur l'objet. « Oh ! que vous êtes
bon, mon Jésus ! Et penser qu'il y a sur la terre
des âmes qui doutent de votre bonté ! » — Un
soir, la Sœur Portière ne retrouvant pas la clé du
Parloir, accusait notre Sœur Marie-Catherine de
l'avoir égarée ; celle-ci se contente de répondre

humblement qu'elle s'en occupera. Après son recours accoutumé, elle va vers la Sœur et lui dit : « La clé est derrière tel meuble de l'Économat, où par mégarde on l'a fait tomber. » On vérifia le fait ; il était exact.

Voulait-elle dire la chose, ou faire l'action la plus indifférente, elle en demandait la permission à Notre-Seigneur. D'une simple vue, Il lui découvrait jusqu'aux atômes d'imperfection qui pouvaient se glisser dans ses intentions : « Vous ne le voulez pas, mon bon Jésus, disait-elle alors ; eh bien ! moi non plus, je ne le veux pas ; » et tout désir était aussitôt sacrifié. Fallait-il se décider entre deux actions également à la gloire de Dieu, mais dans un ordre différent; on la voyait se recueillir, et demander à Dieu avec la candeur d'un enfant : « Mon Jésus, s'il vous plaît, faites-moi connaître votre volonté. » L'inspiration tardait-elle à venir : « Vous ne voulez pas me répondre, mon Jésus, vous gardez le silence, et semblez vous jouer de mon embarras. » Alors, prenant résolûment son parti : « Eh bien ! je ferai ce que je croirai le meilleur ; et si je me trompe, ce sera de votre faute, mon bon Jésus. »

Quittait-elle l'un de ses emplois pour vaquer aux obligations de l'autre : « Mon Dieu, disait-elle, je vous abandonne tout, afin que vous preniez soin de tout ; il n'arrivera que ce que vous voudrez, je le voudrai aussi. » Elle préparait un jour le déjeuner des pensionnaires, lorsque arrive l'heure de la sainte Communion. Le fourneau était rouge, le chocolat cuisait à gros bouillons : « Que faire, mon Jésus, dit-elle avec sa simplicité ordinaire ? je vais vous en confier le soin, et tout se fera selon votre sainte Volonté. » Aussitôt elle part, l'esprit et le cœur tout entiers à l'action qu'elle va accomplir. En revenant, ô surprise ! elle trouve les tuyaux démontés et étendus sur le plancher ; mais, sur le poêle demeuré intact, le chocolat prêt à être servi. Notre-Seigneur avait répondu à la confiance de sa fidèle Servante. D'autres fois, ne parvenant pas à allumer le feu avant de se rendre au Chœur, elle disait : « Mon Dieu, après avoir fait tout ce que j'ai pu sans réussir, permettez que je compte sur votre bonté pour le reste ; j'entends votre voix qui m'appelle, je pars. » Elle partait en effet, et Notre-Seigneur descendait jusqu'aux plus simples détails de ses emplois, afin de lui donner lieu de constater d'une manière évidente les excès de condescendance auxquels l'entraîne sa prédilection pour l'âme pure, sa *bien-aimée choisie entre mille*. »

Dès les premières années de sa vie religieuse, cette « *vraie Fille des colloques célestes* » se plaignait à sa Maîtresse de ne point savoir faire oraison, et demandait des instructions et des méthodes, qui la rendissent capable de ce saint exercice. Celle-ci était trop expérimentée dans les voies de Dieu, pour ne pas abandonner pleinement à l'Esprit-Saint la conduite d'une âme si privilégiée. Elle comprenait que cette familiarité qui met le cœur de la créature en communication directe avec le Cœur de Dieu, et lui en assure l'empire absolu, est sans doute de toutes les oraisons la plus excellente ; mais, tout en admirant les innocentes caresses, les saintes libertés permises à la pureté, elle se gardait bien de le témoigner par ses paroles, et se servait au contraire de la prétendue ignorance de sa Novice pour l'humilier.

Ce désir de savoir faire oraison, notre chère Sœur l'a senti jusqu'à la fin de sa vie. Un jour qu'elle l'exprimait plus vivement : « Ma Sœur, lui dit sa Supérieure, il faut y renoncer ; vous l'apprendre serait peine inutile : jamais vous ne réussirez. — Pourquoi, ma Mère ? — Parce que, pour bien faire oraison, après avoir parlé à Dieu, il faut savoir se taire et écouter ; vous n'en serez jamais capable. » — Et, baissant tristement la tête : « C'est vrai, ma Mère, jamais, en présence de Notre-Seigneur, je ne saurai me taire : le temps me paraît toujours trop court pour lui tout dire : après avoir commencé, je ne sais pas m'arrêter ; ce ne sont plus des paroles, c'est un vrai délire ! — Votre oraison d'aujourd'hui, comment s'est-elle passée ? — Ma Mère, en arrivant au Chœur, j'ai baisé les pieds de Notre-Seigneur, et, me prosternant en esprit devant Lui dans un profond sentiment d'anéantissement et d'amour, j'ai entendu sa voix qui me disait : « *Baise aussi mon Côté.* » J'obéis avec transport. Notre-Seigneur m'ouvrant alors son divin Cœur, m'y fit entrer, me découvrant les perfections infinies qui y sont renfermées. Oh ! quelle vue ! Comment penser que tout cela est à nous, et ne pas mourir d'amour ! Étonnez-vous, ma Mère, après ces témoignages de l'amour de mon Jésus, que j'aie tant besoin de Lui dire que moi aussi je L'aime ; il faut que le trop plein de mon cœur déborde par mes paroles, je ne puis me taire, j'étoufferais ! » Comprimer ces impétueux transports eût été chose impossible ; aussi cherchait-elle la solitude pour donner libre cours à l'ardeur de ses sentiments ; ils s'échappaient de son cœur en cris soudains, en paroles embrasées : « O Jésus! vivre pour vous aimer !.... O Jésus! vivre pour vous, souffrir pour vous, mourir pour vous !.... »

Maintes fois cependant, Notre-Seigneur, invitant notre chère Sœur au silence, daigna lui donner les enseignements de la divine sagesse d'une façon si haute et si relevée, qu'elle ne pouvait les recevoir sans tomber aussitôt dans le ravissement. Un jour que, durant plus d'une heure, elle avait été privée de l'usage de ses sens, quand elle revint à elle, on lui demanda ce qui s'était passé : « Notre-Seigneur, répondit-elle, voulut bien me traiter comme son humble disciple : Il me découvrit le sens profond et caché de cette parole de saint Paul : *Je vis ; non, ce n'est plus moi qui vis ; c'est Jésus-Christ qui vit en moi.* — Mais, ajoutait-elle modestement, ce que j'ai compris, Notre-Seigneur ne veut pas sans doute que je le communique : les paroles me manquent pour l'exprimer. Ah ! vie de Jésus en l'âme, si l'on savait ce que c'est, et les merveilles qu'elle opère, qu'est-ce donc qui pourrait coûter pour accroître un bien si excellent ! »

D'autres fois, elle se plaignait également de ne plus savoir faire de lecture : « Je commence, disait-elle, avec toute la bonne volonté possible ; puis, si je rencontre le Nom de Notre-Seigneur, ou un fait ayant rapport à Lui, je m'en vais. — Et où allez-vous ? — En Judée ; je suis témoin de ses paroles et de ses actions. Aujourd'hui je L'ai vu au puits de Jacob, Il parlait à la Samaritaine, et sa parole avait une douceur à laquelle il me semble impossible qu'on puisse résister. Ah ! mon Jésus ? si l'on savait la beauté de votre visage, la majesté de votre personne ! Si vous vous montriez ainsi à tous les hommes, qui donc se refuserait à vous aimer ! » Puis, faisant un retour d'humilité, « Notre-Seigneur sait bien que mon esprit est incapable de considération, c'est pourquoi Il me traite ainsi. Je crains quelquefois de ne pas satisfaire à l'obligation de la lecture, mais on m'a dit : « Vous ne pouvez mieux ; Dieu sera donc assez bon pour s'en contenter. » Sur les dernières années de sa vie, recevant de la main de sa Supérieure ses livres de lecture, elle en désigna un du doigt, disant : « Oh ! que celui-là est bon, que je l'aime ! — Le connaissez-vous ? — Non, ma Mère, mais je sens un mouvement intérieur qui m'attire vers lui. » C'était le Cantique des Cantiques.

CHAPITRE XVI

EFFETS DE LA SAINTE COMMUNION
EN MARIE-CATHERINE.

Jésus, venant en notre Sœur Marie-Catherine
par la sainte Communion, y opérait une destruc-
tion, un anéantissement toujours plus complet
d'elle-même. La trouvant toute dévouée à son
amour, pure, généreuse, Il avait résolu de conti-
nuer en elle son sacrifice eucharistique, de l'unir
par des souffrances ineffables à son immolation
non interrompue du Tabernacle, et de la faire
entrer dans le mystère de transformation divine,
autant que la fragilité de la nature le peut permettre.

La même merveille de transformation s'effec-
tuait physiquement au moment de la sainte Communion ; et ce fait, souvent renouvelé, ne laissait
pas de nous pénétrer d'une secrète admiration.
Approchait-on de l'heure marquée pour la recevoir, on voyait notre Sœur sortir de ses états de
souffrance surnaturelle, et passer, presque sans
transition, des symptômes de l'agonie à l'usage
ordinaire de la santé. Aussi pouvait-on toujours

préciser d'avance, avec une certitude entière, la durée du mal, et jamais une seule fois, durant quarante années, il ne dépassa l'instant de la Communion. En s'avançant vers la sainte Table, elle était souvent si chancelante, qu'il lui semblait presque impossible d'atteindre le but; mais dès qu'elle avait reçu la sainte Hostie, Notre-Seigneur lui disait : « Que crains-tu? Ne suis-je pas le Pain des forts ? » Soudain elle sentait dans tout son être une vigueur dont les effets ne pouvaient échapper à celles qui l'avaient vue mourante peu d'instants auparavant. Lui en témoignait-on quelque surprise, elle répondait avec un gracieux sourire : « Ce n'est plus moi qui vis, c'est Jésus-Christ qui vit en moi. »

En d'autres jours, une irrésistible attraction l'entraînait au saint Autel. Dès le grand matin, elle sentait une agilité dont la cause échappait à toute recherche; elle était, selon son expression, soulevée et comme emportée vers son Jésus par une force supérieure à celle de sa nature; son âme s'élançait vers son cher Trésor, et il lui semblait que Notre-Seigneur s'élançait, Lui aussi, vers elle, et prévenait par un mouvement plus rapide celui du Prêtre qui la communiait.

A une époque que nous ne pouvons préciser, notre chère Sœur fut atteinte d'une complication de maux aussi étranges que douloureux. Cet état progressa à tel point, que nous crûmes que sa dernière heure allait sonner. Elle était en proie à une fièvre violente accompagnée de délire et de suffocations; la nuit entière se passa ainsi; le lendemain, la Supérieure allant la voir avant l'oraison, lui dit : « Je crois humainement impossible que vous alliez au Chœur recevoir la sainte Communion ; cependant je ne m'y oppose pas, et vous abandonne au soin de Notre-Seigneur. » Notre fervente Sœur fit un grand effort pour se soulever, et retomba anéantie sur son lit : « Ma Mère, dit-elle, je ne puis, c'est impossible ! — Cependant, racontait-elle plus tard, j'entendais toujours au fond de mon cœur la voix de Notre-Seigneur : « Ma fille, viens à moi, » sans pouvoir faire le moindre mouvement pour me rendre à ce doux appel. Enfin une dernière invitation, plus pressante, me répète : « Ma fille, viens à moi, ne crains rien. » Je me lève aussitôt avec facilité, et me dirige vers le Chœur, sans nul ressentiment de mes douleurs passées ; à peine ai-je regagné notre lit, que j'en suis de nouveau envahie ; et pénétrée d'une si tendre reconnaissance pour Notre-Seigneur, que j'aurais voulu me fondre pour Lui témoigner mon amour. « Oui, je le sens, vous avez un faible pour moi, Lui disais-je ; la raison, je ne la puis comprendre ; mais cela est : vous avez un faible pour la pauvre Sœur Marie-Catherine. »

Si ardent était le désir de Notre-Seigneur de s'unir à cette âme privilégiée, qu'Il lui dit un jour pendant son action de grâces, avec un accent d'une tendresse ineffable, et en se présentant à elle : « A défaut de prêtre, je viendrais moi-même te communier. »

Le démon, jaloux des merveilleux accroissements de grâce dont la sainte Communion était pour elle la source, mettait tout en œuvre pour l'entraver, lui suscitant, au moment de se rendre au Chœur, des obstacles imprévus, ou des maux subits qui semblaient devoir lui ôter la possibilité de la recevoir. Un jour, ne pouvant poser ses pieds à terre par suite de douleurs très aiguës, au lieu de perdre un temps précieux à délibérer, elle fait sur ses mains et sur ses genoux le long trajet de l'Infirmerie au Chœur ; hélas ! c'est en vain qu'elle essaie d'ouvrir la porte de l'avant-Chœur, la porte résiste à tous ses efforts. Quel parti prendre ?... La voix de son bon Maître lui adresse directement ces paroles : « Passe par le cloître du Sacré-Cœur. » Nouveau parcours plus long encore que le premier ; mais cette âme généreuse pourrait-elle s'arrêter à la peine ? Ne considérant que le but, elle franchit la distance qui la sépare de son Sauveur bien-aimé ; à peine arrivée au Chœur, elle sent tout mal disparaître, et demeure en paisible possession du souverain Bien.

Durant un grand nombre d'années, ses nuits s'écoulèrent en oraisons non interrompues ; elle s'y dédommageait des contraintes de la journée par de brûlants colloques avec le Dieu de l'Eucharistie. Dans sa faim insatiable pour cet Aliment céleste, les heures fuyaient trop lentement au gré de ses désirs. Quelquefois des coups frappés contre les vitres, ou une douce mélodie, la faisaient entrer comme dans un saint délire : « Ah ! c'est vous, mon Jésus, s'écriait-elle, mon cœur vous reconnaît, et il ne se trompe pas ; — mon Bien-Aimé me regarde à travers le treillis » et à son tour, elle entonnait des chants de sa composition, où un ardent amour suppléait au talent poétique. — « J'entends encore la voix de Sœur Marie-Catherine,

nous écrit une ancienne élève, quand elle chantait
doucement, comme si elle répondait à des Anges
invisibles. Et quelle peine pour la réveiller de
ce concert, lorsque, prise de peur, je lui criais :
« Sœur Catherine, vous rêvez donc !.... vous chantez ! — Reposez, mon enfant, disait-elle, et demeu-
rez tranquille. » Une autre élève, retenue à l'Infirmerie durant un temps assez long, nous écrit
aussi : « Les chants de Sœur Marie-Catherine pendant la nuit me semblaient n'être pas de la terre ;
je me sentais dans une atmosphère surnaturelle
qui me laissait une impression de crainte, comme
tout ce qui sort de l'ordre ordinaire, et je m'é-
criais : « Sœur Marie-Catherine, vous chantez, et
ce n'est pas comme tout le monde ! — Dormez,
me répondait-elle, et ne rêvez plus. » — Souvent un
profond silence succédait à ces transports ; le froid
gagnait ses mains, et elle demeurait privée de connaissance durant des heures entières. Une Sœur,
partageant sa cellule tout un hiver, raconte qu'un
soir elle s'était approchée du lit de notre Sœur
Marie-Catherine ; celle-ci, oubliant le temps et le
lieu, épanchait son cœur par les paroles les plus
embrasées ; sa compagne l'entend tout à coup
s'écrier : « Le voilà, le voilà, c'est mon Jésus !
ah ! qu'Il est beau !... » la parole expire sur ses
lèvres, son corps semble inanimé, ses sens de-
meurent suspendus, et son âme, ravie hors d'elle-
même par la vue de la glorieuse Humanité
de Notre-Seigneur, est tout abîmée dans la joie
de l'union divine. Pendant une heure environ
que dura ce ravissement, la main de sa compagne, saisie au moment du transport divin, ne

put malgré ses efforts se dégager de son étreinte.

Notre chère Sœur recevait dans l'extase l'intelligence de vérités admirables. « Je ne trouve plus rien dans les livres, que Notre-Seigneur ne m'ait déjà appris, » disait-elle avec simplicité. Ces connaissances sublimes communiquées à son âme presque à son insu, elle sentait qu'elles étaient entrées en elle, qu'elle les possédait, sans pouvoir se rendre compte de quelle manière cela s'était fait. Durant plusieurs années, le seul Nom de Dieu, une parole entendue en conversation ou dans une lecture, suffisaient pour la pénétrer d'un trait de grâce si vif, que l'usage de ses facultés lui était aussitôt ravi. Chargée par ses Supérieures de soins multiples au Pensionnat, il fallut placer une Sœur auprès d'elle, avec la double mission de la soustraire à la vue des élèves dans les moments de l'action divine, et de suppléer aux devoirs qu'elle ne pouvait remplir lorsque survenait le ravissement. Mais en vain l'enfermait-on pour la dérober aux regards curieux des pensionnaires ; malgré la plus active vigilance, il y eut des instants de surprise ; ces jeunes espiègles en profitèrent pour s'assurer si les faveurs extraordinaires de leur sainte Infirmière étaient à l'épreuve du feu ; plusieurs fois, elles approchèrent de son visage une bougie allumée, sans pouvoir retirer notre Sœur de son sommeil mystique ou surprendre le moindre signe qui trahît la douleur.

Durant les trop courts moments de l'action de grâces, en la voyant immobile comme une statue, dans l'attitude de l'adoration, on aurait pu croire qu'elle n'appartenait plus à la terre. A l'époque de

ses plus grandes faveurs, impuissante à mesurer le
temps, les heures lui semblaient des minutes, et il
fallait que l'une de nous se plaçât auprès d'elle,
pour l'avertir quand venait le moment de se retirer. Lorsqu'elle sortait de l'extase, on eût dit une
personne qui, d'une région de lumière, tombe au
milieu des obscurités de notre triste monde ; son
visage peignait à la fois une douloureuse surprise
et une silencieuse admiration ; elle avait besoin de
donner un peu d'essor aux sentiments si divers qui
l'oppressaient, et elle ne le faisait que par des
mots entrecoupés, ou de brûlantes aspirations.

Quand la Sainte-Humanité de Jésus-Christ, per-
çant les voiles de la divine Hostie, se montrait à
elle glorieuse et éclatante de beauté, la foi dispa-
raissait pour cette âme heureuse, et l'union béati-
fique semblait déjà commencée. « C'est alors, disait-elle, que l'anéantissement est facile ; l'âme qui
jouit de cette faveur, mesurant la distance qui la
sépare de son Dieu, voudrait voir s'ouvrir sous
ses pieds des abîmes pour y descendre. M'anéantir
est tout ce que je sais faire, quand les bontés de
mon Sauveur m'accablent, et que je ne puis en
soutenir l'excès. — Il arrivait souvent, dit encore
notre chère Sœur, qu'après la sainte Communion,
Notre-Seigneur me découvrait ses attributs divins.
Moi, pauvre misérable, moi, pauvre petite créature, supporter tant de gloire ! J'aurais voulu m'a-
néantir, et, ne le pouvant, je me réfugiais alors
dans sa Bonté, celle de ses perfections la plus accessible à ma faiblesse. » — Ce divin Sauveur lui
apparut un jour, assis dans son cœur comme sur
un trône, la comblant des délices de son amour

par une expérience si douce de sa prédilection, qu'elle sentait accroître ses ardeurs pour le Ciel. Elle ne pouvait parler que de la mort, qui la mettrait en possession de son souverain Bien.

L'union sacramentelle, don ineffable de la tendresse de Jésus-Christ, était pour notre chère Sœur plus que l'union consommée dans la foi, quand les ombres disparaissant, il lui était permis de contempler l'éclatante lumière du Soleil de Justice. Cependant, quelque intime et ravissant que soit l'acte de la Communion, c'est un acte transitoire qui ne dure que quelques instants, et son amour aspire à la Communion éternelle, dont rien ne limitera plus la durée. Chaque matin, il est vrai, jusqu'au terme de sa vie, la Manne du désert lui sera accordée. Notre-Seigneur le lui a promis, comme compensation à la longueur de son exil, l'assurant que le jour même où elle ne pourrait plus se rendre au Chœur pour communier serait son dernier jour. Oh ! combien de pressantes invitations et de suppliants appels vers Celui qu'elle aime uniquement !... Ces désirs sont le soutien de son existence ; mais entre la Communion d'aujourd'hui et la Communion de demain, vingt-quatre heures doivent s'écouler encore, et quels soupirs embrasés rempliront l'intervalle !

La vivacité de sa foi en la sainte Eucharistie lui faisait découvrir la vie divine puisée à sa source ; et de cette source très pure jaillissaient des trésors de grâces, qui descendaient jusqu'aux plus petits détails de sa vie, pour les pénétrer de l'esprit de Notre-Seigneur. Étant un jour interrogée sur les effets du divin Sacrement en son âme, elle répondit par cette belle parole : « Depuis que la sainte Communion est entrée dans ma vie, je ne connais pas la place qu'elle y occupe, mais je crois qu'elle la remplit tout entière. » L'attraction du Banquet sacré n'était point pour cette âme fervente un acte isolé de la journée, et ne s'arrêtait pas à la manducation de ce Pain de vie ; elle devenait une partie intégrante de sa vocation, sa sainteté, sa joie. Vivre par *Jésus-Hostie,* c'était subir sa très sainte action, se livrer tout entière, avec Lui et comme Lui, à son Père et à ses volontés. L'amour de ce divin Époux ne s'étant exprimé que par le sacrifice, son amour à elle ne devait pas s'exprimer par un autre langage. Dire en paroles : « Je vous aime ! » n'est rien pour cette âme généreuse ; elle a besoin de le dire en se faisant *hostie* avec Jésus. L'immolation était le véritable fruit de son culte envers la sainte Eucharistie. — A une Sœur qui lui parlait d'une épreuve personnelle bien pénible, elle répondit : « Ma Sœur, il en faut prendre votre parti ; vous souffrirez, et cela jusqu'au bout de votre carrière. Vous avez le bonheur de recevoir *Jésus-Victime* trop souvent pour qu'Il ne marque pas votre âme de ce caractère de *victime* . Désirer la sainte Communion, c'est appeler la souffrance ; et, quand elle vient, s'y livrer pleinement, sans regard sur soi. »

Dans ses intimes communications avec Dieu, elle s'était pénétrée de cette pensée de foi, que s'identifier par le Sacrement d'amour à la mort du Sauveur, c'est consentir à Le laisser reproduire en soi le mystère de ses ineffables douleurs. A Lui de poser des limites ; à sa créature de les accepter, dût sa jalousie exiger l'immolation suprême :

« *Mon Dieu, pourquoi m'avez-vous abandonnée ?* »
— Une de ses Sœurs, après s'être livrée à Dieu
dans toute la droiture et la sincérité de son
cœur, fut prise au mot : atteinte en la partie la
plus délicate de son être, elle subissait l'épreuve
avec peine, et redoutait surtout sa faiblesse. Demandant à notre bien-aimée Sœur de lui obtenir
la grâce de la fidélité généreuse que Notre-Seigneur réclamait alors de son amour, celle-ci,
après s'être un instant recueillie, lui répondit :
« Je prie chaque jour pour Votre Charité, et chaque jour une même réponse de mort se fait entendre à mon âme : « *Le temps que je lui accorde,
doit être rempli par la souffrance ; qu'elle n'at-
tende donc et n'espère autre chose. J'ai sur elle
de grands desseins d'amour : par la souffrance
seule, ils pourront s'accomplir : qu'elle me laisse
donc faire !* » — « Courage, ma Sœur, se plaisait-
elle à lui dire en la rencontrant ; à vous et à moi
il ne reste plus qu'à souffrir ; mais l'Éternité arrivera ; oh ! l'Éternité !.... » et un rayon de bonheur illuminait son visage. — Demandant à
Notre-Seigneur, le jour de la Présentation, de perfectionner son œuvre en la même Sœur, il lui fut
répondu : « *Je le ferai : mais ce sera rude.* »

Renfermant ses désirs dans le bon plaisir divin,
ne posant pas de limites à ses exigences, notre
Sœur Marie-Catherine s'avançait calme et sereine
dans la vie, bénissant Dieu de tout. Le don de soi
jusqu'à l'oubli est le tombeau des scrupules : de
quoi, en effet, s'entretiendraient-ils, là où manque
totalement l'aliment de leur existence ? Elle ne
connaissait donc point ces redoutables ennemis

domestiques. Dans sa conscience pas de resserrement, pas de découragement, mais une foi vive en la miséricorde divine où s'abîment toutes ses misères. Son entier abandon avait mis son âme au large, et la faisait marcher avec amplitude de cœur dans une voie simple et unie, qui la menait directement à Dieu : là où est l'esprit de Dieu, là aussi est la dilatation, et l'essor rapide vers la sainteté.

Déjà on l'a compris, la voie de notre chère Sœur était toute de confiance. Cette confiance ne l'empêchait pas cependant de ressentir des délicatesses de conscience extrêmes, au moment de la sainte Communion. Elle se sentait pressée d'avouer et de détester non seulement les fautes dont était seule responsable la fragilité de sa nature, mais encore les omissions en matière d'amour échappées à sa vigilance. Entre tous les privilèges, celui d'être préservée des moindres souillures lui paraissait le plus digne d'envie ; elle eût voulu que son âme, transformée sous le regard divin, fût rendue comme une glace polie, où le Dieu de bonté aimât à contempler son image. « Dieu est si pur ! disait-elle souvent, Il trouve des taches dans ses Anges mêmes ! » Elle savait qu'Il se révèle à l'âme détachée, et qu'Il la pénètre comme un rayon de lumière jusqu'à l'intime. Notre-Seigneur daigna lui donner de cette vérité une intelligence encore plus complète.

Ce divin Sauveur lui apparut assis sur un trône au centre d'une âme, et régnant sur toutes ses puissances. A l'un de ses côtés se trouvait un bouquet de lis, et à l'autre, un bouquet de roses, symboles de la pureté et de l'amour. « L'étendue de cette pureté me fut montrée, dit notre humble Sœur ; je vis qu'elle devait embrasser jusqu'aux plus petits détails de notre vie, jusqu'aux moindres pensées et aux imperceptibles sentiments ; j'étais effrayée de la difficulté d'y atteindre, mais il me fut dit que la pratique de cette pureté si élevée au-dessus des forces de la nature, me serait rendue douce et facile, moyennant l'amour. » Le même divin enseignement lui fut réitéré après une Communion ; Notre-Seigneur lui fit connaître la pureté qu'Il attendait d'une Epouse si privilégiée : « J'eus besoin, dit-elle, d'être rassurée par mon bon Maître pour en soutenir la vue. » Alors désignant de la main une autre Sœur qui, elle aussi, venait de communier, Il dit : « *Je veux que cette âme devienne pure comme la tienne.* »

C'était particulièrement durant les précieux moments de l'action de grâces, que Dieu favorisait notre vertueuse Sœur de connaissances surnaturelles. A la lumière du Soleil de Justice elle discernait la volonté de Dieu dans les choses les plus délicates ou les plus épineuses, découvrait avec certitude l'issue d'une affaire, d'une maladie, d'une vocation.

Un jour, après la sainte Communion, pressée par un mouvement intérieur, elle va trouver sa Supérieure et l'aborde ainsi : « Ma Mère, Notre-Seigneur vient de me faire connaître qu'Il ne veut pas qu'on reçoive la protestante dans le Monastère, parce qu'un jeune homme, furieux de sa détermination, a résolu d'y mettre le feu si elle est admise. — Je ne sais ce que vous voulez dire, répond notre Très-Honorée Mère, il n'est nullement

question de recevoir de protestante convertie, soit
comme Postulante, soit comme élève. — Je me suis
donc trompée, ma Mère, » repart humblement
notre chère Sœur qui, sans se permettre de réfléchir, retourne à ses occupations. Quelques heures
après cet entretien, notre Mère la fait rappeler :
« J'oubliai ce matin, lui dit-elle, que Mademoiselle de Flavigny, (Sœur agrégée,) doit engager à
son service une jeune protestante pour affermir sa
foi. — Eh bien ! ma Mère, reprend-elle vivement,
qu'elle ne le fasse pas ; Notre-Seigneur ne serait
pas content. » La jeune fille fut éconduite. — Une
Novice paraissait réunir les plus précieuses qualités de l'esprit et du cœur. A une instruction solide elle joignait une grande énergie de volonté et
une régularité exemplaire ; aussi était-elle considérée comme un sujet d'espérance pour l'avenir.
Notre Sœur Marie-Catherine, éclairée d'une lumière d'en Haut, en jugeait bien différemment ; et
pressée par Notre-Seigneur, elle dit à sa Supérieure : « Ma Mère, quelles peines inutiles on se
donne pour former notre Sœur N.N. à nos saintes
observances ; Dieu n'a pas marqué sa place ici. »
Parole qui se réalisa contre toute apparence quelques semaines plus tard. La Novice, déjà reçue par
le Chapitre pour la sainte Profession, sortit du
Monastère, ne pouvant s'accoutumer à la simplicité
et à l'humilité de notre esprit. — Une Postulante
paraissait chanceler dans sa vocation. Sa Maîtresse
demanda à notre Sœur Marie-Catherine de faire
une Communion, afin d'obtenir de Notre-Seigneur
la grâce d'être instruite de ses volontés sur cette
pauvre âme, qui subissait deux attractions con-

traires. Après avoir satisfait au désir de la Directrice, notre bonne Sœur vint lui dire : « Notre-Seigneur m'a fait connaître que cette âme est bien certainement élue et appelée de Lui ; mais elle ne correspondra pas à ses desseins d'amour, étant déterminée à employer tous les moyens possibles pour se persuader à elle-même qu'elle manque de vocation. Elle agit ainsi afin d'éviter le remords ; mais c'est en vain, le remords la suivra, quelque effort qu'elle fasse pour lui échapper. » Ce qui se vérifia à la lettre.

A une époque plus récente, Notre-Seigneur apparaît à notre fervente Sœur pendant la sainte Messe ; son visage est sévère et son front courroucé. En vain cherche-t-elle à en découvrir la cause, il ne plaît pas au divin Maître de la lui révéler. Quelle douleur pour son amour de savoir que, dans le lieu consacré à la présence réelle du Sauveur, au moment même de son Sacrifice, il est une créature infidèle et ingrate qui encourt son indignation ! et les heures s'écoulent sans lui apporter la lumière qu'elle désire ! Enfin Notre-Seigneur, vaincu par les persévérantes supplications de sa fidèle Servante, lui manifeste les dispositions intérieures d'une personne séculière qu'Il lui nomme. L'égarement du cœur avait gagné l'esprit et menaçait d'exercer au dehors une funeste influence. Notre Sœur avertit sa Supérieure qui, avant d'user d'un moyen décisif, essaie de remédier au mal, mais inutilement, et se voit peu après obligée de congédier cette jeune personne.

Parfois cependant il plaisait à Notre-Seigneur de ne se communiquer à Sœur Marie-Catherine que par des paraboles dont le sens mystérieux ne lui était pas toujours révélé sur l'heure. Elle s'en plaignait naïvement en cette sorte : « Mon Dieu, je vous dis tout ce que je pense comme je le pense, clairement et simplement; pourquoi donc me parlez-vous en paraboles ? Oubliez-vous que je suis trop grossière pour comprendre ce langage ? S'il vous plaît, mon Dieu, répondez-moi franchement et sans mystère. »

CHAPITRE XVII.

LES DÉVOTIONS DE MARIE-CATHERINE.

La dévotion au Saint-Sacrement était pour notre pieuse Sœur le soleil de sa vie; elle lui devait la fécondité de sa prière, l'étendue de son renoncement, la simplicité de ses rapports avec Dieu, et sa joie spirituelle toujours débordante. Vers Jésus caché sous les voiles eucharistiques, l'emportaient non seulement la pente de son cœur, mais encore une attraction secrète et sensible de l'Esprit de Dieu. Soit qu'elle répandît son âme à ses pieds, soit qu'elle s'interposât entre sa Justice et les pécheurs, la Personne vivante et adorable de Jésus dominait en elle tout autre sentiment. Rendant compte un jour d'une faveur signalée reçue de son bon Maître, elle décrivait avec des paroles enflammées les rayons qui, partant du Sacré-Cœur, comme de leur foyer, et se reposant sur le sien, y avaient allumé un amour si brûlant qu'elle avait peine à en supporter l'ardeur. « Et cependant, lui dit-on, le Sacré-Cœur n'a pas la première place dans vos dévotions. — Ma dévotion spéciale, répondit-elle, c'est la personne de Notre-

Seigneur, c'est-à-dire, Jésus tout entier ; je ne sau-
lais la restreindre à la partie de Lui-même qui est
le symbole de l'amour. »

Son plus grand bonheur était de se trouver seule
en présence du Saint-Sacrement, afin de pouvoir
en liberté et sans témoins épancher son âme devant Lui. Là, elle oubliait toutes choses et ne
voyait plus que Jésus « *l'unique objet de sa dilection* ». Elle lui disait tout ce que l'amour le plus
ardent peut suggérer. Dans ces entretiens intimes,
les heures coulaient rapides ; il fallait parfois rappeler notre chère Sœur aux réalités de la vie, et
la faire descendre de ces hauteurs où s'élèvent
seuls les Esprits angéliques. Quelles que fussent
ses peines, elles semblaient se dissiper et s'anéantir en présence du saint Tabernacle, comme le
brouillard aux rayons du soleil : « Je vais au
Chœur pour pleurer aux pieds de mon Jésus, disait-elle, et quand je me trouve devant Lui, j'ou-
blie le sujet de mon affliction ; le bonheur d'être
à Lui, de Le savoir à moi, remplit tellement mon
cœur, que ce sentiment d'amour le fait déborder
Eh quoi ! mon Dieu, je songerais encore à la terre,
je m'attristerais de ses chagrins, je me réjouirais
de ses joies, lorsque mon cœur ne me suffit pas
pour vous aimer, vous, mon Unique, mon Tout ! »
puis elle ajoutait avec une expression que nous ne
saurions reproduire : « Non, jamais mes yeux ne
verseront de larmes, sinon sur les outrages dont
vous êtes l'objet ; ah ! combien je regretterais d'en
verser pour une autre cause ! »

Elle ne pouvait penser sans douleur aux dé-
laissements de la Sainte Eucharistie, ni compren-

dre l'indifférence, la froideur dont elle est environnée. Son cœur se brisait quand une voix mystérieuse, sortant du Tabernacle, lui faisait entendre quelqu'une de ces plaintes amères : « *Je suis persécuté dans le Sacrement de mon amour. — Vois comme on me couvre d'ignominies, comme on s'efforce d'anéantir mon Nom !* » Elle passait des nuits entières à déplorer l'ingratitude des hommes, et à solliciter pour le monde, par la ferveur de ses supplications, cette lumière de foi vive qui fait croire sûrement ce qu'on ne voit point. Pour dédommager Notre-Seigneur, elle appelait les Séraphins, toute la Cour céleste, et s'unissait à leurs brûlantes ardeurs. Quelquefois, se croyant seule, elle formulait à haute voix sa prière, et on l'entendait dire : « Pourquoi donc, mon Jésus, vous enfermer ainsi dans votre prison d'amour et vous dérober à tous les regards ? Oh ! je vous en conjure, sortez de votre Tabernacle, montrez-vous aux pécheurs, et ils se convertiront. Montrez-vous, non à moi qui n'en ai pas besoin pour vous aimer, mais à tous ceux qui vous méconnaissent. Si vous leur aviez une seule fois découvert votre beauté, vos amabilités infinies, ils tomberaient à vos pieds !... Répondez-moi, s'il vous plaît, mon Jésus ! votre pauvre Sœur Marie-Catherine ne se relèvera que lorsque vous l'aurez exaucée. »

Autour de Jésus-Hostie, vrai soleil de son âme, dans une relation intime avec Lui et comme pour Lui faire un cortège d'honneur, venaient se grouper toutes les autres dévotions : La Très Sainte Vierge, les Anges, les Saints. Il est impossible de connaître Jésus, beaucoup moins encore de l'aimer,

sans rendre un culte spécial à sa divine Mère.
Notre pieuse Sœur était à trop bonne école pour
l'ignorer. Sa dévotion à Marie était une partie intégrante de sa dévotion à Jésus; elle en revêtait le
même caractère de simplicité naïve et enfantine.
De fréquentes visions de la Sainte Vierge, surtout
dans ses moments de plus grandes peines et travaux intérieurs, lui furent accordées. Elle la vit un
jour au-dessus de bâtiments peu éloignés de notre
Communauté, alors qu'on ne songeait pas encore
à établir en ce lieu un Monastère de Carmélites.
Toute transportée d'amour, elle appelle une fille
de service qui se trouve dans une chambre voisine : « Sophie ! Sophie ! venez voir la Sainte
Vierge !... » et celle-ci d'accourir, d'écarquiller les
yeux et de les frotter de ses mains. « Mais ma
Sœur, où est-elle ?... je n'y vois rien. — Ah ! dit
notre Sœur Marie Catherine, qui n'avait pas songé
que cette faveur pût lui être personnelle, sans
doute, ma bonne Sophie, je me suis trompée !... »

Sa confiance en l'intercession de Marie s'élevait
jusqu'aux saintes hardiesses de la foi la plus vive,
pour obtenir du secours au milieu des travaux assu-
jettissants et nombreux qui lui étaient commis.
Quand, à la suite de l'âge, de pressantes infirmités
se furent imposées, notre vertueuse Sœur se vit
déchargée d'une partie de ses laborieuses fonctions;
et son zèle dut se circonscrire dans les soins que
réclame l'Infirmerie du Pensionnat. On la voyait
alors, chaque matin, visiter les oratoires du Monastère dédiés à la Sainte Vierge, et même ses
simples statues et images. « Je ne saurais rendre,
dit-elle un jour, toutes les grâces dont cette prati-

que est pour moi la source. Je recommande à
cette bonne Mère ce qui me tient au cœur : les
âmes, puis les intérêts de ma chère Communauté
tant au spirituel qu'au temporel, et je ne la quitte
point sans emporter la certitude d'être exaucée. —
Et de quelles prières vous servez-vous? — Je lui
parle comme un enfant parle à sa mère; il ne sait
d'avance de quelles phrases il se servira. » Lorsque, par le progrès du mal, ses jambes lui refusè-
rent absolument leur service, elle utilisait ses
longues insomnies à faire ce même pèlerinage en
esprit.

Une présence de Marie non visible, mais sensible, environnait de temps en temps l'âme de notre
chère Sœur. Une fois entre autres, elle s'en expli-
quait ainsi : « Durant trois jours cette même présence me fut continuée, mais avec tant de consolations surnaturelles, que je me demandais si j'ha-
bitais ce monde. Je reçus de grandes lumières sur
la grâce de la souffrance, l'estime qu'on en doit
faire, et je connus que le reste de ma vie en de-
vrait être une suite non interrompue : Cette vue
ne me causa point de frayeur. Je sentais en moi
quelque chose de la force communiquée aux Martyrs, et les plus grands supplices m'auraient alors
semblé un doux allégement. » Telle était l'impression dominante qu'amenait presque régulièrement
le retour de toute faveur divine. Plusieurs fois encore dans le cours du récit nous aurons l'occasion
de le redire; et, dût l'intérêt en souffrir, nous n'hé-
siterons pas à le faire, afin de constater ce trait
vraiment caractéristique de la grâce, en cette fidèle
Servante du Seigneur.

Après la divine Mère de Dieu, son bon Ange
était l'objet de sa tendre dévotion. Elle le consultait en maintes circonstances, ainsi que celui des
personnes avec qui elle traitait ; et nous avons vu
de quels secours signalés cette intervention fut
plus d'une fois suivie. Elle aimait tous les Saints,
avait composé une litanie de ceux de sa particulière dévotion et la récitait chaque jour ; mais elle
accordait à nos saints Fondateurs une préférence
bien légitime. N'étaient-ils pas les instruments de
son bonheur, les canaux de cette joie sainte dont
son cœur était toujours inondé? Les nombreux
moyens qu'ils nous ont laissés d'étendre en nos
âmes le règne de l'amour, alimentaient sa piété
filiale envers eux ; cette piété s'exprimait par une
fidélité constante à se pénétrer de leur esprit. Il
faut avouer cependant qu'une similitude de voie
intérieure déterminait envers notre saint Fondateur des sentiments plus particulièrement tendres
et confiants. Les faveurs spéciales dont notre
Sœur fut presque toujours gratifiée aux jours de
ses fêtes, contribuèrent encore à les affermir. Nous
croyons devoir en signaler quelques-unes.

A la place de l'ostensoir, elle voit l'Humanité
Sainte de Notre-Seigneur ; de son Cœur et de ses
mains jaillissent des rayons qui se reposent sur la
Communauté ; quelque Sœurs reçoivent une gerbe
de lumière, d'autres, un simple rayon, selon les
dispositions actuelles de leur volonté. — Une autre année c'est Notre-Seigneur faisant le tour du
Chœur, et bénissant chaque Sœur à la place qu'elle
occupe, ainsi que les stalles laissées vides par

celles que leurs emplois empêchent d'assister à l'oraison. Une stalle unique demeure sans bénédiction ; notre chère Sœur étonnée en demande le motif. « *C'est*, lui répond Notre-Seigneur, *parce que cette âme n'est pas pleinement à moi.* »

A une date différente, elle voit notre saint Fondateur sur un trône éclatant de lumière, et environné de gloire ; à l'un de ses côtés se trouve notre sainte Mère ; un grand nombre de Religieuses, rangées en demi-cercle autour des deux Saints, complètent cette pieuse assemblée : « Je sens qu'une scène imposante se prépare, dit-elle, et je demeure dans une humble attente. Deux Sœurs que je ne connais pas sont introduites ; Saint François de Sales, les regardant d'un air sévère, détourne d'elles son visage, en même temps qu'il fait de la main un geste comme pour les repousser. » Cet acte, accompli par ce Bienheureux si débonnaire, laissa une impression ineffaçable à notre vertueuse Sœur. Elle comprit qu'il sera lui-même l'accusateur de ses Filles, si elles ne marchent pas avec une constante fidélité dans la voie tracée par leurs Règles et Constitutions. — Enfin en 1873, à la date du 29 janvier encore, Sœur Marie-Catherine voit Notre-Seigneur sous la forme d'un Agneau reposant sur le livre des sceaux, ainsi que nous le dépeint saint Jean, dans l'Apocalypse. Du trône de son amour s'échappent une multitude de petits corps lumineux aux couleurs variées, d'un éclat si éblouissant qu'elle ne trouve point de termes de comparaison pour l'exprimer : de magnifiques faisceaux de lumière vont se reposer sur notre saint Fondateur, qui, à genoux, les bras

étendus, paraît transfiguré dans les splendeurs de
la gloire. De ses mains sortent comme des fon-
taines de grâces, qui se déversent sur l'Institut :
« Ah! disait notre vertueuse Sœur, si l'on savait
ce que Dieu veut que ce vrai Père de nos âmes
soit à notre petite Visitation, et de quelle puissance
Il l'a revêtu pour servir l'Institut, quel ne serait
pas notre filial empressement pour recourir à lui
en tous nos besoins! »

Etant aussi persuadée que nos Saints Fondateurs
reçoivent de Dieu une grâce plénière pour la déverser sur notre saint Ordre, elle allait à eux,
comme à une source toujours jaillissante, puiser
non seulement pour ses besoins personnels, mais
pour ceux de sa grande famille religieuse qu'elle
aimait d'un si tendre amour. — Un jour de Fête
de Sainte de Chantal, alors qu'elle suppliait cette
vénérée Fondatrice de veiller à la conservation de
notre esprit primitif, quatre Monastères lui furent
particulièrement désignés; ils avaient besoin d'une
assistance spéciale, et ses prières devinrent plus ins-
tantes encore pour la leur obtenir.

L'année ecclésiastique, avec la variété de ses
fêtes, formait pour Sœur Marie-Catherine une
sorte de parterre spirituel, où son âme goûtait de
vraies délices. Comme on a pu déjà le comprendre
lorsque nous avons parlé de sa manière de faire
l'oraison, elle passait successivement des Mystères
joyeux aux Mystères douloureux ou glorieux, sans
nulle apparence d'effort ni de contrainte. La diversité se trouvait à la surface, l'unité au fond, les
formes multiples de sa piété n'étant que l'épanouissement de l'attrait qui dominait toujours tous

les autres, le culte de la Personne adorable de
Notre-Seigneur. Elle ne séparait point la contemplation de son Humanité de celle de sa Divinité :
toutefois, il devenait facile avec la connaissance de
sa voie intérieure, de saisir ces deux aspects de sa
dévotion; ils s'y retraçaient d'une manière sensible. Au jour de la Transfiguration par exemple,
avec Pierre, Jacques et Jean, les trois Apôtres pré-
férés de Jésus, elle se dirige vers la montagne.
Elle suit avec eux le chemin escarpé qui conduit à
son sommet. Soudain, tous les détails de personnes
et de lieux disparaissent à ses yeux étonnés; la Face
de Notre-Seigneur est devenue éclatante comme
le soleil. Ravi de la splendeur qui entoure son divin Maître et qui sort de Lui, son cœur est inondé
d'une joie céleste qui l'arrache à la terre. A demi
couchée, les bras étendus en signe d'admiration,
elle reproduit dans son attitude celle des Apôtres,
ainsi qu'elle est dépeinte dans le saint Évangile.
— Au Jeudi-Saint elle gravit avec les mêmes
Apôtres le mont de Oliviers : les dernières effusions de la tendresse de Jésus l'ont vivement émue.
Arrivée à la grotte de Gethsémani, elle s'age-
nouille auprès de son bon Maître; témoin de sa
désolation, elle ne peut se défendre d'un saisisse-
ment douloureux; elle pleure, elle gémit sur ses
angoisses ; elle s'offre avec la sainte Victime à toutes les rigueurs de la Justice de son Père; avec Lui,
elle est sous l'action de cet attribut divin; et telle
est l'étendue de cette participation, qu'une sueur
de sang coule le long de son visage; son extérieur
revêt tous les signes d'une véritable agonie.

En voyant son Jésus innocent expier en sa Personne les outrages faits à la souveraine Majesté, et sauver le monde par les insondables profondeurs de son amour, le besoin de souffrir comme Lui, avec Lui et pour Lui, devenait la brûlante aspiration de cette fidèle Amante. Mais ces douleurs de Jésus, vastes comme la mer, ne laissaient pas d'être pour son âme divine la cause d'ineffables consolations et comme une sorte de rafraîchissement et de douceur. Dans la charité parfaite qui tenait notre chère Sœur unie à son Epoux crucifié, elle puisait ce double sentiment que l'on retrouve dans presque tous les Saints gratifiés au même degré : excès de la douleur et excès de la joie.

Durant plusieurs années, l'état surnaturel fut pour notre Sœur Marie-Catherine l'état ordinaire; elle ne sortait de ses extases et de ses unions amoureuses que pour tomber dans de mortelles agonies, comme si les premières n'eussent servi que de préparation aux secondes. Le Thabor était voisin du Calvaire, et si, avec les Apôtres, elle disait : « *Il fait bon ici ;* » elle ne tardait pas à ajouter : « *Allons et mourons avec Lui !* »

Dans la succession de nos Fêtes religieuses notre chère Sœur trouvait toujours un aliment nouveau pour sa dévotion ; la vivacité de sa foi lui faisait aussi attacher une grande importance aux moindres cérémonies du culte. Elles devenaient pour sa piété un langage, auquel la routine n'eut jamais de part. Souvent Notre-Seigneur daigna lui révéler leur véritable signification et leur efficacité bienfaisante. Les signes de croix de notre pieuse Sœur étaient graves ; on la sentait pénétrée du Mystère qu'elle honorait. Son maintien durant la prière rappelait celui des Anges adorateurs qui ornent nos Sanctuaires : rien ne venait la tirer de son profond recueillement. « Sa seule vue, dit une de nos Sœurs, me valait une oraison. »

Le jour de la Consécration de notre église, le divin Maître l'instruisit du sens mystique des rites qui s'accomplissaient sous ses yeux, et de leur analogie avec ceux du Baptême, Sacrement qui concacre l'âme, ce Temple vivant du Saint-Esprit. « Nulle parole humaine ne saurait exprimer, disait-elle, les magnificences de ce temple intérieur, le soin jaloux avec lequel doit en être conservée la pureté, non plus que les délices qu'y prend la Trinité adorable. » La cérémonie dura cinq heures; notre Sœur Marie-Catherine, immobile, à genoux, ne vit et n'entendit rien de ce qui se passait autour d'elle.

Il lui arrivait fréquemment aussi de recevoir des connaissances surnaturelles sur les pratiques religieuses saintement ordonnées par la Règle, ou consacrées par un long usage. La Visite canonique étant une grâce de renouvellement, un jour, pendant la Messe de Monseigneur notre digne Évêque, elle vit le Sauveur, une fiole à la main, faire une onction à chaque Religieuse, qui en reçut un notable accroissement de grâce : l'une d'elles en obtint une telle plénitude, que notre chère Sœur demeura pénétrée d'admiration. — A la Fête de la Présentation, pendant la Rénovation des Vœux, Notre-Seigneur lui montra nos noms écrits au Livre de vie, ajoutant que quelques-unes de nous devraient néanmoins satisfaire à sa Justice par un rigoureux purgatoire.

Malgré le remarquable don d'oraison que possédait notre chère Sœur, le divin Maître exigeait d'elle le tribut de la prière vocale. Il daignait lui faire connaître celles qu'Il aurait pour agréables ; elle en expérimentait la puissance sur le Cœur de Dieu. Outre le Chapelet qu'elle n'omit jamais, elle récitait chaque jour une Amende honorable et les Litanies du Sacré-Cœur.

Notre Sœur Marie-Catherine affectionnait particulièrement la lecture de l'Année Sainte [1]. Durant la dernière période de sa vie, à part le Nouveau Testament et les livres composés par nos saints Fondateurs, elle ne goûtait plus autre chose. Nos Règles bénies, pratiquées dans une héroïque fidélité par nos premières Mères et Sœurs, qu'aurait-elle pu trouver de plus excellent ? Elle entrait ainsi dans les sentiments d'estime de notre digne Prélat, Monseigneur du Pont des Loges, pour ce précieux travail, sentiments qu'il témoigna à notre Très-Honorée Mère en venant, lors de la guerre, offrir ses consolations à la Communauté : « En ces temps si tristes et si désastreux, j'essaie, disait Sa Grandeur, de reposer mon âme et de donner un autre cours à mes idées par la lecture de l'Année Sainte. Oh ! combien j'aime cet ouvrage ! Quelle heureuse pensée a présidé à son exécution ! Votre Ordre possède maintenant tant de richesses spirituelles, qu'il ne reste plus qu'une chose à souhaiter : c'est que dans vos Écrits se puise désormais

[1] Recueil des vies des Religieuses de l'Ordre de la Visitation Sainte Marie pour tous les mois de l'année, par les Sœurs du premier Monastère d'Annecy. En 12 volumes, publiées à Annecy 1867-1871.

la seule nourriture destinée à entretenir votre vie. Je suis toujours plus frappé de l'unité de votre esprit, où se retrouvent, dans de si admirables proportions, les plus belles qualités de saint François de Sales et de sainte de Chantal. »

CHAPITRE XVIII.

« *Il ne se faut pas beaucoup fier et amuser aux
goûts et sentiments sensibles*, dit sainte Jeanne
Françoise de Chantal, *si l'âme qui les reçoit n'en
retire ces trois fruits : la mortification, la remise
de soi-même entre les mains de Dieu, et la profonde humilité et obéissance ; avec cela, croyez
votre chemin bon, mes chères Filles, et que vous
n'en demeurerez pas dans ce premier degré des
douceurs sensibles ; mais que l'Époux vous fera
passer jusqu'au plus haut degré de son union divine, si vous vous rendez fidèles à la grâce.* » Ces
paroles jettent une vive lumière sur la vie de notre
chère Sœur, dans laquelle se manifestent avec
évidence les signes indiqués par notre sainte Mère,
comme garantie des faveurs divines. Le léger
aperçu que nous donnerons de sa mortification,
ne trouvera son complément qu'au chapitre de
ses souffrances émanant d'une cause surnaturelle.
Nous parcourrons rapidement ensuite le domaine

de la remise de soi entre les mains de Dieu, et celui de l'humilité. Quant aux vertus qui se rattachent à nos saints Vœux et qui occupèrent certainement le premier rang en ses devoirs, si nous ne les développons pas en particulier, c'est que chaque trait, pour ainsi dire, de la vie de notre fervente Sœur détermine mieux que nous ne saurions le faire, à quel degré elle a fidèlement pratiqué la Pauvreté dépouillée de toutes choses, l'angélique Chasteté et la simple Obéissance. L'amour de Dieu ne saurait établir royalement sa domination dans une âme, sans avoir terrassé son ennemi capital, le *Moi*. Il faut que cette âme ait pris à tâche de le poursuivre dans ses deux manifestations habituelles : l'indépendance de l'esprit, et l'égoïsme du cœur. Combien coûte ce triomphe ? Sainte Jeanne Françoise de Chantal nous le révèle dans son langage énergique : « *J'eus une lumière après la Communion, qui m'apprit que la vie des vraies Filles de l'Institut doit être une mort journalière, pour vivre en ce monde à l'évangélique ; et leur office, de s'abîmer en Dieu, et perdre dans cet Océan de bonté tout ce qui leur est propre, pour faire et souffrir tout ce qu'il plaira à l'amour.* » Mais si les paroles de notre Bienheureuse Fondatrice s'appliquent à toute âme résolue à ne point transiger avec l'amour, quelle ne devait pas être l'immolation réclamée par Notre-Seigneur, d'une Épouse aussi prévenue des tendresses divines que notre Sœur Marie-Catherine. L'empire exercé sur elle par la voix intime, sorte de moteur divin dont nous avons souvent parlé, aurait été tyrannique, selon son expression, s'il n'eût été adouci par

l'amour. Presque aucun instant où il ne s'imposât
pour soustraire à la nature ses plus imperceptibles
satisfactions, afin de ranger grandes ou petites
choses, intérieures ou extérieures, sous l'action de
ce saint amour, dont la loi souveraine était : Point
d'autre plaisir que le plaisir de Dieu.

Combien n'aurions-nous pas à signaler de faits
sur la mortification de ses sens, si bien réglés et
soumis dès son jeune âge à la même puissance !
mais nous nous bornerons à indiquer sommaire-
ment les saintes habitudes qui, dans la suite, devinrent par sa fidélité comme une seconde nature
de grâce. Durant un grand nombre d'années, la
frugalité de notre chère Sœur n'eût point été dé-
savouée par un anachorète : jamais de viande ni
de vin ; des légumes et des fruits faisaient tous les
frais de ses repas. Quand, pour sauvegarder les
droits de la vie commune, et aussi pour s'assurer
de l'esprit qui la conduisait, ses Supérieures exi-
geaient quelque dérogation à ses habitudes, elle
s'y soumettait sans mot dire ; mais il s'ensuivait un
tel redoublement d'hémorragies, que sa liberté ne
tardait pas à lui être rendue. Lorsque les grâces
suréminentes ne formèrent plus son état ordinaire,
et que sa vie reprit le cours régulier imprimé à la
Communauté, notre bien-aimée Sœur s'y rangea
insensiblement et sans effort, retenant néanmoins
dans ses goûts quelque chose de ses attraits passés
pour l'austérité.

L'esprit de grâce gouvernait de la même sorte
tout ses sens, et en particulier celui de la vue, qui
ne devait porter à son âme d'autre image que celle
de son Sauveur, et ne servir qu'aux œuvres aux-

quelles il Lui plairait de l'employer. Pendant la récréation elle ne regardait les Sœurs placées à ses côtés, qu'autant que le requérait l'intérêt du récit; et jamais on ne surprenait ses yeux se diriger vers une entrée inattendue ou un incident qui excitait la joie. — On lui parlait, à la fin de sa vie, d'une personne avec qui elle avait souvent conversé : « Je la connais à la voix, dit-elle, non à la vue. » Entrait-elle en Communauté au moment d'un joyeux entrain, au lieu de se renfermer dans un silence qui eût obligé à lui faire connaître le sujet de l'animation générale, elle savait glisser à propos quelques monosyllabes qui lui permettaient de demeurer dans une ignorance fort au gré de sa mortification. Nul intérêt curieux ne la retirait de cette voie de retranchement absolu, dans laquelle l'amour lui imprimait chaque jour un mouvement plus rapide. — Une fois cependant, sa curiosité fut piquée au vif. Notre bonne Sœur avait une certaine éloquence naturelle qui n'empruntait rien à la culture de l'esprit, ni aux artifices du langage. Souvent pour exprimer les divers sentiments de son âme, elle puisait, dans la nature, des comparaisons simples, naïves et pleines d'à-propos. Conversant donc un jour avec la mère d'une de nos élèves qui suivait les exercices de la retraite en notre Monastère, celle-ci lui dit avec une exclamation de surprise : « Ma Sœur Marie-Catherine ! savez-vous bien que vous êtes poétique ! — Poétique, se répétait en elle-même notre bonne Sœur, après avoir pris congé de cette Dame, qu'est-ce que cela peut bien être ?... est-ce un bien, est-ce un mal ?... » et voulant avoir raison de son incertitude, elle allait droit à une compagne d'emploi, pour lui demander la signification du mot qu'elle désirait connaître. Mais la grâce la devançant, l'arrêta court : n'était-ce pas l'occasion d'un sacrifice ? Le moyen alors de le refuser ?.. Ce fut seulement à l'âge de quatre-vingt deux ans, dans l'abandon d'une récréation qu'une Sœur passait avec elle à l'Infirmerie, qu'elle se permit de raconter ce petit incident, et qu'elle apprit, sans faillir à sa chère vertu, le sens du mot : poétique.

Une mortification qui, par sa simplicité même, semblait échapper à l'attention, et ne laissa pas de revêtir un caractère héroïque, ce fut celle du maintien. Jamais notre généreuse Sœur ne se permit de s'appuyer contre son siège, et à l'âge le plus avancé, atteinte déjà depuis une année de la paralysie de la moëlle épinière qui l'enleva, on ne la vit point déroger à cette pratique, austère par sa persévérance. On ne surprenait non plus en elle aucun mouvement inutile ou empressé. La vigilance la plus entière aurait-elle pu arriver à cette possession si parfaite de ses sens dans une angélique modestie, sans une direction immédiate qu'elle recevait d'en-Haut ? Ajoutons à cela des insomnies presque continuelles, et nous n'aurons encore, pour ainsi dire, que l'enveloppe des mortifications et des retranchements qui lui vinrent directement de la main de Dieu. Oe peut dire que la Providence lui en fut libérale, et ne se lassa pas de lui en présenter sous les formes les plus variées. Les apparentes furent loin d'être les plus douloureuses ; les cachées, émanant d'une cause divine, étaient bien autrement crucifiantes. Quelles

qu'elles fussent, notre chère Sœur se tenait attentive
à les saisir au moment où elles lui étaient présen-
tées. Et s'il est vrai qu'il reste peu de chose à faire
pour achever l'œuvre de notre sanctification, lorsque notre volonté est conforme à la volonté de
Dieu, qu'on juge du degré qu'avait atteint notre
chère Sœur si nous disons qu'un des traits les plus
saillants de sa sainteté nous paraît avoir été l'a-
bandon total d'elle-même au bon plaisir de Dieu.

L'abandon fut la conséquence pratique de son
pur amour, et comme l'acte suprême de sa vie.
Saint François de Sales décrit exactement l'état
habituel de notre Sœur, quand il dit : « *Le cœur
indifférent (ou abandonné) est comme une boule
de cire entre les mains de son Dieu, pour recevoir
semblablement toutes les impressions du bon plaisir éternel ; un cœur sans choix également disposé
à tout, sans autre objet de sa volonté que la volonté de son Dieu ; qui ne met point son amour ès
choses que Dieu veut, ains en la volonté de Dieu
qui les veut ; en somme, la volonté de Dieu est le
souverain objet de l'âme indifférente ; partout où
elle la voit, elle court à l'odeur de ses parfums.* »
Cette vertu avait un charme tout particulier pour
notre bonne Sœur ; on aurait même pu croire qu'en
s'attachant à s'y perfectionner, elle cédait à un doux
penchant ; et cependant elle avait appris à ses dé-
pens, c'est-à-dire par le travail et la lutte, que s'a-
bandonner c'est se quitter pour se livrer à Dieu
sans mesure et sans réserve. On s'étonnait de la
prompte transformation qui s'était opérée en elle:
ce qui l'avait préparée, cette transformation, c'était
la vue de l'ineffable beauté de Jésus, dont le re-

gard pénétrant la suivait parmi les détails les plus
simples de la vie, afin de la soutenir dans le combat et de l'éclairer sur les imperfections inséparables de notre condition humaine ; c'était encore
cette familiarité enfantine, ces milles joies célestes
qui, la détachant de tout, créaient en son âme des
capacités inconnues, où l'amour venait se précipiter. Aussi Dieu n'avait-il pas besoin de grands
bruits pour lui intimer ses ordres : elle dirigeait
son regard vers Lui, et était éclairée sur ses moindres désirs.

Mais la volonté propre ne pouvant complètement mourir tant que nous habitons cette terre de
tentations et d'épreuves, notre chère Sœur en
avait parfois de petits ressentiments ; elle les sacri-
fiait généreusement. Sa Supérieure entrant un
jour chez elle, lui demande le sujet de sa joie plus
expansive que de coutume. « Ma Mère, répond-
elle, c'est que Notre-Seigneur a fait aujourd'hui
sa volonté dans une circonstance où je tenais encore à la mienne ; et en agissant ainsi n'est-ce pas
me prouver qu'Il compte sur moi ? » Aux yeux de
sa foi, ce que Dieu veut est bon, par cela seul qu'Il
le veut ; ce n'est pas aux choses voulues de Dieu
qu'elle s'abandonne, mais c'est en Dieu seul qu'elle
sent le besoin de s'écouler, de se perdre. Ce qu'Il
permet, ce qu'Il désire, ce qu'Il préfère, devient sa
préférence à elle : le doux et l'amer, tout lui est
un. La vie avec ses instabilités, ses accidents, ses
sacrifices, n'est qu'une forme variée des divins vou-
loirs. Le moment où sa nature se sentait le plus
atteinte était presque toujours celui d'une recrudescence de joie spirituelle, qui se manifestait dans

son extérieur. Il arriva plusieurs fois qu'à cette parole de surprise échappée devant elle : « Quel visage épanoui ! » notre chère Sœur répondit : « Je veux montrer à Dieu un bon caractère, afin qu'Il ne se gêne pas et qu'Il fasse librement tout ce qu'Il Lui plaira. » C'est avec la même égalité d'âme qu'elle s'offre au Seigneur pour travailler ou souffrir, pour être en santé, en maladie ou en langueur. Tout lui agrée dans le bon plaisir de Dieu, toutefois selon la partie supérieure : car elle souffre en sa nature, qui, souvent envahie par la sensibilité, doit lutter contre le sens humain alors que la contradiction vient de la part de la créature, et qu'une petite passion, contraire à la justice, en est le mobile. — Ses imperfections ne troublent cependant ni sa paix ni sa sérénité ; et c'est dans les bras de la Bonté divine qu'elle se jette pour les guérir.

L'acte d'abandon qui lui offrit plus de difficultés, fut celui de l'indifférence au sujet du moment de sa mort. Voir se briser ses liens pour jouir de Dieu devint, durant de nombreuses années, un désir si véhément de son âme, qu'il lui semblait ne pouvoir le soumettre à la volonté de Dieu. « Il m'emporte malgré moi, disait-elle, c'est une force à laquelle je ne puis résister. » Mais vers la fin de sa vie elle s'exprimait ainsi : « Depuis quelque temps je n'ai plus les grandes ardeurs qui me consumaient, et je préfère cet état qui me permet d'attendre en paix l'heure de la mort. »

C'est par le mouvement du Saint-Esprit que notre généreuse Sœur se livrait à Dieu, s'offrait à Lui comme victime, et presque toujours il lui était

montré quels travaux et quelles immolations singulières seraient la conséquence de cette offrande.
Ce consentement une fois donné, il ne lui restait
plus qu'à attendre et à se laisser faire. Entrant
alors dans l'esprit de Jésus-Christ et unie à Lui,
elle s'abandonnait à tous les desseins de l'amour.
Les phases douloureuses qu'il lui fallut traverser
sont le secret de Dieu ; ce que nous en dirons plus
tard ne sera qu'une faible esquisse de la réalité !
Mais à quelque extrémité que l'amour la réduise,
le « *Oui, mon Dieu !* » sera sur ses lèvres, *oui*,
sans restriction aucune pour le genre et pour le
degré des expiations qui lui seront demandées.

Là où il n'y a plus d'opposition à Dieu par la
volonté propre, il y a paix ; cette paix, que saint
Augustin appelle *la tranquillité de l'ordre :* l'ordre
en effet nous met d'accord avec Dieu, avec le prochain, avec nous-mêmes. Cette paix est le plus
doux fruit de l'abandon. Elle était si profonde en
notre chère Sœur, que la mutabilité des choses
humaines venait à peine l'effleurer. Aussi, malgré
la grandeur et la continuité des sacrifices que
Notre-Seigneur lui demandait, malgré les souffrances surnaturelles par lesquelles il Lui plaisait
de l'associer à ses propres douleurs, on sentait que,
selon l'expression du Prophète, *un fleuve de paix*
coulait dans son âme. Le caractère désintéressé de
l'amour de notre chère Sœur ne lui permettant
plus d'abaisser son regard sur elle-même, elle le
tenait incessamment fixé sur son Jésus, dont le
contentement était le terme de ses aspirations.
Saint François de Sales, dans les *Entretiens*, dépeint ainsi cette heureuse disposition : « *Qui est*

*bien attentif à plaire amoureusement à l'Amant
céleste, n'a ni le cœur, ni le loisir de retourner
sur soi-même, son esprit tendant continuellement
du côté où l'amour le porte. »*

Comment notre chère Sœur n'eût-elle pas également possédé à un haut degré cette divine joie que forme le Saint-Esprit en l'âme pleinement abandonnée ? Tous ses désirs n'étaient-ils pas accomplis ? Que pouvait-elle souhaiter de plus ravissant que de posséder, d'une manière non interrompue, ce Dieu de bonté, son unique amour ? Quels sentiments de reconnaissance découlaient de cette intimité ? C'était un débordement qu'elle s'avouait impuissante à contenir ; et avec l'Epouse des Cantiques elle ne savait que redire : « *Mon Bien-Aimé est tout à moi, et je suis toute à Lui.* » Les afflictions et les épreuves n'avaient point le pouvoir de modérer cette joie incomparable, elles lui offraient au contraire un aliment nouveau, puisqu'étant supportées avec humilité et douceur de cœur, elles servaient merveilleusement à faire mourir notre chère Sœur à elle-même, et à l'attacher plus intimement à Dieu.

Sœur Marie-Catherine, devenue toute charité par une participation réelle à la charité de Dieu dans l'unité de l'Esprit d'amour, s'était donc avancée rapidement dans la carrière de la paix et de la joie. Les accroissements de ces précieux fruits de grâces étaient sensibles à tous les regards. Comment la bonté n'eût-elle pas resplendi dans tout son être, puisque cette bonté est un des plus beaux reflets de la divinité dans le cœur de l'homme ? Notre vertueuse Sœur était donc bonne, d'une

bonté radieuse et épanouie, dominant toute préoccupation d'intérêt personnel ; d'une bonté toujours
prête à obliger, quelque fût le service réclamé pour
le corps ou pour l'âme, sans que l'expression de
son visage vînt trahir une répugnance, une volonté
contrariée. Son constant désir eût été de partager
avec ses Sœurs la joie pure qui inondait son âme
et de leur frayer largement la voie de la paix. Un
prêtre de grand mérite nous exprime dans les lignes
suivantes son appréciation sur ce trait saillant de
la vertu de notre Sœur.

« Quand on entre en rapport avec une personne
de réputation sainte, on se fait parfois un idéal,
trop élevé peut-être, et partant irréalisable. En ce
qui concerne Sœur Marie-Catherine, je ne fus point
déçu.

Ce qui me frappa tout d'abord en elle, c'est la
bonté, l'expansion de la bonté ! Et ici, par bonté,
je n'entends nullement cette vertu trop mondaine
pour être sincère, à laquelle on donne le nom d'a-
mabilité ; encore moins « cet air de pose » des
personnes indiscrètes dans leur dévotion. Non, la
bonté, dans Sœur Marie-Catherine telle qu'elle se
révélait à moi, c'était dans sa parole, dans son attitude, dans toute sa personne comme un écho et
un prolongement du Cœur et de la parole de Jésus
disant : « Venez à moi, vous tous qui êtes chargés
et je vous soulagerai. »

« Aussitôt, la confiance était gagnée. »

La vie cachée, qui est l'atmosphère la plus favorable à l'humilité chrétienne, avait été choisie de
Dieu pour notre chère Sœur Marie-Catherine,
comme un abri sûr aux communications intimes

dont Il se proposait de la gratifier. Reçue pour le rang des Sœurs Converses, et employée au Pensionnat, où l'ensemble de ses belles qualités semblait marquer sa place, elle n'y trouva que l'occasion d'un sacrifice plus complet d'elle-même. La situation, en effet, était difficile : car tout en conservant les insignes de son modeste rang, elle devait, afin de sauvegarder la dépendance et maintenir le bon ordre, faire respecter une certaine autorité nécessaire à l'exercice de ses fonctions. Il ne fallait rien moins que le tact qui lui était propre, pour conserver l'équilibre et pratiquer, dans ces circonstances exceptionnelles, une humilité de position, si l'on peut s'exprimer ainsi. Elle y réussit sans s'en douter, et peut-être même sans y prétendre, tant il est vrai qu'il n'est point de sagesse comparable à la simplicité d'une âme qui n'arrête son regard qu'en Dieu. L'humilité de son cœur donnait à toute sa conduite un caractère surnaturel de réserve silencieuse et de dignité recueillie.

Elle était humble et douce en présence du blâme, ou de l'interprétation peu bienveillante de ses paroles et de ses intentions. Son divin Maître ne s'était-il pas tu en pareilles circonstances? Bien des fois durant ses contemplations sur la Passion, le Sauveur avait fait passer sous ses yeux cette douloureuse scène des accusations formulées contre Lui devant ses Juges. Une si prodigieuse humilité, au milieu de ce déchaînement de l'orgueil et de la brutalité, touchait profondément son cœur. Ce Jésus que l'on foule aux pieds comme un ver de terre, et qui reçoit en silence ces affreux traitements, c'est son Dieu ! et plus elle est com-

blée des marques de son amour, plus elle sent
croître en elle le désir de reproduire ses exemples
divins par une entière conformité de vie. Une
Sœur lui confiant quelques souffrances de sensibilité blessée, en reçut cette réponse : « Ma Sœur,
il faut se taire et laisser tout à notre bon Sauveur ;
jamais Il ne me permettrait de retours sur les contradictions, et cependant combien ne s'en présente-
t-il pas dans une journée ? »

Élevée à un haut degré d'oraison, vivant en
l'exercice habituel de l'amour parfait, Sœur Marie
Catherine s'estimait heureuse de s'effacer dans les
pratiques de la vie commune, évitant même de
rectifier l'erreur des personnes qui attribuaient à
une cause humaine des effets d'un ordre supérieur :
elle laissait dire, heureuse d'être abritée contre le
vain honneur qui s'attache aux choses extraordinaires ; et bien des fois elle supplia Notre-Seigneur
de lui accorder le même degré d'amour dans une
vie commune et toute cachée.

Elle ne disait guère de paroles d'humilité, si ce
n'est en quelques occasions rares : elles s'échappaient alors de son cœur comme à son insu, avec
un accent de conviction si intime qu'on ne pouvait douter qu'elles ne vinssent de source. Vainement dans cette nature d'une simplicité primitive,
eût-on cherché la plus légère prétention à l'effet ;
rien en elle ne s'y fût prêté. Si on la voyait sortir
de la réserve discrète qu'elle s'imposait, on pouvait alors se tenir assuré que c'était la force de
l'Esprit dont nous avons parlé, qui l'obligeait à se
plonger dans l'humiliation. Le devoir la mettait-il
en rapport avec une pensionnaire, sa mémoire lui

retraçait, selon les circonstances, le souvenir de quelque incident de sa vie oublié jusqu'alors, et elle le racontait avec tous les détails capables de la ravaler dans l'estime de jeunes filles qu'elle savait imbues des préjugés du monde. « A quoi bon tant revenir sur vous-même, ma chère Sœur, lui disait en pareille occasion une de ses compagnes d'emploi ; oubliez-vous que la meilleure pratique d'humilité consiste à ne parler de soi ni en bien ni en mal ? — Je le sais, ma Sœur, répondit-elle, mais quoi que je fasse, il m'est impossible de résister à l'Esprit qui me conduit. »

Elle profitait des fréquentes visites que sa Supérieure lui faisait, pour avouer les fautes échappées à sa faiblesse. Ces aveux fournissaient à la Supérieure l'occasion d'un interrogatoire dans le genre de celui-ci : « Voilà pour l'ordre matériel ; et, dans l'ordre spirituel, ma Sœur, n'avez-vous pas quelque vaine estime à vous reprocher ? — Oh ! non, ma Mère, au moins à ma connaissance ; la tentation ne m'en vient même pas. Et comment pourrait-elle me venir ? ne suis-je pas une pauvre créature qui reçois tout de la libéralité de son Dieu ? Ma Mère, je ne comprends pas qu'on puisse avoir de la vanité des dons de Dieu ; si ces dons viennent vraiment de Lui, leur premier effet est d'anéantir l'âme qui les reçoit. En voyant la grandeur, la beauté, la puissance, le tout de Dieu, on comprend son rien à soi ; et pour fuir cette vue on voudrait s'enfoncer sous terre. On n'a pas besoin alors de chercher l'humilité, elle vient à vous et vous écrase. Ah ! pauvre néant ! pauvre néant ! qu'êtes-vous à la lumière de Dieu ? » — « Je ques-

tionnais un jour notre pieuse Sœur sur son oraison, dit l'une de nous. — Oh ! me répondit-elle,
si vous saviez l'effet que produit en moi Notre-
Seigneur quand Il se présente à mon âme comme
Dieu ! Quelle grandeur ! quelle majesté ! et je suis
si petite !... comme je m'abaisse alors, comme je
m'anéantis !... En parlant ainsi, son visage s'en-
flammait. S'aperçut-elle de sa distraction ?... je
ne sais ; elle s'arrêta court, et je n'en appris pas davantage. »

Elle ne pouvait nier les grâces prévenantes dont
elle était l'objet, mais lorsqu'on y faisait allusion,
on l'entendait dire avec un sentiment profond
d'humilité : « Oh ! quel compte à rendre ! avoir
tant reçu, et si peu donné ! Quelle est l'âme sur la
terre, qui, après avoir été aussi comblée que moi,
en aurait aussi mal profité ?... »

Loin de se produire au dehors par un épanche-
ment trop habituel aux âmes qui goûtent le don
de Dieu, elle mettait un soin modeste à en dérober la connaissance, même aux personnes avec qui
elle était en fréquents rapports. A part les circonstances où le surnaturel, sans que rien l'en pré-
vînt, l'envahissait subitement et la tirait hors
d'elle-même, toujours elle s'efforça de laisser
ignorer les faits qui auraient pu lui attirer l'admiration de ses Sœurs.

Pour parler de Dieu, Sœur Marie-Catherine, à
moins d'être interrogée, attendait le mouvement
de la grâce. Ses thèmes favoris étaient l'amour et
la confiance ; on s'y sentait invariablement ramené,
quelque tour que prit la conversation. Pour son
bon Maître elle eût voulu élargir tous les cœurs,

et y faire pénétrer cette conviction, que la charité divine l'emporte infiniment sur nos misères, et que ce sont ces misères mêmes qui attirent sur nous les plus riches effusions de la miséricorde. Les paroles de Jésus-Christ sur lesquelles elle s'appuyait, les pensées de foi qu'elle en faisait découler prenaient dans ses entretiens une si lumineuse évidence, que son action sur l'âme, pour en bannir le resserrement ou la pusillanimité, était entraînante.

« Le sujet des entretiens particuliers que j'ai eus avec elle, » dit un Ecclésiastique qui l'avait en haute estime, était Notre-Seigneur crucifié, Notre-Seigneur dans l'Eucharistie, Notre-Seigneur dans le Sacerdoce.

« Toujours elle parlait avec une admirable simplicité de ton et d'expression ; mais que d'idées élevées, sublimes, elle exposait parfois ! et cela naturellement, sans enthousiasme, sans même s'en douter.

« Quand elle touchait aux mystères les plus profonds de notre Sainte Religion et de la vie spirituelle, bien qu'elle n'eût point fait d'études spéciales, elle était à l'aise pour dire sa pensée, et trouvait bien le mot propre, clair et précis, de manière à satisfaire le critique le plus sévère sur les nuances de l'idiôme théologique. De plus, son langage n'avait rien qui sentît la thèse ou l'aphorisme du docteur ; c'était l'allure douce et simple d'une bonne et sainte conversation sur Notre-Seigneur et en sa divine compagnie.

« Cette connaissance de Notre-Seigneur, cette faculté de parler de Lui si bien, était en Sœur

Marie-Catherine le développement du don d'intelligence qui découle de la foi ; l'angélique Docteur nous enseigne que ce don est un rayonnement de la grâce sanctifiante dans une âme. C'était en un sens la réalisation de cette parole de saint Jean, Ep. I. Chap. II, Vers. 27 : *Et vos unctionem quam accepistis ab Eo, maneat in vobis. Et non necesse habetis ut aliquis doceat vos : sed sicut unctio Ejus docet vos de omnibus, et verum est et non est mendacium...* Pour vous, que l'onction que vous avez reçue de Lui demeure en vous. Vous n'avez pas besoin que quelqu'un vous instruise ; mais ce que son onction vous enseigne de toutes choses est vrai et n'est pas un mensonge... »

CHAPITRE XIX

MARIE-CATHERINE EST ÉPROUVÉE PAR LES
CRÉATURES.

Se dévouer sous l'action d'un amour que jamais
ne voile aucun nuage, n'est point la condition de
l'exil. La sainteté étant ici-bas l'héroïsme chrétien,
doit comme lui se mesurer avec des ennemis puissants, affronter des périls, être aux prises avec les
difficultés, et endurer les privations inséparables
d'une vie de combat. Si telle est la loi de toute sainteté, même de celle qui s'élabore en secret sous
l'œil de Dieu, comment échapperait à cette loi celle qu'illumine un reflet des splendeurs du Thabor?
D'ordinaire Dieu emploie pour cette œuvre des
instruments divers, d'autant plus perfectionnés,
qu'Il a sur l'âme en qui Il opère, des prétentions
plus étendues et des volontés plus aimantes. Notre
chère Sœur Marie-Catherine devant embrasser le
monde entier dans les ardeurs de son zèle et les
tendresses de sa charité, appelait, par la sublimité
même de sa vocation, l'épuration de l'amour que
produit seule une grande souffrance. Aussi l'heure
de la contradiction allait-elle sonner, heure féconde qui devait lui ouvrir une série d'épreuves très

crucifiantes, d'où sa vertu sortît et plus pure et
plus forte. Le bon Maître daigna Lui-même l'y
préparer ; elle le rapporte ainsi : « Notre-Seigneur
me montrant un jour une lourde croix, me pressa
de m'en charger pour son amour ; Lui-même voulut la placer sur mes épaules ; elle était si longue
et si pesante que j'avais peine à en soutenir le
poids. Ce divin Sauveur me fit alors comprendre
que cette croix était celle des contradictions, qu'Il
avait résolu de ne point me les ménager ; mais que
toujours Il serait le soutien de ma faiblesse. »

Notre chère Sœur rencontra tout d'abord cette
croix dans les jugements divers portés sur sa conduite, jugements que semblait autoriser la position
exceptionnelle et très délicate qui lui était faite
dans le Monastère. Il n'était point jusqu'à la confiance que lui témoignait sa Supérieure qui ne
vînt aggraver la situation, et atteindre jusqu'en ses
plus intimes replis ce cœur filial qui ne vivait que
de dévouement. C'était parfois avec un sourire
d'ironie, que l'on accueillait ses moindres réflexions : « Quand on sait si bien parler..... on a
toujours raison !.. » Ne pouvant, à cause de sa faible santé, soutenir les travaux de son rang, elle
paraissait aux yeux des Sœurs Converses avoir at-
tiré à elle les allégements de la sainte Religion, et
en avoir repoussé toutes les charges. A cette croix
vint s'ajouter celle d'un état d'infirmité que nulle
apparence maladive ne trahissait au dehors. Il fallait vivre à ses côtés, être le témoin habituel de
ses souffrances, pour s'en faire une juste idée et
sentir s'éveiller en soi une sympathique compassion. Vues à distance, ces complications de maux

étranges. ces alternatives de totale impuissance et
de courageuse activité étaient, pour un certain
nombre de ses Sœurs, un problème dont vainement elles cherchaient la solution : car, il faut bien
l'avouer, rien dans son extérieur n'invitait à la
pitié, son visage resplendissait de jeunesse et de
fraîcheur, l'expression en était si heureuse et si
souriante, qu'il arrivait souvent à notre chère
Sœur, alors même qu'elle pouvait à peine se traîner,
d'entendre cette exclamation : «Quelle belle santé!»
ou encore : «Ah! qu'il est doux d'être sainte! »
Tout se tournait pour elle en amertume; la contradiction l'environnait, la suivait; elle la rencon·
trait du côté le plus sensible à son cœur. Douée
d'une délicatesse de sentiments peu commune, elle
s'humiliait comme d'un défaut de vertu d'en ressentir les atteintes; un manque d'égards, une allusion peu bienveillante, un contact rude lui étaient
autant de souffrances. Ce côté humain qu'elle
déplorait, lui apportait une salutaire expérience
de sa faiblesse; elle y adhérait en paix, et ainsi
l'humiliation creusait en son âme ce lit profond
que les eaux de la grâce devaient remplir. « Que
ceux-là craignent de découvrir les défauts des âmes
saintes, dit Bossuet, qui ne savent pas combien
est puissant le bras de Dieu pour faire servir ces
défauts non seulement à sa gloire, mais encore à
la perfection de ses élus. » L'influence exercée sur
l'âme de notre chère Sœur par son exquise sensibilité, lui demeurait inconnue, elle ne percevait
que l'aspect défectueux de ce sentiment, sans se
douter du concours qu'il offrait à la grâce pour
former en elle un cœur capable de tous les sa-

crifices, et plus grand que tous les dévouements.

Avec un naturel ainsi façonné pour la souffrance uni à un tact merveilleux des choses divines, notre bien-aimée Sœur comprit de bonne heure que cette part privilégiée deviendrait la sienne ; et, fortifiée par le divin Maître, elle accepta le calice, bien résolue de le boire jusqu'à la lie. Presque toujours elle était avertie à l'avance des desseins crucifiants de Dieu à son égard. Dans une nouvelle vision, Notre-Seigneur lui montra qu'Il se disposait à la dépouiller de l'estime des créatures, et lui dit que viendrait un temps où tout tournerait à son désavantage, même ses vertus dont le côté imparfait serait seul mis en lumière. La Communion journalière qu'elle avait obtenue, contribuait à rendre plus rigoureux le jugement que l'on portait sur elle ; en maintes rencontres, on le lui faisait sentir. Arrivait-il que l'infirmité humaine se trahît dans ses actes par quelque imperfection. « Et cependant, disait-on, ma Sœur communie tous les jours ! » comme si le privilège d'impeccabilité était nécessairement attaché à cette faveur. L'épreuve de l'incrédulité et du doute sur tout ce qui dépasse l'ordre ordinaire de la grâce, épreuve à laquelle il plaît à Dieu de soumettre la plupart des âmes comblées des dons de son amour, devait aussi l'atteindre. Ces vues lui furent renouvelées sous diverses formes, et eurent leur complète réalisation. La sévérité de jugement qui ne tolérait pas, en notre Sœur Marie-Catherine, les moindres fautes de fragilité, sans élever aussitôt un doute sur la réalité des faveurs divines dont elle était l'objet, ne paraîtra cependant pas étrange, quand nous

aurons avoué que notre bien chère Sœur prêtait
quelquefois les armes que l'on dirigeait contre elle,
soit en disant des paroles, soit en faisant des actes
qu'en d'autres temps elle eût elle-même blâmés :
« Pourquoi donc, lui demandait un témoin charitable, avez-vous exprimé tel sentiment, en une
circonstance où vous saviez qu'il ne serait pas approuvé ? — Je n'ai pu m'en défendre, répondait-
elle, bien que je me sois rendu compte de
l'impression qui en demeurerait ; l'Esprit qui
m'animait voulait pour moi le mépris, l'abjection ;
c'est en vain que je chercherais alors à l'éviter. Et
cependant je ne puis dire combien tout, en mon
intérieur, répugne à cette conduite anéantissante !»
Si son tact fin et délicat lui faisait ressentir jusqu'aux moindres incertitudes de l'opinion à son
égard, si un reste d'amour-propre joint à sa sensibilité naturelle, se mêlait encore à sa souffrance, la
plus large part toutefois était faite à la crainte de
scandaliser ses Sœurs, qu'elle aimait avec une si
tendre charité. Dieu l'affranchit entièrement de
cette crainte à la fin de sa vie. « Depuis deux ans,
avouait-elle confidemment, en 1875, Notre-Seigneur
m'a fait une grande grâce, celle d'une indifférence
entière au jugement des créatures. Avant d'agir je
me tourne vers Lui pour chercher la lumière de sa
volonté ; l'ayant reçue, je vais droit mon chemin.
sans me préoccuper d'autre désir que de celui de
plaire à l'unique objet de mon amour. Les créatures diront ou penseront tout ce qu'il leur plaira.
Oh ! comme je les sens loin de mon cœur ! »

Mais une nouvelle sorte de souffrance est encore
réservée à cette âme éprouvée par la divine jalou-

sie ; sa vertu elle-même en sera la cause. Cette vertu si pure n'est pas toujours comprise par ses Sœurs même les plus ferventes et les plus régulières ; elle est taxée d'illusion, de piété indiscrète. Ses actions sont suspectées et deviennent le sujet d'injustes griefs formulés contre elle. La Règle, dans son intégrité, n'est-elle pas pour une Visitandine le sommet de la perfection ? Et cependant l'impulsion de l'Esprit qui la conduit est irrésistible ; il n'est en son pouvoir ni de l'arrêter, ni de la modérer. Elle souffre ainsi d'inexprimables angoisses. Souvent il arrive qu'agenouillée au pied du lit d'une enfant malade, la force de l'action divine lui ravit l'usage de ses sens, et la première Maîtresse la surprend en cet état. Celle-ci, d'une foi robuste lorsqu'il s'agit du saint Évangile, affecte l'incrédulité en présence des grâces dont elle est le témoin, les traite hautement de rêveries ou d'imaginations : « Si Dieu m'accordait quelque faveur extraordinaire , disait-elle plaisamment , j'aurais autant de peine à y croire et je me jugerais ainsi que je vous juge. »

Au Confessionnal, il arrivait que l'un des premiers mots de l'exhortation la faisait entrer en extase, où durant un temps plus ou moins long elle demeurait immobile. Après avoir usé, sans y réussir, des moyens en son pouvoir pour faire descendre notre chère Sœur des hauteurs vers lesquelles elle avait pris son vol, Monsieur notre Confesseur se voyait obligé de réclamer le secours de l'intérieur du Couvent, par les Sœurs Tourières. Qu'on se figure l'humiliation de notre pauvre Sœur revenant à elle ! Pour augmenter sa souffran-

ce, Notre-Seigneur permettait qu'en semblables
rencontres elle eût pour témoins celles des Sœurs
qui n'avaient point foi en ses communications célestes. Par charité, elle feignait de ne pas s'en apercevoir, et n'opposait à ces tacites désapprobations
qu'un désir plus grand de faire le bien. Notre Seigneur, il est vrai, prenait souvent son parti ; et le
regard sévère qu'Il jetait sur celles qui se rendaient
coupables de cette faute, témoignait assez que les
traits dirigés contre sa fidèle Servante l'atteignaient
directement Lui-même. Aussi vengeait-Il jusqu'aux
pensées défavorables que l'on nourrissait contre
elle. Durant un jour entier, elle eut la vue d'une
âme du Purgatoire qui la suivait partout. Lui
ayant demandé, par obéissance à sa Supérieure, la
raison de cette assiduité, elle en reçut cette réponse : « Ma sœur, jusqu'ici je ne suis point entrée en
participation des prières que vous avez faites pour
moi, à cause des jugements peu charitables que je
formais sur votre vertu, ne la croyant pas à la
hauteur des grâces exceptionnelles dont votre
Charité était l'objet. » — Ainsi cette tendance à
censurer ce qui n'était point conforme à une
manière de voir étroite et personnelle fut-elle condamnée à un désaveu humiliant. A Dieu seul, en
effet, appartient le jugement des cœurs ; nul œil
comme le sien ne pénètre jusqu'à l'intime, et n'ap-
précie la pureté des motifs qui donnent à nos actes
leur valeur réelle. Une soumission aveugle au bon
plaisir de Dieu était comme le ressort de son activité : être toujours prête, être prête à tout, faire
passer son âme entière dans son obéissance, soutenir cette vertu de toute son énergie, rendre cons-

tante cette disposition, tel était l'intérêt principal de sa vie. Éclairée divinement sur le grand bien de la dépendance religieuse, elle référait de tout à ses Supérieures, pour qui jamais elle n'eut rien de célé. Son esprit de foi ne connaissant point de bornes, son âme était à leurs yeux d'une limpidité parfaite. Que la Supérieure à laquelle elle s'adressait, appuyât sa direction sur l'âge, l'expérience, les dons surnaturels, ou que, débutant dans la charge, une humble prudence la tînt d'abord en garde contre des voies aussi relevées, notre chère Sœur ne s'en préoccupait pas. Dès lors que celle qui gouverne est l'élue de Dieu, et que Dieu a promis d'être présent en elle, cela suffit à sa foi. Elle va droit son chemin, lors même qu'elle ne rencontre que le doute ou parfois l'incrédulité feinte; elle accomplit son devoir en simplicité, sans que l'amour-propre ait le pouvoir, après une contradiction, de se retrancher sous le couvert de la prudence humaine. Jamais elle ne s'écarte de cette ligne de conduite : *Dieu et ma Supérieure*. Même aux époques les plus éprouvées de sa vie religieuse, elle ne réclame aucun secours extérieur. Dieu aurait-il pu se retirer, alors qu'elle s'était confiée à sa garde et jetée si filialement dans ses bras?

En découvrant à ses Supérieures les faveurs reçues, quelle que soit la certitude que Notre-Seigneur imprime en son âme, sa parole revêt une forme particulière de modestie et de défiance de soi-même : « Ma Mère, il m'a semblé... j'ai cru voir ou entendre; mais je puis me tromper... » On n'y saurait remarquer nulle trace de secrète attache, même lorsque, pour l'éprouver, on feint une incrédulité qui n'existe pas. « Notre-Seigneur, disait-elle, me reprend du moindre retour comme d'une infidélité ; ce bon Sauveur veut m'être plus que tous ses dons ; je les reçois avec reconnaissance, sans chercher à les conserver ; ah ! qu'ils s'écoulent, mais que mon Jésus me reste ! » Elle était bien à son Jésus, cette âme désintéressée qui n'aspirait qu'à Lui par l'oubli et l'obscurité, s'anéantissant dans la mesure même des dons de Dieu, qu'elle savait être purement gratuits, et non la récompense de sa fidélité. Lorsqu'elle rendait compte de ses dispositions, les mouvements les plus involontaires de la partie inférieure étaient dévoilés, sans rien omettre de ce qui pouvait lui apporter de la confusion.

C'est peut-être ici le lieu de rappeler qu'en divers temps notre chère Sœur fut soumise à l'examen de Religieux d'une doctrine sûre et d'une piété éclairée, ses Supérieures redoutant, par une juste prudence, de porter seules la responsabilité de la direction d'une âme aussi suréminente. Et seulement après avoir acquis la certitude qu'un bon Esprit la conduisait, elles la laissèrent suivre en paix sa vocation exceptionnelle. Elles ne le firent point toutefois sans ménager aux dons de Dieu l'abri de l'obscurité et la sauvegarde du silence, veillant soigneusement à ce que rien de ces faveurs célestes ne transpirât dans la Communauté. Ce fut chose facile, l'attrait intérieur de notre humble Sœur la portant à rendre ses Mères seules dépositaires des secrets divins.

Il nous paraît également utile de faire connaître la ligne de conduite des deux Supérieures qui al-

ternativement la dirigèrent durant la période de
grâces extraordinaires qu'elle traversa, grâces dont
la continuité constituait un état. Nos Très-Honorées Mères Marie-Thérèse de Tholozan et Marie-
Thérèse Dorr, mues l'une et l'autre par le seul
Esprit de Dieu, recevaient cependant une impulsion différente pour guider notre Sœur Marie-Catherine dans sa voie de pur amour : la première
utilisait davantage les dons célestes au profit de la
charité, et la seconde, à celui de l'abnégation.

Notre Mère Marie-Thérèse de Tholozan, largement pourvue de tout ce qui captive le monde,
l'était plus richement encore de tout ce qui attire le
regard de Dieu. Douée d'une générosité peu commune, elle en pratiquait les actes avec un désintéressement absolu. Son humilité n'avait d'égale
que sa grandeur d'âme. Mais au moment qui nous
occupe, la vieillesse avançait, suivie de son cortège
d'infirmités. Notre digne Mère, souvent condamnée
à passer de longs mois dans sa chambre, avait
choisi la jeune Sœur Converse pour l'agent secret
de ses libéralités. Tantôt elle la chargeait de renouveler en partie le trousseau d'une élève dont la
famille venait d'essuyer un revers de fortune ;
tantôt, de porter à une autre de petites douceurs
qui, en lui découvrant un cœur maternel, lui rendaient moins amère la condition d'orpheline; enfin, les mille désirs de sa charité ingénieuse s'exécu-
taient discrètement; il en résultait pour elle les
plus douces consolations. Ces deux âmes, que tant
de contrastes d'âge, d'éducation ,et même de voie
intérieure eussent dû séparer, se sentaient attirées
l'une vers l'autre par une de ces religieuses sym-

pathies dont l'Esprit-Saint est l'auteur. Le temps ne faisait que la fortifier ; notre Sœur Marie-Catherine devenait de jour en jour plus nécessaire à sa Mère ; et quand arriva la crise révolutionnaire de 1848, elle remplit auprès de Sa Charité l'office d'Ange consolateur. La République venait d'être proclamée ; on se demandait avec angoisse si, pour la Religion, elle renfermait dans son sein la vie ou la mort. De vagues appréhensions envahissaient les esprits sur le sort réservé aux Ordres Religieux. Une personne égarée par l'attache à ses propres pensées et n'admettant pour guide que son imagination, faisait passer tous les jours sous les yeux de notre vénérable Mère les plus sombres tableaux d'avenir. Il appartenait à notre pieuse Sœur de les effacer par son inaltérable confiance, et par les assurances de protection spéciale que Notre-Seigneur lui donnait dans la prière : « Non, ma Mère, disait-elle avec conviction, nous ne quitterons pas notre cher Monastère ; Notre-Seigneur se rit de toutes les mesures d'une prudence trop humaine ; Il nous garde, et Il veut que nous nous fiions à Lui. » Notre Sœur Marie-Catherine allait à sa Mère avec cette dilatation que donne la certitude d'être comprise et goûtée. Il y avait dans sa conversation l'aimable liberté, la saillie vive et originale qui amenait forcément le sourire sur les lèvres de sa vénérée Mère. Aussi ces rapports étaient-ils le rayon de soleil qui venait réchauffer et réjouir une vie prête à s'éteindre.

D'une tout autre trempe était le caractère de notre si chère Mère Marie-Thérèse Dorr, bien qu'elle aussi appartînt à la famille des grandes âmes. A l'époque que nous signalons, la sève vigoureuse de l'âge mûr se faisait sentir dans sa conduite, et se manifestait au dehors par un zèle brûlant pour la gloire de Dieu. Toutes ses aspirations tendaient à la perfection de l'esprit religieux, dont l'héroïque abnégation ravissait son âme ardente. *Se renoncer en tout et par amour* résumait à ses yeux le code de la vie spirituelle; et avec notre Bienheureuse Sœur Marguerite-Marie, elle aimait à redire : « *Une vie sans sacrifice est une vie sans amour.* » La Profession religieuse avait été, pour cette âme vraiment forte, un contrat par lequel Jésus-Christ s'était donné à elle avec sa Croix, afin de la faire entrer en participation de ses souffrances et de ses humiliations divines. Elle avait répondu à ce don, comme savent y répondre les Saints, c'est-à-dire, par une immolation entière. Appelée au gouvernement des âmes, elle s'était attachée à cette parole de saint François de Sales : « *La voie des Filles de la Visitation, ce sont leurs Règles et Constitutions,* » et l'œil, ouvert sur ces Règles bénies, expression fidèle de la volonté de Dieu, elle apportait à les faire pratiquer toute la persévérante énergie de sa volonté. Autant notre vénérée Mère estimait les voies relevées, quand Dieu en était manifestement l'auteur, autant Sa Charité redoutait leur entraînement pour les âmes faibles et impressionnables, dont l'imagination souvent est prompte à s'enflammer; elle aimait à leur opposer, comme contre-poids, la vie commune, si sûre avec ses assujettissements multiples et son niveau anéantissant. « Un acte de foi en la Providence et d'abandon total à toutes ses

dispositions, se plaisait-elle à dire, apporte plus de
paix et de sécurité à mon àme que toutes les assurances extraordinaires, » dont, ajoutons-le, elle ne
voulut jamais se servir pour l'exercice de sa charge.
La prière, la Règle, la foi aux Supérieurs et
l'humble recours à leur autorité, étaient pour elle
les moyens infaillibles d'être éclairée sur les volontés du Seigneur. Elle n'avait pas tardé à comprendre qu'une délicate mission lui incombait, celle
de protéger l'humilité de notre Sœur Marie-Catherine contre les pièges de l'ennemi du salut et
contre ceux de la vaine gloire; aussi la vit-on
toujours s'abstenir de distinguer cette chère Fille
par des témoignages d'estime et de confiance : elle
écoutait le récit de ses grâces sans paraître y attacher de valeur, ramenant toujours notre obéis-
sante Sœur à l'observance de la Règle, et à la perfection des plus vulgaires devoirs de la vie religieuse. Loin de favoriser ses attraits surnaturels
les plus vifs, elle ne craignait pas de les contrarier
en tous temps et en tous lieux; la Communion
elle-même ne fut point exceptée. Notre Très-Honorée Mère était trop éclairée des pures lumières d'en
Haut, pour ne pas se tenir assurée que, par cette
direction forte, au lieu de gêner les opérations de
Dieu, elle leur préparait un plus libre essor. Notre
Mère n'avait pas compté en vain sur les vertus de
son humble Disciple, dont les rapports avec Sa
Charité furent toujours empreints de la même
confiance enfantine, du même religieux respect.
On n'aurait pu jamais s'apercevoir de la conduite
diamétralement opposée à laquelle la soumettaient
ses Supérieures.

Cette diversité de direction fut, dans la pensée
de Dieu, le moyen efficace de manifester plus évidemment encore la vertu solide et toujours égale
de notre chère Sœur; vertu vraie, sincère, indé-
pendante des causes extérieures qu'elle dominait
de toute l'étendue de son abandon à la volonté du
Seigneur. Dans ces rencontres difficiles à la nature, rien en elle ne se démentait; son intérieur était toujours conforme à son extérieur, et
ses pensées, ses sentiments, d'accord avec ses actes.

CHAPITRE XX.

A l'épreuve de la contradiction et du doute, vint
se joindre une poursuite acharnée de l'esprit de
ténèbres. Ce pouvoir lui fut donné au début de la
vie religieuse de notre bien chère Sœur. Dès le
principe il se borna envers elle à une sorte de ta-
quinerie malicieuse qui, exerçant sa patience, faisait paraître dans tout son jour la solidité de sa
vertu. On se rappelle la répugnance qu'elle éprouvait pour tout ce qui, dans la nourriture, n'était
pas d'une propreté irréprochable, et la résolution
qu'elle avait prise de se surmonter généreusement
chaque fois que l'occasion s'en présenterait : ce
fut pour le démon le signal d'une persécution d'un
nouveau genre. Il n'était point de jour où notre
Sœur ne trouvât des cheveux, des araignées ou des
vers dans ses aliments ; son cœur bondissait, ce
qui ne l'empêchait pas de poursuivre, l'action de
l'ennemi de tout bien lui étant clairement mani-
festée à la lumière de Dieu. Était-il vaincu de ce
côté, il reparaissait d'un autre, avec la ténacité
qui le caractérise. Il n'est sorte de maladresses qu'il

ne s'efforçât de lui faire commettre, à ce point que
sans l'intervention du bon Ange, il serait resté
peu d'ustensiles intacts à la cuisine : « Une fois,
dit une Sœur, je la vis portant un plateau couvert
de vaisselle ; elle fut poussée si rudement qu'elle
glissa sur plusieurs marches de l'escalier, sans que
rien ne cassât ; mais j'ai pu, à son expression, comprendre d'où lui venait ce mauvais tour. Cette persécution était presque journalière. » Le démon
voyant qu'il ne gagnait à ces sortes de vexa-
tions qu'un surcroît de honte, prit bien souvent
diverses formes sensibles, plus hideuses les unes
que les autres, soit pour la tenter, soit pour l'intimider par ses menaces. Elle le voyait fréquemment, même en plein jour, et son aspect lui causait d'indicibles frayeurs. Cette épreuve fut l'une
des plus terribles que dut subir notre pauvre Sœur
celle à laquelle elle put le moins s'accoutumer,
et dont l'appréhension, jusqu'à la fin de sa carrière, la glaçait d'épouvante.

Jamais durant les premières années de sa vie religieuse, notre bonne Sœur n'eût osé communiquer
l'effroi où la jetaient ces horribles apparitions ;
dans sa simplicité, il lui semblait devoir porter
seule et en silence tout le poids de sa peine, tant
elle eût craint de ravir quelque chose à Dieu en
cherchant un allégement auprès des créatures.
Plus tard, mieux instruite, elle se fût fait scrupule
de rien céler à ses Supérieures ; aussi trouva-t-
elle toujours dans son obéissance un abri sûr contre les pièges de l'ennemi, en même temps qu'une
profonde source de paix.

Un jour, priant devant une statue de la Très-

Sainte Vierge en grande vénération parmi nous, elle ne prit pas garde à un chat noir qui se trouvait sur un coin de la marche; l'animal s'étant posé sur sa robe, elle fait un mouvement pour la retirer, lorsque tout à coup le chat disparaît, et à sa place elle aperçoit auprès d'elle un démon. Elle jette un cri d'effroi et se met à fuir. Haletante et toujours poursuivie, elle voit une porte entr'ouverte, s'élance dans une chambre et tombe à genoux, suppliant la sainte Vierge de lui venir en aide. L'effet de sa prière ne se fait pas longtemps attendre : cette bonne Mère lui apparaît telle qu'on représente Notre-Dame-de-Fourvières, et sa présence donne la fuite à ce suppôt de l'enfer. — Une autre fois elle vit un de ces maudits tout couvert d'écailles dans notre Chœur, et grandes furent sa surprise et son indignation de savoir qu'ils pouvaient pénétrer dans le lieu saint !

Favorisée par les ténèbres, la persécution redoublait d'intensité durant la nuit. Bien que le sanctuaire de l'âme soit scellé à l'esprit malin, on ne saurait nier qu'il ne puisse, grâce à la supériorité de son intelligence, pressentir les desseins de Dieu sur les âmes d'élite, et employer à les faire échouer toutes les ressources de son infernal génie. Notre Sœur ayant reçu de Dieu la mission de s'interposer entre sa Justice outragée et les pécheurs, afin de leur frayer par ses prières et par ses souffrances une voie de retour, était par cela même désignée à la rage de Satan. Des nuits entières se passaient en suggestions affreuses d'une part, et en suprêmes élans de confiance et d'abandon de l'autre. D'horribles apparitions la glaçaient de terreur. Voir un de ces mauvais esprits à ses côtés la menacer pendant de longues heures, était le moindre supplice qui lui fût infligé ; parfois elle devait soutenir contre une troupe entière une lutte désespérée. Cependant le démon, lié dans ses actes et condamné à faire servir les efforts de sa rage à l'accomplissement des desseins de l'amour, ne pouvait rien que dans la mesure déterminée par la souveraine Bonté. Jamais il ne lui fut permis de décharger sur le corps de notre chère Sœur les effets de sa redoutable malice. Tantôt hardi, provocateur, feignant de disposer d'une puissance qui ne lui avait pas été accordée : « Tu as beau faire, lui disait-il, tu m'appartiens, rien ne saurait te soustraire à mon empire; » tantôt ironique : « Tu crois plaire à ton Dieu, pauvre insensée, et ton âme est toute noire à ses yeux ! Tu te vantes de l'aimer, et qu'as-tu fait jusqu'à présent pour lui témoigner ton amour ? » et avec un affreux ricanement : « C'est bien en pure perte que tu l'essaierais ! » tantôt enfin, s'efforçant de la jeter dans le désespoir : « Quelle récompense pourrait mériter une vie comme la tienne ? » et lui énumérant les moindres imperfections en les exagérant, il les lui présentait comme de grands crimes : « Regarde bien, et tu verras que tu n'es qu'une hypocrite. » Impuissant à vaincre dans la lutte cette âme vaillante, ou à la rebuter par la difficulté, il tentait encore de la surprendre par la ruse. Souvent retenue au Pensionnat durant une bonne partie de l'oraison par l'exercice de sa charge, notre fervente Sœur attendait dans l'avant-Chœur le moment de se placer à son rang pour la sainte Communion. Une Sœur infirme qui descendait régulièrement de la tribune, lui servait de signal pour entrer. Plusieurs fois cependant un irrésistible mouvement intérieur pressait Sœur Marie-Catherine de prendre les devants; quelle n'était pas sa surprise de voir la Sœur disparaître au même instant. Le démon, profitant d'une indisposition qui empêchait la pauvre infirme de se lever ce jour-là, simulait sa forme pour tromper notre pieuse Sœur et lui ravir le trésor d'une Communion.

Durant bien des années, Dieu exigea de sa générosité un sacrifice qui souvent sembla dépasser la mesure de ses forces. Elle habitait une dépendance de l'Infirmerie, éloignée de tout voisinage. En cas de frayeur, ses cris n'eussent pu être entendus, et nulle créature ne lui eût porté secours. Elle n'aurait eu qu'un seul mot à dire pour obtenir qu'une Sœur couchât dans une chambre contiguë à la sienne; et ce mot, elle ne le dit pas, renonçant à tout autre appui qu'à celui de sa parfaite confiance en Dieu. Cette confiance fut plusieurs fois soumise à de si rudes épreuves, qu'elle n'eût pu se soutenir sans un secours divin.

Rien ne parvint jamais à affaiblir le souvenir d'une horrible vision de l'enfer qu'elle eut pendant une nuit; bien longtemps après, elle n'y pouvait penser sans frémir, et disait avec un accent indéfinissable : « Ah ! si l'on savait ce que c'est que l'enfer !... » Ce lieu de l'expiation éternelle lui avait été montré sous la forme d'un immense cône renversé; malgré les ténèbres impénétrables de ces lieux, notre bien-aimée Sœur ne laissait pas de plonger du regard jusqu'à leurs dernières profondeurs, et de voir l'épouvantable confusion qui y régnait de toutes parts : « Figurez-vous, disait-elle, un mouvement rapide que rien n'arrête, une sorte de tourbillon où les démons et les damnés sont confondus, les uns exerçant leur rage infernale, les autres la subissant; un feu dont rien ne pourrait rendre la lueur sinistre ; des hurlements prolongés de rage et de désespoir ; et au fond de l'abîme, un dragon engloutissant et rejetant alternativement ceux qui ont été condamnés à cet affreux supplice. » Notre chère Sœur regardait glacée d'effroi, lorsque quatre démons, approchant de son lit, prirent chacun un coin de son drap et, la suspendant au-dessus du gouffre, se disposaient à l'y précipiter, tandis que des voix épouvantables se faisaient entendre : « Lâche, laisse tomber, Elle est à nous! » Le désespoir semblait environner son âme, au sommet de laquelle une lueur d'espérance seule demeurait, et l'empêchait de succomber. — Dans une autre vision, le démon la prenant sur ses épaules, franchit les murs du monastère, et la transporte dans une épaisse forêt, sorte d'antre de l'enfer. Une multitude d'esprits infernaux s'y trouvaient réunis ; elle se demande avec terreur : « Vais-je devenir leur proie?... Non, un imperceptible sentiment de confiance me reste dans l'intime du cœur ; j'invoque la Sainte Vierge, et l'horrible vision s'évanouit. »

Un secret instinct de grâce lui faisait jeter un cri de détresse vers la Vierge Immaculée, à qui appartient le glorieux privilège d'écraser la tête de Satan, et dont le Nom seul lui semblait une assurance invincible. Aussi dans ses luttes contre la puissance des ténèbres, c'était presque toujours cette bonne Mère qui la délivrait. Elle lui apparaissait d'ordinaire sous la forme où Elle est vénérée dans quelque sanctuaire cher à la piété des fidèles, et à son approche l'ennemi de tout bien se hâtait de fuir. Mais vaincu sur le terrain de l'espérance, et obligé à une honteuse retraite, ce père du mensonge ne tardait pas à reparaître plus audacieux sur celui de l'humilité, et plusieurs fois, se transformant en ange de lumière, il essaya de séduire notre bien-aimée Sœur par les apparences d'une religieuse vénération pour sa sainteté. — « Un jour, dit-elle, faisant notre oraison à l'Infirmerie des élèves, devant un tableau du Sacré-Cœur, alors que toutes les puissances de mon âme étaient appliquées à cet unique objet de mon amour, le démon, sous la forme de notre Sainte Mère Jeanne-Françoise de Chantal, se présente à mes yeux ; elle venait, me dit-elle, traiter avec moi des affaires de l'Institut, et en particulier de quelques points du plus haut intérêt pour en maintenir la perfection. La ruse était par trop grossière ! Notre sainte Mère, conférer avec une pauvre fille de village sans expérience ni autorité ! je m'humiliai, et traçai sur moi le signe de la croix ; ce qui donna une si prompte fuite au démon, que je ne pus m'empêcher de rire de sa honte et de sa faiblesse. » — Une autre fois, dans une vision, il lui montra son corps séparé de son âme, et la fit assister à ses propres funérailles. Un grand nombre d'Évêques entouraient sa dépouille mortelle, lui rendant les mêmes honneurs qu'à une Sainte. « Une pensée de complaisance me vint alors à l'esprit, dit-elle ; j'en conçus de l'horreur, et m'armant du signe de la croix, je m'enfonçai dans mon néant : tout disparut aussitôt. » — Ce n'était toutefois que pour un temps : notre chère Sœur, instruite par l'expérience, ne l'ignorait pas. Aussi se tenait-elle sur la défensive par une fidélité qui ne se relâchait en rien. Elle avait compris que, dans les combats contre les puissances des ténèbres, les moindres actes sont une force qui assure la victoire.

La victoire de notre généreuse Sœur sur le démon, c'était donc sa foi ; on eût dit que devant elle, avait été soulevé le voile qui cache à nos yeux les vérités éternelles, et qu'il lui avait été donné d'en contempler la sublime évidence. Toutes choses en ce monde s'éclairant pour elle de la douce vision de Jésus, qui ne la quittait pas plus que son ombre, il en rejaillissait nécessairement sur les maximes du saint Évangile une lumière qui lui en découvrait le sens profond, et leur souveraine puissance sur l'esprit de mensonge. Mais plus invincible encore que sa foi, était son amour qui, d'un mouvement rapide, emportait vers Dieu pensées, désirs, affections, et concentrait en Lui sa vie. L'abri assuré de cette âme fervente contre les suggestions de Satan, elle le trouva encore dans l'incomparable simplicité de son âme ; aussi notre éminent Prélat, Monseigneur du Pont des Loges, n'hésitait pas à attribuer à la *simplification* de son regard intérieur toutes les faveurs dont elle était prévenue.

La nature avait concouru avec la grâce à former, puis à perfectionner en elle cette belle vertu. Son esprit, n'ayant reçu aucune culture, demeurait

étranger au besoin d'analyse qui de nos jours
tourmente tant d'intelligences et les rend une
proie si facile au démon ; aussi Dieu se réfléchis-
sait-il dans l'âme pure et limpide de notre chère
Sœur.

CHAPITRE XXI

MARIE-CATHERINE UNIT LA SOUFFRANCE ET
LE TRAVAIL.

La douleur physique n'occupant qu'un rang se-
condaire dans l'initiation de l'âme aux saintes
douleurs de Jésus-Christ, l'ordre de la logique eût
réclamé qu'elle fut énoncée tout d'abord, c'est-à-
dire, avant les tristesses et peines de cœur résultant
du contact des créatures, et surtout avant les terribles assauts soutenus contre l'esprit de ténèbres,
épreuves dont la vertu d'un ordre supérieur a plus
de pouvoir pour opérer notre transformation en
Jésus-Christ. Mais bien différentes des souffrances
physiques ordinaires étaient les souffrances de notre Sœur. Surnaturelles dans leur principe, elles
l'étaient aussi dans leurs effets, dont les manifestations extérieures ne tombaient point sous le domaine de la science. Plusieurs médecins eux-mêmes
l'ont constaté, avouant leur impuissance en face
des faits sur lesquels ils étaient consultés.

Dépeindre le martyre que dut subir notre généreuse Sœur serait chose impossible ; pour s'en faire
une idée juste, il faut avoir vécu dans son intimité.

Durant des nuits entières, et souvent une partie des journées, on la voyait étendue sur son lit, sans mouvement et sans vie. Une sueur froide découlait de son visage dont l'altération et la pâleur semblaient présager une mort inévitable. Parfois elle paraissait en proie à des maux étranges ; tous ses membres étaient soumis à une dislocation incompréhensible. Pour l'ordinaire, elle ne voyait ni n'entendait rien de ce qui se passait autour d'elle. Seuls quelques mots entrecoupés laissaient pénétrer le secret de ces mystérieuses douleurs : « *Mon Dieu, pardonnez-leur, car ils ne savent ce qu'ils font. — Mon Père, que votre volonté soit faite et non la mienne ! — Mon Dieu, miséricorde ! laissez-vous fléchir ; jetez les yeux sur votre Fils, etc...* » Rien d'extraordinaire comme ces souffrances ! Toujours en rapport avec le sentiment qui affectait son âme, elles nous paraissaient l'expression saisissante d'une blessure faite par une main divine. Cette vue intellectuelle dont notre chère Sœur était gratifiée, cette contemplation du Sauveur, dans les sanglantes scènes de la Passion, la tirait en quelque sorte hors d'elle-même, pour la faire entrer en Lui par un sentiment d'immense compassion. Elle ressentait les douleurs de la divine Victime avec une telle intensité, qu'extérieurement elle portait les marques visibles correspondantes aux Mystères auxquels Notre-Seigneur tenait son âme appliquée. Avait-elle assisté à l'émouvante scène de la Flagellation, les atroces supplices endurés par son doux Sauveur la pénétraient d'une si tendre commisération, qu'il lui semblait que les bourreaux acharnés, en frappant l'innocente Victime, l'atteignaient, elle aussi : et l'on voyait son corps se couvrir subitement de tâches bleuâtres et livides, qui attestaient la participation réelle au martyre de son Jésus.

Que dirons-nous de son amour pour Notre-Seigneur en Croix, et de ses merveilleux effets dont le corps de notre Sœur portait les glorieuses empreintes ? Pendant plusieurs années, des gonflements rougeâtres fort douloureux se manifestèrent à la paume des mains et aux pieds. Elle faisait de vains efforts pour les soustraire à la vue des élèves ; mais, obligée de manier les objets à leur usage, et se trouvant dans l'impossibilité de rien saisir, on peut penser quel vaste champ était ouvert à leurs investigations. « J'avais toujours considéré cette chère Infirmière comme une sainte, nous dit une de nos Sœurs élevée dans notre Maison ; mais de ses grâces extraordinaires je n'avais pas la certitude, sauf d'une : les stigmates. Le bruit avait circulé dans le Pensionnat que Sœur Marie-Catherine avait reçu ce don. De là grande effervescence parmi nous ; et moi, comme toujours en pareil cas, j'étais l'une des plus ardentes. Je me rappelle sa peine profonde et l'impression de tristesse de son visage pendant ce temps, surtout un jour où je lui demandai de me montrer ses mains. Notre chère Maîtresse mit fin à ce petit désordre, en signifiant solennellement que la première qui parlerait de stigmates, serait renvoyée ; je reçus en particulier une forte admonition, et je me vois encore fermant la porte et disant : « ce qui est certain, c'est qu'on ne nous dit pas qu'elle n'a point de stigmates ; » et j'en gardai toujours la croyance intime. » Ajoutons encore que jamais on ne fit allusion à cette faveur en Communauté ni directement, ni indirectement ; la cause ne fut soumise à aucune appréciation de science humaine. On constatait un fait évident au témoignage des yeux, sans se permettre de le juger et on le couvrait d'un respectueux silence.

Ce qui demeurait caché aux regards, c'étaient des plaies vives et profondes qui se formaient au côté, et disparaissaient sans remède, avec la même promptitude qu'elles s'étaient produites. A la suite de ses contemplations fréquentes de l'Agonie au Jardin des Oliviers, ou lorsqu'elle suivait le Sauveur du Prétoire au Calvaire en faisant le chemin de la croix on voyait le sang couler du visage de notre chère Sœur comme une sueur abondante après un exercice forcé.

Qui dira, qui même comprendra, sans l'avoir expérimenté, ce que le Saint-Esprit peut opérer intérieurement en une âme aussi totalement livrée à son pouvoir ? S'il permet à la souffrance de saisir le corps, au point d'en faire une copie extérieure du divin Crucifié, quelle devra être l'intensité de ce qui se nomme proprement douleur, c'est-à-dire, de ce qui atteint directement le cœur et ne se fixe que là ? Au moment où l'on y pense le moins, une crise réduit notre chère Sœur presque à l'agonie : on sait que le bras de Dieu, en s'appesantissant alors sur elle, veut arracher quelque pécheur au démon ; on se contente de garder les avenues de sa chambre et de la laisser tout entière au soin de son Jésus. La crise passée elle apparaît pleine de vaillance spirituelle, dans l'attitude d'une âme préparée à de nouveaux combats.

Que la cause de ses douleurs fût naturelle ou surnaturelle, Notre-Seigneur semblait ne pouvoir résister à l'humble prière de sa Servante lorsqu'elle avait pour objet sa guérison, réclamée au nom de la Sainte Obéissance. Préparant un matin le déjeûner des élèves, elle répandit un vase de lait bouillant sur ses pieds. Ce jour avait été déjà marqué par un pénible incident. La Supérieure trouvant notre Sœur Marie-Catherine étendue sur deux chaises, où elle souffrait horriblement de ses brûlures, versa quelques larmes; celle-ci tout attendrie lui dit : « Consolez-vous, ma Mère, je demanderai à Notre-Seigneur de me guérir, et Il m'exaucera pour vous faire plaisir; » et comme sa Supérieure paraissait attacher peu d'importance à ces paroles, elle continua à demi-voix : « Ah ! Notre-Seigneur, Il en fait bien d'autres ; et souvent, ma Mère, Votre Charité n'en sait rien. » On la porta sur son lit, et quand deux heures après, on voulut se rendre compte des progrès du mal, le pied se trouva si complètement guéri, qu'il fut impossible d'y découvrir la moindre trace de brûlure.

Si Notre-Seigneur daignait renouveler fréquemment ces actes de touchante condescendance envers notre fidèle Sœur, rarement lui permettait-Il de se procurer, par choix, quelque adoucissement à ses souffrances « *Et moi !* lui disait-Il alors, *me le suis-je permis ?* » Avait-elle instinctivement suivi le mouvement naturel qui la portait à se procurer un soulagement quelconque, aussitôt un redoublement du mal, accompagné d'une pénible disposition de l'âme l'avertissait que, par la pure souffrance seule, elle parviendrait à satisfaire le bon plaisir divin.

Parfois cependant Notre-Seigneur semblait se relâcher de sa rigueur et compatir avec une touchante bonté aux douleurs de sa chère Victime, en lui donnant l'impulsion secrète de lui adresser une prière, qui alors était toujours exaucée. — Depuis plusieurs jours notre bonne Sœur ressentait des souffrances qui la réduisaient à une grande faiblesse, et l'empêchaient de prendre ni nourriture ni repos, lorsque éclata un orage épouvantable : « Mon Dieu, dit-elle avec simplicité, s'il vous plaisait de faire aller votre tonnerre plus loin ! » O condescendance divine ! tout s'apaise... et de lointains et derniers roulements se font seuls entendre. « Que Notre-Seigneur est donc bon ! disait-elle le lendemain, ces petites mais touchantes attentions de son amour vont plus droit à mon cœur que de vrais miracles. »

A une certaine époque elle souffrait beaucoup de ses yeux, qui ne laissaient pas d'être clairs et limpides comme par le passé. La science, elle le sait, ne lui viendra pas en aide. Une inspiration subite la saisit : elle va droit à l'autel de Marie et offre à sa bonne Mère sa vue menacée, la suppliant de la lui conserver, si telle est la volonté de Dieu ; la grâce fut accordée. Quand la paralysie lui enleva l'usage de ses jambes, on l'engagea à se servir du même moyen ; « Non, répondit-elle, je ne le puis ; Dieu ne m'en donne pas le mouvement. »

On ne savait s'expliquer comment il était possible d'embrasser tant de sollicitudes extérieures, unies à tant de souffrances intimes, à tant de com-

munications extraordinaires avec Dieu, et de cacher
le tout sous l'apparence d'une vie commune. Notre
généreuse Sœur nous en révèle elle-même le secret . « La vie me serait insupportable si mes paroles, mes pas, mes mouvements, mes actes n'é-
taient purement et actuellement dirigés vers l'a-
mour, et si aimer n'était point l'unique chose en
mon pouvoir. » Et encore : « Je ne saurais comprendre l'amour sans une recherche absolue de la
volonté de Dieu. La volonté de Dieu, c'est son
bon plaisir en tout, jusque dans les détails les
plus insignifiants de la vie. » Pour elle, il n'y
avait pas de différence entre ces deux manières
d'exprimer son amour : pâtir au gré de Dieu, ou
agir selon le mouvement de son Esprit.

Notre bonne Sœur excellait dans le fidèle emploi du temps, accomplissant chaque action avec
ordre et en son lieu; elle y était aidée naturellement par un remarquable équilibre de ses facultés;
mais la grâce cependant pouvait à bon droit reven-
diquer une large part de ce mérite. Ne choisissant
jamais la matière de son travail, notre Sœur s'employait tout entière au gré de l'obéissance. A l'exemple du divin Maître, elle *faisait bien toutes
choses*, et on la trouvait toujours au poste du devoir. Souvent la multiplicité des fonctions commises à ses soins amenait un de ces conflits qui
portent atteinte à la paix la mieux assise. Trois ou
quatre Sœurs associées à ses travaux venaient à la
fois la consulter sur leurs emplois, exposer leurs
difficultés; comment notre bien-aimée Sœur se
tirait-elle de cette délicate épreuve ? Gardant la
sérénité de son visage, elle donnait de douces pa-

roles, et demeurait ainsi maîtresse de la situation. Et lorsque tout était rentré dans le silence ; il lui arrivait de dire en souriant : « O mon Dieu ! combien il faut que les difficultés et les contradictions soient chose excellente, pour que vous vous en montriez si généreux en ma faveur. » Quand quelque surcharge imprévue l'obligeait à une dépense plus complète d'elle-même, il semblait qu'un don d'agilité fût mis à sa disposition pour vaquer à ses nouveaux devoirs avec une liberté, une allégresse qui faisaient penser à l'agilité des corps glorifiés. On l'entendait dire alors sous forme d'exclamation : « Vous serez content, mon Jésus ? cela vous fera plaisir ?... Eh bien ! oui ! »

Elle aimait à répéter : « Quand je songe qu'une seule pensée inutile prend la place d'un acte d'amour, ou prive les pécheurs d'une grâce, ou les âmes du Purgatoire d'un secours, je ne puis me la pardonner.

Elle préférait à la retraite absolue le cours régulier de sa vie, où la contemplation et l'action si bien unies lui permettaient de se dépenser en aimant et en priant. « Aussi, disait-elle, le temps de mes Retraites n'a jamais été celui des grandes faveurs sensibles ; pour l'ordinaire, j'expie, la jouissance ne m'étant donnée qu'à de rares moments, dans une petite mesure. »

CHAPITRE XXII.

MARIE-CATHERINE PARTICIPE AUX ÉTATS
SOUFFRANTS DE NOTRE-SEIGNEUR.

Depuis longtemps déjà, l'union dans la souffrance était apparue à notre Sœur Marie-Catherine comme le degré le plus élevé de la Charité.
Souffrir pour Jésus et pour ses frères était l'aspiration la plus vive de son cœur aimant. Les yeux
constamment fixés sur le divin Modèle, elle puisait
dans la contemplation de ses douleurs la force
dont elle avait besoin pour entrer dans ses desseins
crucifiants, avec toute la perfection que sa grâce
requérait d'elle. « Je ne saurais vivre sans souffrances, disait-elle quelquefois ; si je cessais un
seul instant de souffrir je me plaindrais à Dieu
de ce qu'Il m'abandonne. » Notre-Seigneur prenait plaisir à éprouver la sincérité des désirs de sa
fidèle Servante ; durant la nuit, Il la tirait de son
sommeil, lui disant comme aux Apôtres : « *Ne
peux-tu veiller une heure avec moi ?* » et retraçant
à ses yeux une des douloureuses scènes de la Passion, Il excitait au plus haut point sa tendresse
compatissante par ces paroles : « *Vois, ma fille,
l'état où les pécheurs m'ont réduit !* » Chaque pé-

ché avait en Notre-Seigneur des souffrances expia-
toires correspondantes, qui causaient à notre chère
Sœur une haine mortelle du mal. Quelquefois
il suffisait que le divin Sauveur se montrât à elle
en tel ou tel état, pour qu'elle comprit ce qu'Il
demandait de son amour. C'était Jésus, sous l'é-
treinte de la douleur, lui présentant son Suaire et
lui demandant de rétablir son image défigurée
dans l'âme des pécheurs; et elle s'offrait à la divine Justice pour leur mériter cette grâce. C'était
Jésus s'énonçant clairement dans un langage qui
excitait sa soif de réparation. C'était encore Jésus
se présentant à elle couronné d'épines dont les
blessures le faisaient cruellement souffrir, et lui
disant : « *Je voudrais arracher ces épines.* » Notre
chère Sœur se mettait en devoir de lui prêter secours, mais entendait de la bouche du divin Maître
ces paroles : « *Ce n'est pas avec les mains que tu
le pourras faire.* » Elle comprenait la leçon, et se
préparait à une union dans la souffrance toujours
plus intime et plus profonde.

Cet attrait avait reçu un notable accroissement,
à l'occasion d'une faveur dont elle fut gratifiée.
Elle en fit ainsi le récit : « Une nuit, je me sentis
réveiller par la voix bien connue de Notre-Seigneur. Il était devant moi en la situation lamen-
table où l'avait mis la cruauté des Juifs durant les
heures qu'Il passa dans la prison. Une expression
d'ineffable douleur était répandue sur ses traits;
Il poussait de sourds gémissements; ses mains
étaient contractées par l'excès des tourments, et
selon la parole du Prophète, Il se tordait comme
un ver. — « *Vois,* me dit-Il encore, *dans quel état*

m'ont réduit les pécheurs ! » Cette vue se grava si avant dans mon âme, que le temps ne put jamais en effacer l'empreinte. Je compris que ce doux Sauveur ne devait pas souffrir seul, loin des regards de ceux pour qui, si généreusement, Il se dévouait à la Justice de son Père ; et je m'offris à Lui pour le consoler par l'extrême compassion dont cette vue remplissait mon cœur. » Immolation et sacrifice furent donc incessamment les nobles satisfactions que réclama d'elle le saint amour.

Un jour de Jeudi-Saint, lorsqu'elle faisait son oraison à la tribune, Notre-Seigneur déroula devant elle sa sainte Passion, depuis son agonie au Jardin des Oliviers, jusqu'à sa mort sur la Croix. Une sueur de sang abondante découlait du visage de notre Sœur pendant cette douloureuse contemplation, qui dura plusieurs heures. Ces scènes émouvantes s'étaient tellement imprimées dans son esprit, qu'elle aurait pu, assurait-elle, en retracer les moindres détails si elle eût su manier le pinceau. Il lui resta de cette vision une impression saisissante de la malice du péché, et du pouvoir que possède toute âme fidèle de travailler efficacement à la conversion des pécheurs par la ferveur de ses prières et le secret de ses sacrifices. Nous avons retrouvé le souvenir de la grâce suivante, écrite par notre bonne Sœur elle-même : « Le jour du Vendredi-Saint, j'ai passé trois heures dans le Jardin des Olives près de Notre-Seigneur. Mon cœur était rempli d'amertume en voyant l'abondance de sang qui sortait de son Corps sacré ; j'ai été près de deux heures sans pouvoir ni rien dire, ni rien penser, contemplant en silence son amour extrême pour les hommes. Ce divin Sauveur me dit : « *Bien des personnes se trompent en croyant qu'il suffit de regarder ma Bonté, et de verser quelques larmes sur les souffrances que j'ai endurées; le vrai amour veut les partager avec moi, il accepte toutes les peines, les humiliations, les ignominies, et les unissant à celles que j'ai éprouvées, il les offre à mon Père éternel.* »

Des douleurs plus intenses et plus persévérantes étaient presque toujours l'annonce de sinistres évènements, ou l'expiation de grands crimes. Elle faisait alors à sa Supérieure le récit des faits qui venaient de s'accomplir. Non-seulement elle voyait l'acte criminel consommé, mais encore toutes les circonstances qui en augmentaient l'énormité aux yeux de Dieu. Elle pénétrait dans les conseils des méchants, entendait leurs audacieux complots, suivait leurs infernales menées, découvrait tous les pièges tendus par leur malice et leur perfidie aux âmes faibles qui s'y laissaient prendre par entraînement ou par ignorance; en un mot, outre les actions extérieures dévoilées à ses yeux, elle connaissait encore la corruption de l'esprit qui leur servait de mobile. Cette vue causait à son âme pure et aimante un véritable supplice. Nous pourrions multiplier les citations, nous nous bornerons à deux. La nuit qui précéda le meurtre de Monseigneur Sibour, Archevêque de Paris, fut une de ces nuits d'angoisses. Durant la matinée elle fit le récit détaillé du crime, au moment même où il s'accomplissait : on n'en fut informé que le lendemain par la voie des journaux. — A l'heure précise de la tentative d'assassinat sur Napoléon III, elle décrivait, en témoin, toutes les machinations secrètes des conspirateurs, leur activité mue par la puissance des ténèbres dont ils étaient le jouet, etc... elle désignait les rues et leurs issues souterraines, avec la même précision que si elle se fût trouvée sur le lieu du complot. Ces tableaux saisissants du mal ne lui étaient offerts qu'en vue des expiations réclamées de son amour. Comme une pure victime, elle se livrait au Seigneur, le conjurant de suspendre les effets de sa Justice, ou de les faire retomber sur elle seule . Des heures entières se passaient quelquefois en humbles supplications d'une part, et en persévérants refus de l'autre. Enfin, vaincu par ses instances, Dieu consentait à appesantir sur elle sa main irritée. Après avoir porté les rigueurs de son courroux pendant un temps plus ou moins long, elle se trouvait replacée sous l'action de l'amour, et recevait, comme récompense de ses immolations volontaires, de ces caresses qu'aucune langue humaine ne saurait exprimer ; les lumières, les assurances divines dont elles étaient accompagnées, venaient ranimer son courage et agrandir sa capacité pour la souffrance, en attendant le signal d'une nouvelle et souvent plus douloureuse station sur le Calvaire.

Lorsque le choléra, sévissant dans plusieurs localités du département, s'abattit sur Éply, berceau de son enfance, ce fut avec une telle intensité, que l'on put croire que la divine Justice l'avait marqué comme un lieu de spéciale expiation. Au plus fort de la désolation générale, la Religieuse qui soignait les malades vient trouver notre Sœur Marie-

Catherine au nom de ses parents et de ses amis
consternés; elle lui fait un récit navrant des ravages du terrible fléau, de ses conséquences, surtout
à l'égard de tant de pauvres orphelins sans asile,
que la charité ne peut tous recueillir, et termine
ainsi : « Souvenez-vous que vous ne vous êtes point
faite Religieuse pour vous seule, mais afin de prier
pour tous. » Quelle n'est pas l'émotion de notre bonne Sœur en entendant ces mêmes paroles
qu'une voix du Ciel lui avait adressées, alors
qu'elle quittait son village natal pour embrasser
la vie religieuse; le temps n'avait pu en affaiblir
l'impression, et nous verrons dans la suite l'étendue
qu'il plut à Dieu de leur donner encore. A peine
ces mots, qui lui rappelaient sa mission, ont-ils
frappé son oreille, que, poussée par un mouvement du Saint-Esprit, elle s'offre à Dieu avec plénitude de cœur pour être dépouillée de toutes les
délices spirituelles qui jusque là ont inondé son
âme, et porter s'il lui plaît, les rigueurs du délaissement dans la mesure réclamée par sa Justice.
Cette héroïque prière fut en partie exaucée ; la
mortalité s'arrêta; mais les grâces de notre généreuse Sœur, devenues plus intérieures, purent avec
moins de difficulté être soustraites aux regards des
créatures. Les extases et les ravissements suivirent
leurs cours ordinaire ; mais leurs manifestations
furent moins fréquemment sensibles, et revêtirent
habituellement un caractère plus douloureux.

CHAPITRE XXIII

Être rendue capable d'une union aussi intime avec sa divine Majesté, est sans doute l'honneur le plus grand auquel Dieu puisse élever une âme. Toutefois on ignore communément combien sont laborieuses et fécondes en croix de toutes sortes ces vocations plus favorisées. La raison en est simple : plus une âme s'approche de Dieu, s'unit à lui, s'identifie à lui, plus elle aime Jésus-Christ et se laisse pénétrer de son esprit; plus aussi doit-elle entrer en participation de son action divine sur le monde, et en particulier sur l'Église. A elle surtout s'applique cette parole : « *Vous êtes d'autres Jésus-Christ,* » c'est-à-dire, tous vos actes doivent porter le sceau du Christ immolé pour nous. Sainte Catherine de Sienne l'avait compris lorsqu'elle s'écriait : « *Je brûle de donner mon sang, ma vie, la moëlle de mes os pour la sainte Église, tout indigne que j'en suis.* » A l'exemple de cette grande Sainte, notre fervente Sœur faisait plus que participer aux fruits du sacrifice divin ; elle entrait réellement dans l'acte qui le constitue, en disant : « Il me semble par moment porter le monde entier dans mon cœur, pour l'offrir à Dieu que je voudrais faire glorifier par tout l'univers. »

Il n'est, croyons-nous, aucune espèce de besoins physiques ou moraux auxquels elle n'ait été appelée à venir en aide. Les tempêtes, les inondations, les incendies, les accidents de toutes sortes, les troubles politiques, les révolutions, les duels, les pièges tendus à l'innocence, les luttes contre la grâce, les souffrances des âmes du Purgatoire, devenaient tour à tour l'objet de son zèle et de son ardente charité. Souvent elle se sentait emportée dans un lointain pays dont elle ignorait le nom et la distance, bien que tous les détails du lieu lui fussent montrés ; elle s'y trouvait au moment où allait arriver un malheur, ou se commettre un crime ; elle voyait d'une manière nettement déterminée le but de ses travaux intérieurs ; des personnes qu'elle n'avait jamais vues et dont elle ne connaissait pas l'existence, lui étaient désignées ; elle savait que leur préservation ou leur retour à Dieu devait être son œuvre, et que par son union à Jésus souffrant elle leur mériterait les grâces de conversion sans lesquelles le pécheur ne peut ni connaître son état, ni éprouver le désir d'en sortir. Revenant à elle, l'esprit encore frappé de ce qu'elle avait vu et entendu, si on l'interrogeait, elle répondait simplement : « J'ai vu des voyageurs en grand danger de périr : heureusement que je suis arrivée à temps pour les délivrer. » — « Deux pécheurs près de mourir m'attendaient ; j'ai su qu'ils seraient sauvés, etc.... » D'autres fois notre bonne

Sœur ignore le but de ses peines et de ses prières :
« *Il te suffit*, lui dit Notre-Seigneur, *de savoir que
je ferai l'application de tes souffrances selon mon
bon plaisir*. » Et encore, lui montrant une masse
de pécheurs parmi lesquels plusieurs de ces malheureux sont marqués d'un signe particulier :
« *Ce sont ceux-là que je désire d'un désir ardent
séparer de la foule*. »

D'autres fois encore, les besoins des âmes lui
sont présentés sous une forme symbolique : c'est
un abîme où court se précipiter un pécheur ; et sur
les bords, Satan dont la vue lui inspire une souveraine horreur, et à qui il lui faut disputer sa
proie.... Ou ce sont les passions sous la figure
d'animaux hideux, avec lesquels elle se sent aux
prises, sans autres armes que sa foi et son amour.
Comme un jour elle manifestait un véhément
désir de la conversion des pécheurs, on lui demanda en quelle sorte elle avait plaidé leur cause
près du divin Sauveur : « J'ai commencé notre
oraison, répondit-elle, en faisant de tendres reproches au bon Maître : « Je vois bien, Lui ai-je
dit, votre grâce aller au-devant de ces pauvres pro-
digues ; mais, mon Dieu, est-ce assez ? je voudrais
quelque chose de plus pressant de votre miséricorde ! à quoi leur servira un commencement de
retour, s'ils en restent là, les malheureux, sinon à
se préparer un plus rigoureux jugement ? » — Pendant que j'avais la témérité d'exprimer ces plaintes,
je me vis tout à coup transportée sur la route d'Em-
maüs, où je cheminai accompagnée des disciples.
J'entendis leur conversation, et leurs cœurs me
furent manifestés. Je les vis faibles, mais simples

et droits. Le regret de leurs espérances perdues était exprimé avec tant de sincérité ! ... Soudain j'aperçus Notre-Seigneur quittant un étroit sentier pour se joindre à eux. J'aurais bien voulu leur dire : « Voilà ce Jésus que vous croyez perdu, et dont la présence changera votre tristesse en joie »; cependant par respect je me tus. Cette scène, décrite dans le saint Evangile, s'accomplit ainsi tout entière sous mes yeux. Quand elle fut terminée, Notre-Seigneur se tournant de mon côté, me dit : *« C'est ainsi que j'agis à l'égard du pécheur : mes premières avances sont plus sensibles pour l'aider à sortir de la mauvaise voie ; mais loin de l'abandonner ensuite à lui-même, je marche à côté de lui dans la vie ; ma parole s'insinue doucement en son âme, elle y produit la connaissance et l'amour de la vérité. C'est à l'amener à ce but que ma grâce tend incessamment, malgré d'apparentes lenteurs. »*

Notre pieuse Sœur employait tour à tour les touchantes supplications de la prière et les saintes importunités du zèle, pour obliger Dieu, en quelque sorte, à relâcher les droits de sa Justice à l'égard des âmes dont elle s'était chargée. « Une nuit, ne pouvant dormir, dit-elle, cette pensée m'est venue comme un trait de lumière : « Mon bon Sauveur, si vous le permettez, nous irons visiter le lieu de vos souffrances. » Ma proposition parut le satisfaire et nous nous mîmes en marche. Arrivés au Jardin des Oliviers, le souvenir de tout ce qu'il avait enduré me fut vivement représenté et me saisit de douleur : « Mon bon Jésus, Lui dis-je, la France vous a beaucoup offensé, je le sais, en re-

tour de votre amour de prédilection, elle n'a que
des amertumes pour votre Cœur; aussi je n'es-
saierai pas de l'excuser; mais n'avez-vous pas versé
ici assez de larmes, et sué assez de sang, afin d'expier ses égarements? Pourra-t-on dire qu'elle est
plus coupable que vous n'êtes miséricordieux? » ..
Et parcourant ainsi le chemin qui sépare le Jardin
de l'Agonie du Calvaire, elle s'arrêtait dans tous
les lieux arrosés par le sang du Sauveur, et Lui
rappelant la cause de ses souffrances, leur étendue,
leur valeur et le désintéressement avec lequel elles
avaient été endurées : « Le sang que vous avez
versé ici, mon Jésus, les humiliations dont vous
avez été abreuvé, c'est notre bien, c'est notre trésor; il dépasse de beaucoup tout ce que nous pourrions vous demander. Le pardon et la miséricorde
que nous supplions votre Bonté de nous accorder,
ne sont-ils pas aussi un droit qu'il nous est permis
de faire valoir auprès de votre Justice? C'est votre
faute, mon Dieu, si nous devenons si hardies :
pourquoi nous avez-vous rendues si riches?.... »

C'est dans une union étroite à Notre-Seigneur
qu'elle formulait la variété des demandes qui
composaient sa prière universelle. La vivacité de
sa confiance la faisait monter jusqu'au Cœur de
Dieu; et le plus souvent il se plaisait à lui donner
l'assurance qu'elle était exaucée. « Presque toujours, avouait-elle, lorsque je prie pour un besoin
quelconque, je reçois intérieurement une certitude
de l'effet de ma prière; je puis alors dire sans
crainte de me tromper : « Remerciez Dieu : la
grâce que vous sollicitez de sa bonté vous est accordée. »

Le zèle de notre chère Sœur constituait un véritable apostolat, poussé parfois jusqu'à l'héroïsme. Sa soif des âmes ne connaissait pas de bornes ; c'était un feu intérieur qui la consumait. Intimement convaincue que la prospérité et la gloire de l'Eglise du Christ est dans ses Saints, elle ne cessait de supplier Dieu de multiplier les âmes ferventes et généreuses ; les obstacles que celles même qui sont consacrées au Seigneur apportent aux desseins de son amour, la touchaient sensiblement ; elle parcourait en esprit la terre, et à la vue des misères spirituelles qu'elle renferme, que n'eût-elle pas voulu faire afin d'obtenir aux Religieux un vrai dévouement à Notre-Seigneur ? « Penser à soi, est-ce possible ? disait-elle souvent : rien ne rétrécit plus le cœur. Eh quoi ! Jésus nous a amenées ici pour les intérêts de son divin Cœur, et nous songerions à nos propres intérêts ! » — « *L'amour en ce monde,* répétait-elle après notre saint Fondateur, *doit être crucifié.* » La douceur sans l'accompagnement du sacrifice lui inspirait des craintes ; le sceau de la croix pouvait seul la rassurer.

Elle ne demandait rien tant à Dieu que l'extension de sa gloire et l'accroissement de son Eglise, et, comme notre saint Fondateur, elle tenait pour sa félicité en ce monde d'employer ses travaux et sa vie au service de cette vraie Épouse de Jésus-Christ. Aussi pour le Sacerdoce étaient réservées les plus saintes ardeurs de son zèle. La glorieuse mission du Prêtre, sa puissance pour attirer sur le monde justice ou miséricorde, lui étaient montrées avec une vérité si saisissante, qu'elle ne pouvait les considérer sans d'inexprimables frayeurs : telles furent plusieurs fois ses angoisses intérieures, qu'elles la réduisirent à une sorte d'agonie. « Ah ! si l'on savait ce que Notre-Seigneur attend de ses Prêtres, disait-elle : pour moi, je voudrais l'ignorer ! Leur responsabilité est en rapport avec leur dignité, et avec l'excès de l'amour dont ils sont favorisés. Ils rendront compte du sang de Jésus-Christ placé entre leurs mains pour sauver les âmes; et quel compte, grand Dieu!... » Il lui fut montré un jour, dans une vision, une plaine immense couverte d'une multitude de personnes représentant le monde; et parmi cette multitude les Prêtres infidèles à leur vocation, que Notre-Seigneur lui désignait avec l'expression d'une profonde douleur. « Je compris, dit-elle, que rien n'atteint aussi sensiblement son Cœur, et pendant longtemps je ne cessai de prier et de souffrir pour leur conversion. » Afin de l'obtenir, elle s'adressait au Sauveur lui-même, le conjurant par tout ce que l'amour a de plus persuasif et de plus véhément de venir au secours de ces pauvres pécheurs. Elle s'efforçait de ravir au Cœur divin la charité qui l'embrase, pour la répandre sur ses *Christs*, plus largement encore rachetés par son Sang; puis, s'adressant à la Sainte Vierge, elle la suppliait au nom de ce titre de *Mère des pécheurs*, acquis si chèrement au pied de la Croix, de leur venir en aide. Les Anges et les Saints étaient invoqués à leur tour; puis, quittant le Ciel pour le Purgatoire, elle sollicitait en faveur des coupables le secours des âmes qui y sont détenues. « Je vous en prie, leur disait-elle dans sa simplicité, oubliez vos propres souffrances pour sauver de la mort éternelle ceux qui sont si chers à Notre-Seigneur. — Mais craignant de me montrer exigeante, ajoutait-elle, et de paraître insensible aux feux qui les consument, je m'arrêtais un instant, afin de demander pour elles la rosée du sang de Jésus-Christ. »

C'est ainsi que cette Amante du Sauveur crucifié portait l'Église dans son cœur, et que travailler, prier, s'immoler pour lui venir en aide était la passion de sa vie, le rafraîchissement de son amour.

CHAPITRE XXIV

L'Eglise souffrante, cette portion trop souvent délaissée du corps mystique du Sauveur, ne recevait pas une moindre part des saintes effusions de sa charité. S'identifiant au désir qui presse Notre-Seigneur de s'unir au plus tôt à ces âmes pures qu'un reste de fragilité humaine tient éloignées de Lui, notre pieuse Sœur faisait valoir en leur faveur toutes les ressources de son zèle.

Presque toujours un avertissement intérieur lui était donné, lorsque la mort se préparait à choisir parmi nous une victime. Au signe qu'elle recevait, correspondait un mouvement intime qui ne la trompait jamais. Elle faisait alors connaître à sa Supérieure que Dieu se disposait à demander un sacrifice, et dès lors on demeurait dans une religieuse attente de la divine Volonté. Nul rapport direct entre ces signes et le sens qui y était attaché ; mais une lumière surnaturelle en donnait l'intelligence à notre chère Sœur. C'était, par exemple, un conseil d'hommes délibérant au dortoir, près de la statue de saint Joseph ; — deux anciennes Mères, au même lieu, feuilletant de grands livres, et conférant sur une affaire fort importante; — une fille de service, morte depuis quinze jours, faisant avec une lanterne le tour de la chambre, et paraissant chercher un objet perdu, pendant qu'a-genouillée près d'un tableau du Sacré-Cœur, notre Sœur était en oraison; — Notre-Seigneur traversant avec une douce majesté le Réfectoire, et s'arrêtant devant chacune, comme pour choisir une victime.

Notre dévouée Sœur Marie-Catherine avait un attrait particulier pour assister les mourantes à leur passage suprême; il lui était donné de voir leurs luttes, leurs anxiétés, d'en connaître la cause, et d'être témoin des derniers efforts de la Miséri-corde de Dieu pour procurer à une âme les moyens d'accomplir un acte réclamé par sa justice. — Une dame agrégée était depuis dix-huit heures dans les angoisses de l'agonie sans pouvoir mourir, lorsque notre chère Sœur découvrit, par une lu-mière d'en-Haut, que Dieu attendait de cette dame la réparation de deux injustices accomplies sans volonté délibérée, et pour lesquelles son grand âge était humainement une excuse suffisante. Dès que notre Sœur connut ce que Dieu demandait de la mourante, elle lui en donna connaissance devant un témoin, la priant de lui serrer la main si elle comprenait ses paroles, ce que celle-ci fit aussitôt. Peu d'instants après, elle expirait doucement, laissant à sa famille le soin d'acquitter sa dette.

Il fut aussi accordé à notre Sœur Marie-Cathe-rine de voir à distance la Justice miséricordieuse de Dieu s'exercer dans une prolongation d'exis-tence, inexplicable à la science humaine : une de nos Sœurs ayant reçu l'annonce que son père était atteint d'une maladie mortelle, s'empressa de le recommander à notre bonne Sœur qui, après avoir prié, lui dit : « J'ai vu votre père privé de vie. » Cependant une lettre arrivée le lendemain, semblait démentir ces paroles; le malade avait vécu encore vingt-quatre heures depuis le moment où Sœur Marie-Catherine les avait prononcées. Des impressions de défiance et de doute sur le degré de foi que méritaient les connaissances surnaturelles de notre chère Sœur en étaient résultées. Celle-ci, avec l'accent d'un tendre reproche, se plaignit ainsi : « Pourquoi, mon Dieu, m'avez-vous trompée, et avez-vous permis que ma Sœur N. fût trompée ? Ce que vous m'avez révélé, je ne vous le demandais pas; je vous en prie, ou ne me dites plus rien, ou dites-moi la vérité. » — « *Tu as bien dit*, lui répondit Notre-Seigneur, *il était privé de vie; pendant un jour entier, je l'ai tenu comme suspendu entre le temps et l'éternité, afin de le mettre en disposition de faire un acte nécessaire pour assurer son salut.* » De plus amples détails reçus de la famille confirmèrent l'état extraordinaire subi par le malade vingt-quatre heures avant sa mort.

Elle assistait comme témoin aux derniers efforts des démons pour ravir à Dieu une âme à laquelle il ne restait plus qu'un pas décisif à faire de la vie à la mort. Elle voyait leur rage, entendait leurs suggestions mensongères pour paralyser la confiance, et pour affaiblir la grâce des Sacrements. Parfois ils étaient innombrables près des mourantes, dans le lieu même de leur combat final, diri-

geant toutes les ressources de leur infernal génie
vers ce même but : diminuer le mérite, dans l'impossibilité absolue de l'enlever. Autour du lit où
l'une de nos Sœurs allait expirer, elle vit une haie
de démons menaçants glacer de terreur la pauvre
agonisante, et elle connut que celle-ci demeurerait
un mois en Purgatoire afin d'expier un peu trop
de complaisance prise en l'estime de ses Supérieures.

Le démon réservant ses attaques les plus redoutables pour le moment de l'agonie, comment, fragiles
créatures, pourrions-nous, à ces heures d'inexpri-
mable faiblesse, déjouer ses ruses audacieuses et
nous soustraire à son habile perfidie, alors que
nous demeurerions livrés à nous-mêmes? Mais si ces
heures suprêmes sont celles où le démon redouble
d'acharnement, il n'en est point où Dieu environne
l'âme de plus d'amour. Il lui ménage des secours
inespérés, en proportion de ses besoins, il lui ouvre les abîmes de son Cœur et l'invite à s'y plonger ; pour elle il fait déborder les grandes eaux de
sa Miséricorde, comme s'il avait regret de lui en
fermer bientôt la source. C'est ordinairement par
la douce médiation de Marie que s'opèrent ces
merveilles de grâce. Aussi, rien de plus tendre que
l'office de la Sainte Vierge au chevet des mourants ! Tout ce que, durant notre vie, nous avons
pu espérer de sa maternelle assistance, n'est rien
en comparaison de la réalité!... — Auprès du lit
d'une Sœur agonisante, Sœur Marie-Catherine
vit une légion de démons ; ils feignaient de l'attendre comme une proie assurée. Cette âme, incertaine si elle serait du nombre des élus ou de

celui des réprouvés, était livrée à d'effroyables angoisses, lorsque la Sainte Vierge y mit fin, en lui apparaissant les bras ouverts pour la recevoir et la présenter à son Juge.

Aussitôt la séparation accomplie, on voyait notre chère Sœur s'abîmer dans un recueillement profond, et comme anéantie devant Dieu : « O Éternité ! s'écriait-elle, qu'en un instant vous lui avez appris de choses ! »

A différentes époques elle fut favorisée de grandes lumières sur le Purgatoire : « Nous ne saurions nous figurer combien ce lieu est terrible, disait-elle ; la Justice de Dieu y exerce ses droits en toute rigueur, comme elle l'a fait sur Jésus en Croix. Sa Sainteté est inexorable ; l'ombre même du mal ne peut subsister en sa présence. Après ce que j'ai vu, les douleurs de la terre me semblent peu de chose ; et je n'hésiterais pas à passer par le feu pour effacer les souillures de ma vie. » Elle voyait la nature, l'intensité des souffrances, et n'avait point de cesse qu'elle ne fût parvenue à les adoucir et à les abréger. Combien d'âmes lui durent cette faveur ! Prières, sacrifices journaliers, expiations de toutes sortes s'unissaient pour fléchir la divine Justine et hâter l'heure de la délivrance. — A la mort d'un Ecclésiastique, de celui-là même qui avait si énergiquement secondé les desseins de Dieu sur sa vocation, s'étant offerte par reconnaissance à souffrir les peines du Purgatoire pour les lui épargner, elle eut durant la nuit d'excessives douleurs de tête, suivies d'une abondante sueur de sang que purent constater celles qui approchèrent de son lit. — La voix d'une Sœur qui venait

de mourir, lui dit à l'oreille pendant son oraison :
« Ma Sœur, priez pour moi; » et aussitôt elle la
vit en Purgatoire, dans un état de délaissement et
d'abandon qui la fit frémir. Elle y était retenue
pour une attache trop sensible à sa famille, et pour
un défaut de dégagement dans l'usage des adoucissements réclamés par son état de souffrance. Il
lui fut montré que la purification serait d'autant
plus longue et rigoureuse, que cette âme, prévenue de grâces plus particulières, n'avait pas corres-
pondu, dans toute leur étendue, aux desseins de
perfection que Dieu avait sur elle.

Non seulement notre bonne Sœur Marie-Catherine était en communication directe avec les âmes
souffrantes durant le temps consacré au sommeil
ou à la prière, elle s'en trouvait encore entourée et
suivie jusqu'au milieu de ses occupations les plus
absorbantes. Elle avait assisté notre Sœur N. N.
au moment où celle-ci rendit le dernier soupir, et
elle ne se lassait pas de répéter combien douce et
paisible avait été cette mort. La Sainte Vierge, inclinée auprès du lit de la mourante, la soutenait
entre ses bras contre les attaques du démon, dont
l'ombre hideuse parut seule visible. Quatre jours
plus tard notre Sœur se sentit violemment tirée
dans un corridor, sans y attacher d'importance.
Peu d'heures après, comme elle servait les pensionnaires au Réfectoire, le même acte se répète
avec une vigueur telle, qu'elle faillit en être ren-
versée. Ne pouvant dissimuler sa surprise, elle se
retourne et demande qui en peut être la cause :
« C'est sans doute une âme du Purgatoire, » répond une jeune espiègle. Enfin une nouvelle se-

cousse lui étant imprimée pour la troisième fois, elle supplie Notre-Seigneur de lui en faire connaître le motif. L'ombre de notre chère Sœur N. N. se projette alors sur la muraille, et sa voix se fait entendre : « Je souffre cruellement, et il ne m'a pas été permis jusqu'à ce jour de recourir à Votre Charité. Il me reste encore six semaines de purgatoire rigoureux à subir. — Quelles fautes vous y retiennent? demande notre Sœur Marie-Catherine. — J'expie la trop grande estime de moi-même, qui m'entraîna à me préférer à mes Sœurs en toutes les occasions où elles recevaient quelque marque de confiance des Supérieures, ainsi que mes révoltes intérieures contre l'autorité, lorsqu'elle ne secondait pas mes désirs en opposition à l'humilité et à la simplicité de notre esprit. C'est pourquoi Notre-Seigneur me tient comme écrasée sous ses pieds. J'ai déjà éprouvé un grand soulagement des prières que la Communauté a faites pour moi. — Vous savez, répondit notre chère Sœur, que tout ce dont je puis disposer, je l'offre pour vous. — Cela ne suffit pas, dit la défunte, il faudrait des actes particuliers contraires à mes fautes ; » et elle disparut.

Sœur Marie-Catherine connut que notre chère Sœur Marie-Philomène S*** ne séjournerait que quinze jours en Purgatoire, ayant été purifiée avant sa mort par un long état d'infirmité et par de grandes peines intérieures. — Une autre âme, de régularité exemplaire, y devait être retenue trois mois pour attache à sa propre volonté.

Une personne séculière vint lui demander d'appliquer à son intention quelques Communions, ayant à satisfaire à Dieu pour en avoir perdu plusieurs par négligence.

Une Sœur lui fit l'humble aveu d'avoir été exclue de la participation aux suffrages de la Communauté pendant un temps assez long, pour fautes contre la charité. — Une autre, du rang des Sœurs Converses, lui apparut au Chœur, tout en feu, souffrant cruellement, pour avoir voulu se rendre propriétaire dans son emploi.

Peu d'instants après son décès qui eut lieu le Jeudi-Saint, notre Très-Honorée et si digne Mère Marie-Thérèse de Tholozan, se montrant à notre chère Sœur, lui fit connaître que son purgatoire consistait uniquement en la privation de la vue de Dieu, les trois semaines d'agonie qui avait précédé sa mort ayant accompli la purification exigée par la Justice divine. Le Samedi-Saint, pendant la Messe de Communauté, la vénérable Mère lui touchant l'épaule, dit : « Je monte au Ciel. »

Notre Très-Honorée Mère Marie-Thérèse Dorr, relevant de maladie, se trouvait dans un état de langueur qui nous donnait de sérieuses inquiétudes. Notre-Seigneur, s'adressant comme toujours à son Épouse de prédilection, l'assura que l'heure du rappel n'était point encore venue ; mais que néanmoins cette vertueuse Mère verrait avant elle la fin de l'exil. Quand survint quatre ans plus tard l'accident qui nous la ravit, notre Sœur Marie-Catherine fut témoin de ses derniers combats, et l'aida à franchir le terrible passage du temps à l'éternité. « Je n'apercevais pas les démons, dit-elle ; mais je les sentais ; ils étaient pleins de rage de voir expirer leur puissance sur une si belle âme. »

Après onze jours elle lui apparut en faisant entendre ces mots : « Demain notre Sœur Marie-Alexis
mourra, et je monterai au Ciel. » La première partie de la prédiction s'étant réalisée, nos cœurs furent remplis de la plus douce confiance que la
seconde l'était également.

On avait entendu notre Sœur Marie-Catherine,
peu d'heures avant la mort d'une Sœur, lui promettre de demander quelques Messes pour son
soulagement à Madame la Vicomtesse de Brossin
de Méré, amie et bienfaitrice de notre Communauté. Quand vint la crise suprême, debout au
pied de son lit, les yeux fixés sur la mourante,
notre charitable Sœur implorait avec instance les
effusions de la divine Miséricorde sur cette pauvre
âme près de passer sous le domaine de la justice,
lorsqu'elle vit se dessiner sur la muraille une ombre dont elle ne put saisir la forme, et entendit
une voix prononcer ces paroles qui la laissèrent
partagée entre la terreur et l'espérance : « Elle est
à moi ! » Etait-ce le bon ou le mauvais esprit qui
avait prononcé ces paroles ? Cet état d'incertitude
et d'angoisse se prolongea jusqu'à la Messe de
l'enterrement. Pendant que cette fidèle Avocate
était tout appliquée à prier pour la défunte, elle
eut une vision. Du milieu d'une ruine, elle vit
s'élever une épaisse fumée qui, en se divisant au
sommet, lui laissa apercevoir notre bien-aimée
Sœur qu'un feu intérieur consumait. « Ma Sœur,
lui dit celle-ci, je vous supplie de faire célébrer au
plus tôt les quatre Messes que vous m'avez pro-
mises. » Ne pouvant voir Madame la Vicomtesse
de Brossin de Méré, alors à son château, notre

Sœur Marie-Catherine prie sa Supérieure de faire
l'avance des honoraires. Au même moment, elle
reçoit une lettre de cette dame qui, sans rien savoir de sa promesse, la charge de faire dire quatre
Messes pour notre chère défunte. Six mois après,
le jour de l'Assomption, celle-ci lui apparut de
nouveau, disant: « Je suis sauvée, et je dois ma
délivrance à la Sainte Vierge et à sainte Anne. »
Puis s'élevant dans la gloire, elle ajouta : « Que
sont les douleurs de la terre, auprès du bonheur
de voir Dieu un instant ! » — Un abîme s'ouvre
une autre fois devant notre pieuse Sœur : le Purgatoire s'offre à ses regards, et, à sa surface, notre
angélique Sœur Marie-Alphonse N***, vêtue de
blanc, les mains jointes, qui lui demande des prières. Dans ce lieu, point de feu, mais une profonde
obscurité et un indicible délaissement; elle y est
retenue pour négligences, fautes contre la pauvreté
et défaut de simplicité à demander les permissions
requises. La privation de la vue de Dieu fait son
supplice ; on ne peut sur la terre en concevoir une
faible idée. Sans cesse elle voudrait s'élancer vers
le souverain Bien dont la beauté l'attire si puis-
samment ; la main divine la tient éloignée pour
quelques jours encore, elle en sent tout le poids.

Plusieurs âmes furent condamnées à expier leurs
fautes au lieu même où elles les avaient commises;
et notre chère Sœur dut assister comme spectatrice
aux rigoureuses satisfactions que leur infligeait la
justice de Dieu. Une Prétendante destinée au rang
des Sœurs Converses, d'un caractère jugé trop dominant pour être propre à la sainte Religion, était
rentrée dans le monde après un Postulat de plu-

sieurs mois. Quand, en 1832, le terrible fléau du choléra affligea notre ville, elle vint offrir ses services à la Communauté. Nous accueillîmes son dévouement comme un bienfait de Dieu. Sans aucun soin de sa santé ni souci de ses peines, elle demeurait jour et nuit au chevet des Sœurs atteintes de la contagion, se multipliant pour suffire à tout. Quatre de celles-ci ayant succombé, laissaient autant de vides à remplir. On ne crut pouvoir mieux récompenser l'héroïque abnégation de l'ancienne Prétendante, qu'en l'admettant une seconde fois au Noviciat avec espoir que, moyennant la grâce et l'expérience, son caractère difficile se modifierait. C'était demander l'impossible à une nature aussi rebelle ; insensiblement cette nature reprit son empire, et bien des fautes contre l'humilité et la charité se manifestèrent dans les relations de la Sœur avec sa famille religieuse. Dieu l'ayant rappelée à lui, Sœur Marie-Catherine la vit cruellement souffrir, et dut souvent se faire violence pour passer près des lieux où elle savait la rencontrer. Elle l'apercevait quelquefois à la salle des Assemblées, baisant la terre devant la place de la Supérieure, en réparation des paroles de désapprobation et de murmure qu'elle y avait proférées ; d'autres fois, suivant les processions d'un air si rabaissé, si anéanti, que notre bonne Sœur ne pouvait s'empêcher de dire : « O mon Dieu, que la main de votre Justice est pesante, et la lumière de votre Vérité, pénétrante !.. » Après une année d'expiation dans le Monastère, elle apparut une dernière fois à notre chère Sœur. Ses souffrances avaient été notablement diminuées par les prières

de la Communauté. Sa tête était placée sous la
Croix de Notre-Seigneur ; mais elle ne fit pas connaître le moment de sa délivrance. — La Sacristie
fut le lieu du purgatoire d'une autre Sœur ; elle
s'y trouvait condamnée pour avoir laissé s'affaiblir
en plusieurs circonstances le respect dû au caractère sacerdotal, au contact de quelques imperfections inhérentes à notre pauvre humanité. Notre
bien-aimée Sœur la voyait dans la plus humble
posture, s'inclinant profondément devant le Prêtre
et lui faisant amende honorable, chaque fois que,
revêtant les habits sacerdotaux, il s'apprêtait à
remplir quelque fonction de son ministère : « On
ne saurait se figurer, lui disait cette âme, tout ce
qu'il me faut souffrir d'anéantissement pour expier
ma faute ! »

Notre chère Sœur Marie-Paul G*** fut, aussitôt
son dernier soupir, en communication intime et
constante avec notre Sœur Marie-Catherine qui
disait : « Je ne la vois pas, mais je la sens ; oh ! si
vous saviez combien elle m'est douce et bonne ! »
En la fête de l'Immaculée-Conception , quinze
jours après le décès, notre chère Sœur dit : « Elle
n'est point encore délivrée ; mais elle ne saurait
tarder de l'être : je la vois déjà toute céleste. » Le
dix-septième jour, souffrant de violentes douleurs
névralgiques, elle les offrait à Dieu pour le soulagement de notre vertueuse défunte, lorsque celle-
ci lui adressa ces mots : « Je vous remercie de vos
prières : elles me seront désormais inutiles. » Notre
Sœur, craignant d'être trompée par l'imagination,
répondit : « Donnez-moi, s'il vous plaît, un signe
qui m'assure de la vérité de vos paroles. » Sœur

Marie-Paul lui apparut alors comme au jour de sa mort; insensiblement son corps revêtait une beauté nouvelle, jusqu'au moment où il se manifesta transparent et glorifié.

Une de nos élèves, gratifiée de la vocation religieuse, fut inopinément retirée de pension afin de recevoir une impulsion différente. Elle s'était doucement résignée à sa nouvelle vie, qui apportait pleine satisfaction aux inclinations de son cœur, et aussi à sa vanité. Déjà, pour l'arracher à la séduction qui l'entoure, deux terribles coups ont été frappés Sa mère lui est enlevée par une douloureuse maladie, et un mois plus tard, à la même date, son père succombe à son tour. La puissante voix de Dieu, s'exprimant par la mort de ceux qui lui sont chers, ramène notre jeune orpheline à ses premiers attraits; mais la grâce s'était affaiblie, et le moment de franchir le seuil du Monastère se préparait pour elle plein de tristesse et d'angoisses. Cependant Dieu, dans sa bonté, lui avait ménagé un secours : quel n'est pas son étonnement en entendant la Supérieure lui dire peu d'instants avant son entrée : « Votre mère approuve votre détermination ; elle est apparue hier, resplendissante, à notre Sœur Marie-Catherine et a prononcé ces mots : « Courage, ma fille, Dieu sera ta récompense ! »

Les pensionnaires qu'une mort prématurée arrêtait dans leur course, non seulement recouraient à notre bonne Sœur, mais encore s'attachaient à sa personne pendant un temps plus ou moins considérable. Il lui fallait les sentir en tous lieux, dans l'exercice de ses différents emplois. La nuit, il lui arrivait d'entendre frapper près de son lit, et la voix bien connue d'une jeune fille murmurait en se nommant : « Priez pour moi ! » L'heure de la visite coïncidait ordinairement avec celle de la mort.

D'autres fois elle était prévenue d'avance du coup qui allait être frappé. Une de nos élèves était rentrée dans sa famille pour cause de santé. Bientôt se déclarait une fièvre typhoïde, et des alternatives d'espérance et de crainte tenaient ses parents dans une cruelle incertitude sur l'issue de la maladie. Deux jours avant la crise mortelle, notre chère Sœur vit, pendant son oraison du soir, un cortège de jeunes filles vêtues de blanc, accompagnant un convoi à la dernière demeure. Une couronne de roses blanches ornait le cercueil. On suivait un chemin longeant une rivière. Peu après, nous arrivait la nouvelle du décès de la jeune pensionnaire ; tous les détails donnés par notre Sœur Marie-Catherine étaient parfaitement exacts.

A la fin de sa vie, notre chère Sœur faisant allusion à toutes ses communications mystérieuses, s'énonçait ainsi : « Je vis plus dans le monde invisible que dans le monde visible ; mes pensées ne sont rappelées sur la terre que par le devoir. Je suis en commerce intime et habituel avec nos Sœurs défuntes ; elles se montrent souvent à moi, je les vois d'une vue intellectuelle, soit qu'elles s'expriment par un mot, ou par un geste seulement, j'en reçois un effet sensible, tout à fait au-dessus de la nature, et que je ne puis rendre ; je vois qu'elles puisent dans le Sang précieux de Jésus la vertu qui m'est appliquée. Je leur parle

de ce qui est encore l'objet de mes désirs, c'est-à-
dire, de ce qui intéresse la gloire de Dieu ; en dehors de cette gloire, j'éprouve une indifférence
pour toutes choses qui m'avertit que l'heure de ma
mort ne doit pas tarder de sonner ; en attendant,
je ne sais qu'aimer. »

CHAPITRE XXV

LA GUERRE ET L'AMBULANCE.

Au privilège accordé à notre chère Sœur Marie-
Catherine de plonger son regard dans la sombre
région de la souffrance, Notre-Seigneur continuait
à en joindre un autre qui n'était pas moindre :
celui de soulever le voile de l'avenir pour en découvrir les secrets à sa fidèle Servante.

Le 16 Juin 1870, jour de la fête du Saint-Sacrement, notre chère Sœur parut au Chœur comme
ravie hors d'elle-même. En sortant du saint lieu
elle alla trouver sa Supérieure et lui dit : « Ma
Mère, j'ai vu Notre-Seigneur au Très Saint-Sacrement, dans son Humanité adorable, toute
rayonnante de gloire ; ses bras étaient ouverts et
étendus vers nous. — Peut-être pour nous inviter
à aller à Lui ? — Non, ma Mère, Il semblait les
arrondir et les rapprocher, comme pour me faire
entendre : *C'est ainsi que je vous enserrerai toutes
au jour du danger.* »

Quel devait être ce danger ? Nul ne le pressentait,
sans en excepter notre chère Sœur. On se rappelle
qu'il n'était point alors question de guerre, les

premières paroles qui la firent présager ayant été
prononcées à la Chambre le 8 Juillet, et la décla-
ration à la Prusse, publiée à Paris le 15 du même
mois. Il n'entre pas dans notre plan de nous arrêter aux péripéties de cette triste guerre ; nous ne
ferons qu'en énoncer rapidement les principaux
faits, autant qu'il nous semblera nécessaire à l'intelligence du récit.

Les premiers moments furent pleins d'anxiété :
car la proximité des frontières nous exposait à un
danger réel. Durant les trois semaines qui précédèrent le commencement des hostilités, il y eut
dans les âmes de nos braves un mouvement religieux tel, qu'électrisés par une puissance secrète,
beaucoup se préparaient au combat avec la détermination d'y être vainqueurs ou d'y mourir en
chrétiens; ils ne réclamaient que des scapulaires,
des médailles, et le loisir de se confesser. On ne
savait que louer davantage, ou le zèle admirable
des Ministres du Seigneur, ou la piété de ces vaillants militaires.

Notre Pensionnat venait d'être licencié. Sœur
Marie-Catherine, privée des fonctions qu'elle y
remplissait, n'était-elle pas destinée à être plus
particulièrement encore notre Moïse ? Deux de nos
élèves qui ne pouvaient rejoindre leur famille,
partagèrent nos inquiétudes durant quelques semaines encore. Une occasion sûre s'étant présentée
pour Paris, on les dirigea vers notre premier Monastère, dont le dévouement, bien connu de notre
Communauté, ne nous permettait aucune inquiétude sur l'accueil qui leur serait fait. Les communications étaient déjà très difficiles : après une nuit

et deux jours passés en wagon, après vingt-quatre
heures de diète, les jeunes exilées ne trouvèrent
au buffet des gares qu'un peu de pain de munition
laissé par les soldats. Aussi furent-elles très heu-
reuses de se jeter dans les bras de la Très-Honorée
Mère Jeanne-Charlotte M*** qui, ainsi que ses
dévouées Filles, les reçut et les traita en vraies
enfants de la maison. Mais bientôt la position de
ce cher Monastère devenait aussi périlleuse que la
nôtre, et durant de longs mois nous dûmes ignorer quel sort lui était fait, ainsi qu'à nos chères
élèves. L'une d'elles, amenée dans notre Pensionnat à l'âge de cinq ans, orpheline, d'une com-
plexion délicate qui exigeait des soins habituels,
avait trouvé toutes les sollicitudes et la tendresse
d'une mère en notre Sœur Marie-Catherine. L'incertitude de cette bonne Sœur fut bien pénible
pendant ces jours d'anxieuse attente, Notre-Seigneur ne daignant pas l'éclairer sur ce qui faisait
le sujet de sa souffrance ! Enfin il fut donné à une
digne Supérieure de notre Institut d'apporter à
tous nos cœurs l'allègement tant désiré. Une lettre
nous annonça que nos deux exilées avaient reçu
dans notre Communauté d'Orléans le même accueil que précédemment à Paris, et dans des circonstances qui doublaient notre gratitude. Aussitôt
la nouvelle de nos premiers revers, bon nombre
de nos Monastères nous offrirent un asile, avec une
charité si vraie que se rendre à leur touchant appel
eût semblé les obliger. Allant même jusqu'à prendre les devants, ils combattaient toutes les raisons
que la délicatesse aurait pu alléguer, et protestaient
que les murs se reculeraient plutôt que de nous

laisser manquer d'espace. Les lettres que nous re-
çûmes en ces tristes circonstances, sont de celles
que notre sainte Mère de Chantal eût baisées et
placées sur son cœur; le souvenir ne s'en effacera
jamais des nôtres.

Mais pour nous faire rompre notre Clôture bénie, il n'aurait pas fallu moins qu'un ordre de l'autorité militaire, et nous crûmes un moment qu'il
nous serait intimé; mais notre Sœur Marie-Catherine répondait aux craintes de sa Supérieure,
avec un accent de pleine conviction : « Non, nous
ne quitterons pas notre Monastère ; Notre-Seigneur me l'a promis. » Oh ! comment retracer ce
que fut notre bien-aimée Sœur à cette époque désastreuse, et les secours que sa Mère reçut de sa
fidélité : prières, encouragements puisés à une
source divine, charité ingénieuse à se charger du
côté épineux de certaines négociations, et à réclamer pour sa part les soucis et les embarras ma-
tériels en des rencontres difficiles? Rien n'égalait
son concours filial dans les jours d'épreuves : à
quelque moment que sa Supérieure l'abordât, elle
la trouvait disposée; son franc sourire, son joyeux
visage semblaient dire : « Je vous remercie d'avoir
compté sur mon cœur. »

Durant neuf jours consécutifs l'Exposition du
Saint-Sacrement nous fut accordée. Avec quelle
ardeur n'allions-nous pas adorer Jésus-Hostie, et
satisfaire le besoin qui nous pressait de fléchir la
divine Justice ! Un public nombreux, des militaires
mêmes, venaient implorer avec nous le secours
du Dieu des armées, surtout à la bénédiction du
soir, où le chant du *Miserere* entrecoupé du

Parce, Domine, pénétrait toutes les âmes de l'esprit de pénitence et de réparation. Depuis lors nous continuâmes journellement nos stations au pied du Tabernacle et de Notre-Dame du Sacré-Cœur placée sur un modeste autel. Un cierge, emblème de nos persévérantes supplications, y brûlait du matin au soir. Que dirons-nous du recours fervent de notre Sœur Marie-Catherine à cette divine Mère ? il grandissait avec l'épreuve, et se faisait un droit de toutes les misères morales et physiques pour frapper avec une plus invincible confiance à la porte de son Cœur miséricordieux.

Cependant l'ennemi approchait rapidement ; on le disait près de Metz, et dans l'après-midi du 14 Août le bruit sourd du canon vint nous glacer d'épouvante. A quelques kilomètres de distance, près du village de Borny, se livrait un terrible combat. Quelle émotion pour nous en pensant que chaque coup qui venait frapper nos oreilles, ouvrait à un grand nombre d'âmes les portes de l'éternité ! La Communauté passa la nuit au Chœur, en prières, la fusillade n'ayant cessé qu'à une heure bien avancée. Le 16, une nouvelle bataille fut livrée à Gravelotte, puis le 18, à Aman-villers, batailles plus terribles que la première. L'armée, arrêtée dans sa marche sur Verdun, fut obligée de se replier sur Metz, que bientôt les forces allemandes devaient investir de toutes parts. Les convois de blessés se succédaient sans inter-ruption dans notre ville. Notre Très-Honorée Mère, pressentant l'ordre qui nous obligerait d'é-tablir une ambulance dans notre Monastère, avait écrit à Monseigneur du Pont des Loges le matin du 17 Août. Elle rappelait à Sa Grandeur la sévérité des Règles touchant la Clôture, ajoutant que les Annales de la Visitation n'offraient aucun exemple d'infraction semblable ; et pour le cas où la force nous l'imposerait, elle sollicitait humblement une autorisation écrite de la main du Prélat : car elle n'osait assumer sur elle une responsabilité aussi grave. Notre Sœur Marie-Catherine, témoin des démarches actives faites par sa Supérieure pour échapper à la mesure qui devait atteindre les Communautés religieuses de notre ville, répétait en accompagnant ses paroles d'un signe expressif : « Ma Mère, je crois que c'est une volonté de Dieu à laquelle nulle puissance humaine ne pourra nous soustraire ; et sa volonté n'est-elle pas la première de toutes les lois ? » Deux heures s'étaient à peine écoulées depuis cette affirmation, que plusieurs voitures s'arrêtaient devant notre Monastère qu'on nous sommait d'ouvrir ; un Capitaine, muni d'un ordre de l'autorité militaire, menaçait de mettre le feu si l'on refusait d'obéir. Le délai nécessaire pour recevoir la décision de l'Évêché exaspérait la population ameutée, dont les cris arrivaient jusqu'à nous. Monseigneur notre digne Prélat, qui peu auparavant avait manifesté la détermination énergique de maintenir les droits de la Clôture dans son intégrité, dut céder à la force, et, vu l'urgence de la situation, nous enjoindre d'ouvrir nos portes aux infortunées victimes de cette guerre désastreuse. Sa Grandeur disait plus tard à notre Très-Honorée Mère avec une expression toute paternelle : « Vous vouliez vous décharger sur moi de toute responsabilité ; et le bon Dieu, pour ne pas

rendre la mienne trop lourde, a bien voulu exprimer sa Volonté par la voix des évènements : elle
était tellement impérieuse qu'il n'y avait qu'à lui
obéir. »

Pendant toute la durée de ce soulèvement dont
le tumulte contrastait si fort avec la paix et le silence habituels du Cloître, notre Sœur Marie-Catherine était restée devant le saint Tabernacle. Où
les intérêts de sa famille religieuse auraient-ils pu
se négocier plus utilement ? Dès que les blessés
eurent été introduits dans le Monastère, on l'en
avertit ; elle se rendit au poste de dévouement qui
venait de lui être assigné, avec la même allégresse
qu'à ses travaux de chaque jour. En moins d'une
heure la salle d'étude, le dortoir, le réfectoire de
nos élèves furent occupés par cinquante-huit lits
disposés à la hâte ; et lorsque, vers quatre heures,
Monseigneur daignait venir en personne nous
encourager et consoler nos nouveaux hôtes, le
Pensionnat lui offrit le spectacle d'un hôpital
improvisé.

Une salle de vingt-quatre blessés échut en partage à notre bien-aimée Sœur. Elle en prit la direction, et pourvut à tout avec une étonnante liberté d'esprit : pansements, remèdes, vestiaire
avec les mille soins qui les compliquent, remplis-
saient ses journées sans rien lui ôter de son repos
en Dieu. A peine est-elle investie de ses nouvelles
fonctions, que sa santé s'améliore, et une vigueur
inaccoutumée lui permet de suffire à tous ses devoirs.
Telle est sa bonté communicative, que les soldats,
comme jadis nos élèves, en subissent l'influence.
Ils l'entourent, la pressent de questions ; chacun

a quelque adoucissement à réclamer, une crainte,
un désir à lui exprimer. Pour tous elle trouve un
mot encourageant, un sourire bienveillant ; aussi
en obtient-elle ce qu'elle veut. Une fois cependant
elle montre de la sévérité. Un blasphème a frappé
son oreille ; Dieu est offensé ! le moyen de contenir son indignation ? Oubliant alors la composition et la qualité de son auditoire : « Messieurs,
dit-elle gravement, le premier d'entre vous qui
commettra la même faute aura pour pénitence de
baiser la terre. » Et tous, après une explosion de
franche gaieté qu'autorisait cette discipline militaire d'un nouveau genre, de lui promettre de faire
leurs efforts pour se corriger. Et lorsque, par la
force de l'habitude, quelque parole de blasphème
montait jusqu'à leurs lèvres, ils s'arrêtaient court,
disant : « Taisons-nous; cela ferait de la peine à
Sœur Catherine ! » Ayant un jour menacé un ser-
gent de ne plus aller le visiter, vu qu'il ne tenait
aucun compte de certaines recommandations, celui-ci, faisant effort pour se soulever, lui dit d'un
ton grave et presque solennel : «Eh bien ! moi,
quand je serai mort, je reviendrai vous voir. » —
« Oh ! gardez-vous en bien ! » reprit-elle, interdite de cette étrange promesse.

Notre-Seigneur daignait parfois mêler ses douceurs à l'amertune des sacrifices quotidiens. Nos
nouveaux hôtes continuaient à nous édifier par
leur patience, et par ce bon esprit qui le plus souvent est l'avant-coureur de la conversion. Déjà
trois d'entre eux étaient morts munis des secours
de la Religion. Chaque jour, le Dimanche surtout,
les convalescents se rendaient à notre Chapelle

extérieure pour y assister au saint Sacrifice ; les autres récitaient dans leurs lits les prières de l'Office divin. Le digne Prêtre qui les visitait journellement, ne réclamant que la liberté du zèle, n'imposait de bornes ni à ses soins ni à son dévouement. Quinze jours après l'installation de l'ambulance, il conçut le dessein de célébrer la Messe au milieu de ses chers blessés, et de donner la sainte Communion à ceux qui en manifesteraient le désir. Grâces à l'intervention de la Très Sainte Vierge que nous avions intéressée à la réalisation de ce pieux projet, tout réussit à merveille, et le dimanche suivant, 4 Septembre, la grande salle de l'ambulance, transformée en chapelle, réunissait de grand matin, au pied d'un autel disposé à cet effet, tous nos braves soldats. La cérémonie commença par une exhortation si touchante, que plusieurs de nos invalides ne purent contenir leurs larmes. Pendant le saint Sacrifice on chanta quelques cantiques composés pour la circonstance, et fort goûtés des assistants. Mais comment décrire le moment solennel de la Communion ? Plus du tiers des soldats eut le bonheur de recevoir dans un recueillement profond notre adorable Sauveur, dont ils étaient la glorieuse conquête. On les voyait remplis de la joie silencieuse qu'apporte la divine présence ; nous l'espérons, ils auront gardé le souvenir de cette douce fête religieuse... Faut-il ajouter que ce fut un jour de bonheur pour notre Sœur Marie - Catherine, qui mit tout en œuvre afin de donner au Banquet eucharistique le plus de solennité possible. Avec quelle foi vive elle disposa jusqu'aux moindres détails, pour offrir à l'Hôte divin un cénacle digne de son amour !

Ingénieuse à trouver le moyen de secourir ses pauvres blessés, toujours aux soulagements du corps elle savait mêler les salutaires pensées de la foi. Assise au chevet des plus malades, elle leur rappelait leur première Communion, les avis de leur mère, les exhortait au bon usage de la croix, leur parlait des souffrances de Notre-Seigneur, de la mort prochaine qui les menaçait, les disposait ainsi à la réception des Sacrements, et les assistait jusqu'à leur dernier soupir. Il lui fut donné de jouir du fruit de son zèle ; neuf blessés, après être revenus à la foi de leur enfance, couronnèrent leur vie par une fin chrétienne.

A chaque nouvel épisode de cette guerre malheureuse, pillage, incendie des campagnes, menace de famine et de peste, morts gisant en grand nombre autour de notre ville, et attendant la sépulture, sombres prévisions de bombardement, derniers espoirs déçus, on sentait la tristesse gagner toutes les âmes et se manifester par une sorte de découragement. Parmi ces vicissitudes, nous tâchions de fixer fermement en Dieu seul l'ancre de notre espérance, centuplant pour ainsi dire nos actes d'adhésion, de confiance, de fidélité. Pressait-on notre pieuse Sœur Marie-Catherine de prier pour recevoir sur quelque point une sécurité plus complète, elle répondait : « Oui, nos Sœurs, je prie de tout mon cœur ; mais jamais je n'oserais le faire pour obtenir d'être délivrées des inquiétudes et des soucis qui pèsent sur le pays. Eh ! à qui donc Notre-Seigneur demanderait-Il de souffrir en esprit de réparation, si ce n'est à nous, ses Épouses ?» On se

sentait ranimé par sa sérénité constante, en présence des difficultés d'une situation dont personne
ne pouvait prévoir les conséquences ; sa douce
paix du Ciel, son silence même nous rassurait, en
pénétrant nos âmes de cette pensée: Dieu est avec
nous.

Le 12 Septembre, il y eut grand émoi dans la
ville. Des feuilles, mises en circulation par quelques prisonniers échangés, publiaient des évènements de la plus haute importance : le triste sort
d'une armée française écrasée à Sedan, l'empri-
sonnement de Napoléon III dans le Grand Duché
de Hesse-Cassel, la déchéance de l'Empire et la
proclamation de la République, la proposition de
paix, premier acte du Gouvernement provisoire,
les conditions onéreuses imposées à notre pauvre
France ! Oh ! combien l'incertitude ajoutait alors
au malheur ! Ces sinistres nouvelles furent confir-
mées le lendemain. Il n'était donc plus permis de
douter ni de la position extrême de la ville, ni des
revers de notre armée, ni de l'établissement de la
République. Chère France, humiliée sous la main
toute-puissante de Dieu, nous oubliions nos douleurs pour pleurer les siennes !...

Le Seigneur avait daigné bénir les soins prodigués à nos pauvres malades, et cicatriser les blessures de la plupart d'entre-eux ; aussi lorsque
l'autorité militaire rappela au camp tous les convalescents, notre ambulance diminua-t-elle du
tiers. Avant le départ, la touchante cérémonie du
4 Septembre se renouvela ; le saint Sacrifice fut cé-
lébré une fois encore dans la salle d'études. Il y
eut vingt-quatre Communions, et tant de dévotion

parmi tous les soldats, que le cœur de leur infatigable Apôtre débordait de reconnaissance et de joie. Il nous assura qu'ayant pu juger par lui-même du travail opéré dans ces âmes sous l'action puissante de la grâce, il comptait avec bonheur plusieurs conversions sincères et éclatantes.

Nous entrâmes dans le mois d'Octobre dédié aux saints Anges, avec la consolante pensée que toutes les Légions célestes, ayant à leur tête l'auguste Marie, s'armeraient pour notre défense; mais les moments de Dieu n'étaient point encore arrivés. La date du 5 avait rappelé à nos cœurs un souvenir cher à jamais, l'anniversaire de l'établisement de notre Monastère : nous en fêtions chaque année le retour avec une pieuse allégresse, qui cette fois fit place à l'amoureuse soumission dans l'épreuve. La ville et l'armée n'avaient plus de vivres que pour six à huit jours. L'administration municipale espérant découvrir quelques ressources alimentaires, entreprit de nouvelles et rigoureuses perquisitions à domicile. On ne nous en exempta pas; la plus grande partie de ce qui nous restait de farine nous fut enlevée. La misère affreuse de la classe indigente serait impossible à décrire; partout des voix suppliantes, des mains étendues pour solliciter un peu de pain, dont bientôt on ne put se procurer un morceau à prix d'argent. A la disette se joignaient encore les ravages de maladies contagieuses, inévitables suites de l'agglomération de la population, non moins que des souffrances morales, des privations matérielles, et de l'inclémence d'une température humide et malsaine. Réduit à cette extrême détresse, Metz restait donc seul avec le

16.

patriotisme de ses habitants, la constance de ses soldats et la prière de tous les cœurs chrétiens. Une capitulation prochaine était infailliblement l'unique terme qu'on pût entrevoir ; mais la population en demandait à grands cris le retard. La confiance de notre Sœur Marie-Catherine ne fut pas un instant ébranlée durant cet état de choses : « Ma Mère, aimait-elle à répéter à sa Supérieure, Notre-Seigneur nous garde... et nous pourrions craindre ?... Il nous ouvre ses bras, Il nous fait de son Cœur un bouclier : qu'est-ce donc qui nous pourrait nuire ?... »

Tout concourait en ces jours de tristesse à assombrir notre horizon. Le 28, les éléments parurent se déchaîner. Au milieu d'une sorte de déluge, le vent mugissait impétueusement ; il ébranlait avec fracas les toitures des maisons, des édifices ; on eût dit que tout allait se briser sous les efforts de l'ouragan, ou plutôt, que les légions infernales se livraient dans les airs un combat acharné. Ce fut durant cette tourmente que se consomma notre immense sacrifice. On était à bout de ressources comme à bout d'espoir. Notre pauvre armée, qui depuis deux mois campait aux portes de la ville, offrait le spectacle le plus navrant. Sans abri contre les rigueurs de l'air, exposés nuit et jour à des pluies torrentielles, nos malheureux soldats n'avaient pour lit de repos qu'un sol boueux ; privés de pain, ils broyaient pour se nourrir une minime ration de grains, et venaient parcourir nos rues en implorant la pitié des passants. Metz eût pu se soutenir quelques jours encore ; mais la capitulation de l'armée sans celle de la ville fut refusée.

Le 28 Octobre fut le jour douloureux qui nous sépara, hélas ! de la patrie. La consternation était générale ; nous y prenions une vive part ; la Religion surnaturalise, sans les affaiblir, les plus nobles sentiments de l'âme. Nos cœurs se détachant d'une terre qui n'était plus la patrie, s'élevaient vers le séjour immuable de la béatitude céleste, et empruntant la foi de l'Apôtre, avec lui nous disions : « *Nous n'avons point ici-bas de cité permanente.* » Le 29 Octobre à midi, les vainqueurs prirent possession des forts et de la ville. Comment dépeindre l'impression causée par la musique prussienne, triomphante et joyeuse, qui contrastait si péniblement avec la douleur universelle !

Monseigneur notre digne Evêque, après avoir obtenu que ses chères Communautés religieuses fussent allégées des nombreux passages militaires, allait être lui-même soumis à une nouvelle épreuve. Le 5 Novembre une lettre du Gouverneur prussien l'avertit qu'on se servirait, le lendemain, de l'église cathédrale pour l'exercice du culte protestant. Sa Grandeur, par une réponse, vrai chef-d'œuvre de parfaite convenance, de noble fermeté et de vive foi, exprima son juste refus. L'acte ne fut pas accompli. Un autre Gouverneur succédant au premier, témoigna même à notre saint Prélat un regret sincère de la lettre de son prédécesseur. Tous les cœurs catholiques, qui avaient frémi d'indignation en entrevoyant la profanation de l'antique basilique, rendirent à Dieu mille actions de grâces ; celles de notre Sœur Marie-Catherine égalèrent la douleur que cette désolante appréhension lui avait fait ressentir.

Nous espérions alors pouvoir rentrer dans l'observance de notre chère Clôture ; mais l'heure marquée par la Providence n'avait point encore sonné. Notre ambulance, vide des deux tiers de ses blessés, reçut un nouveau renfort ; c'étaient les malheureux invalides gisant sous des tentes à l'Esplanade, et que la charité chrétienne se faisait un devoir de recueillir. La compassion de notre si bonne Sœur s'exprimait d'une manière plus touchante encore envers eux ; les sentant plus délaissés, nulle de leurs souffrances n'échappait à sa clairvoyante charité !

Une consolation qu'il nous est bien doux de rappeler ici, fut le cordial souvenir de plusieurs de nos Monastères, dont les affectueuses missives nous parvinrent si providentiellement. Le premier salut fraternel nous arriva du foyer même de la famille, notre cher Monastère d'Annecy ; et nous ne saurions exprimer l'intime joie, l'humble et filiale gratitude avec lesquelles nous l'accueillîmes. Mais si ces lignes bénies nous consolèrent d'un trop long silence, elles nous émurent douloureusement aussi, en nous apprenant les tribulations de tant d'autres Communautés, auxquelles nous unissent les liens les plus étroits de la dilection. La connaissance de leurs épreuves avait-elle été donnée à notre Sœur Marie-Catherine, nous l'ignorons ; ce dont nous sommes assurées, c'est qu'elle en avait eu au moins le pressentiment. «Oh ! combien il faut prier pour l'Institut tout entier, disait-elle souvent ; nos peines nous paraissent grandes, et qui sait si quelques-uns de nos Monastères n'en portent pas de plus grandes encore ? » Qu'il était vif, son désir de recevoir des détails concernant ces chères familles affligées ! leurs souffrances aiguillonnaient sa ferveur et rendaient ses prières plus suppliantes et plus continuelles, surtout au souvenir des Très-Honorées Mères qu'un courageux dévouement exposait à tant de périls.

La petite Retraite qui précède pour nous la Fête de la Présentation, venait de s'ouvrir : nous espérions que le divin Maître nous mènerait avec Lui à l'écart pour y reposer nos âmes, il n'en fut rien. Les préparatifs de la sortie définitive des blessés occupèrent ces trois jours. Celui du 21 devait se clore par le sacrifice. Dès le matin nos hôtes avaient franchi la Clôture, heureux pour la plupart à la pensée de revoir le toit paternel ; mais leur départ ayant été retardé au chemin de fer, ils revenaient le soir frapper à nos portes ; nous les leur ouvrîmes, baisant la main de Dieu qui, en les ramenant, voulait sans doute éprouver notre soumission. N'avions-nous pas, le jour même, renouvelé nos promesses de fidélité à son amour ? et pour la seconde fois, notre généreuse Sœur répétait avec son constant abandon : « *Mon cœur est prêt, Seigneur, mon cœur est prêt !* » L'évacuation complète de notre ambulance n'eut lieu que le 27 Novembre, premier Dimanche de l'Avent. En nous quittant nos chers invalides nous exprimèrent leur reconnaissance en termes touchants. Ceux qui eurent le bonheur de rentrer dans leurs foyers, n'oublièrent pas les bons soins dont ils avaient été l'objet ; et plusieurs s'empressèrent d'écrire à notre Très-Honorée Mère. Quant

aux plus malades, transportés à l'hospice et relé-
gués, vu le grand nombre d'occupants, dans un
grenier froid et obscur, que de rudes privations
n'endurèrent-ils point? Par l'entremise de nos
Sœurs Tourières, quelques adoucissements purent
encore leur être envoyés.

Au milieu de ces tristes péripéties, Notre-Seigneur daignait parfois nous ouvrir une perspective
plus consolante. Le 8 Décembre 1870 , Fête de
l'Immaculée-Conception, notre Sœur Marie-Catherine vit, après avoir communié, la Sainte
Vierge revêtue d'un manteau d'une ampleur extraordinaire. Cette bonne Mère l'ouvrait pour y
abriter tous nos Monastères, ainsi qu'un grand
nombre de familles dont plusieurs étaient inconnues de notre Sœur ; elle reçut l'assurance qu'elles
y seraient gardées de tout danger. En Décembre
1871, le premier Vendredi du mois, la même lumière lui fut renouvelée, accompagnée d'une promesse formelle de protection : « Je vis la Personne
adorable de Notre-Seigneur, dit-elle, étendre les
bras vers la Communauté comme Il l'avait fait le
16 Juin 1870, pour nous assurer de son secours.
Je n'entendis aucune parole ; mais il me fut donné
une intime certitude que nous n'avions rien à
craindre, parce que Notre-Seigneur serait avec
nous au jour du péril. Je connus de nouveau que
ce serait la Sainte Vierge qui nous sauverait. »
Cette espérance la remplit d'une telle force surnaturelle qu'elle s'écriait: « Je ne m'étonne pas du
courage des martyrs : la grâce qu'ils reçoivent est
si puissante, qu'ils semblent agir en dehors d'eux-
mêmes. Ma Mère, il ne faut rien redouter, parce

qu'alors on n'est plus soi, ni pour agir, ni pour souffrir. »

Quelques mois furent nécessaires à l'assainissement du local occupé par l'ambulance. Nos âmes fatiguées d'émotions en profitèrent pour se reposer en Dieu dans le silence et la retraite ; puis l'on songea à rappeler les élèves qui, à l'époque de nos désastres, avaient spontanément quitté notre Pensionnat. Mûries par les maux de tous genres dont elles avaient été les témoins, désabusées de beaucoup d'illusions par la filiale part qu'elles durent prendre aux épreuves de leurs familles, elles rentraient dans l'arche sainte avec une appréciation plus sérieuse du bonheur qu'apporte une éducation solidement chrétienne. Sœur Marie-Catherine reprit auprès de ces chères enfants ses fonctions accoutumées, avec la même simplicité aimable que si nul incident fâcheux n'en fût venu interrompre le cours.

Cette triste époque fut particulièrement féconde en sacrifices. Le sol était mouvant sous nos pas, on ne pouvait se le dissimuler, et l'avenir devenait chaque jour plus incertain. L'élite pieuse de la société messine quittait des lieux rendus pour elle la terre étrangère. Une atmosphère lourde, présageant l'orage, pesait sur toutes les âmes ; l'heure était venue où il allait éclater. Les Ordres religieux se voyaient frappés par la loi de proscription. Les Révérends Pères Jésuites, qui possédaient si légitimement l'entière estime et le sincère attachement de toute notre ville, fermaient leur magnifique collège. Que de sentiments se pressaient dans les cœurs : regrets filials des élèves, douleur anxieuse des familles, résignation sublime des Religieux ! Les différentes Communautés de Metz qui avaient tant reçu de leur zèle et de leur dévouement, se sentaient profondément atteintes par l'arrêt de leur expulsion. Aussi, en voyant s'éloigner ces vaillants champions de la Sainte Église, pleuraient-elles non tant sur elles-mêmes que sur les intérêts de la Religion qui trouvait en eux ses meilleurs soutiens. La consternation était générale ; et cependant, disons-le, une chrétienne espérance demeura au fond de tous les cœurs.

Sœur Marie-Catherine fût-elle demeurée simple spectatrice d'un malheur qui compromettait aussi gravement la gloire de Dieu ? On l'entendait donc se plaindre à lui avec une assurance qui se fortifiait de la gravité de la situation, et le supplier d'écarter les funestes conséquences du décret qui frappait de bannissement tous les Religieux. Mais si instante que fût sa prière, il ne plut pas à Dieu de l'exaucer. C'était l'heure de la justice, et rien ne devait en arrêter le cours !... On se rappelle la tendre dévotion de notre Sœur pour la sainte Eucharistie ; c'est de ce côté que doit lui venir le trait le plus sensible. Elle sait combien l'offrande de la divine Victime est agréable à Dieu, surtout présentée par les mains de ceux qu'une immolation de leur être tout entier identifie à son Sacrifice. Elle sait aussi la valeur de cette offrande comme trésor de grâce pour les justes, expiation pour les coupables et salut pour tous. Aussi ne peut-elle voir sans une profonde douleur notre ville appauvrie de ces biens spirituels, d'un prix inappréciable aux yeux de sa foi !

Peu de temps après, Dieu voulut bien opérer
une diversion à cette sombre perspective. Le jour
de l'Assomption 1872, lorsque nous étions encore
sous le coup de l'affligeant départ des saints Religieux , Sœur Marie - Catherine priait la Sainte
Vierge avec une ferveur qu'avaient accrue nos inquiétudes sur le sort qui nous menaçait nous-
mêmes , lorsque cette divine Mère lui apparut.
« Tout en elle, dit notre Sœur, m'invitait à la confiance : je la priai beaucoup pour notre Monastère, et, la voyant si bien disposée à accueillir mes
demandes, je lui recommandai avec grande ferveur
l'Institut tout entier. Notre-Seigneur dans sa divine Humanité apparut aussitôt. Je n'ai jamais vu
la Sainte Vierge sans que sa présence ne fût l'annonce assurée de celle de ce doux Sauveur ; tout
se traite alors entre le Fils et la Mère ; que pourrais-je dire? ce m'est assez de me tenir à l'écart
dans mon néant. Je vis une multitude de Religieuses de notre saint Ordre, agenouillées dans une
plaine , le visage tourné du côté de l'apparition.
La Sainte Vierge les montrant à son Fils lui adressa ces paroles : « *Voilà les Filles du Bienheureux
François de Sales qui réclament votre protection,* »
et Notre-Seigneur répondit avec une douceur ineffable : « *J'étendrai ma protection sur toutes celles
qui sont présentes.* »

CHAPITRE XXVI.

AUTRES VISIONS PROPHÉTIQUES DE MARIE-CATHERINE.

Cette manifestation surnaturelle d'une vérité cachée ou d'un secret divin, que déjà nous avons rencontrée en quelques faits particuliers et isolés, nous allons la considérer dans ses rapports avec la conduite de Dieu sur les prévaricateurs de sa loi, et avec les châtiments terribles que devait exercer sa Justice, non plus seulement sur les individus, mais sur les masses entières.

Quelques visions, parmi lesquelles trois sont un peu antérieures à celle qui est rapportée à la fin du précédent chapitre, étaient de nature à affermir la confiance, par une promesse de spéciale protection : notre bonne Sœur priait tant pour sa famille religieuse ! C'est qu'après Dieu et les intérêts de sa gloire, il n'était point en son âme de sentiment aussi vif que l'amour de sa Communauté. Le plus grand nombre cependant de ces visions eurent pour objet de fournir un aliment nouveau à son esprit de réparation. La politique, on le verra, fut absolument étrangère aux com-

munications que reçut cette humble Servante de
Dieu.

Le 3 Décembre 1871, Notre-Seigneur daigna
faire passer sous ses yeux le consolant tableau de
l'ère nouvelle, à laquelle devait aboutir le chemin
de la tribulation tracé par sa divine Justice. « Je
me trouvais au Réfectoire, dit notre Sœur Marie-
Catherine rendant compte de cette vision, et je demandais intérieurement pardon à Notre-Seigneur,
de m'être laissée, pendant quelques minutes,
distraire de sa sainte présence. Ce divin Sauveur
m'apparaissant, me répondit avec une incomparable douceur : « *Eh bien, moi, je pense toujours
à toi*, et, étendant le bras, Il ajouta : *Regarde.* »
Je vis alors une grande quantité de personnes assemblées dans une vaste plaine, au-dessus de laquelle s'amoncelaient des nuages menaçants. Bientôt éclata l'ouragan le plus furieux. Nul abri pour
s'y réfugier; la foudre, en tombant, faisait de
nombreuses victimes. Celles qui n'étaient point
atteintes, plus mortes que vives, se préparaient au
même sort. Insensiblement cependant, la tempête
se calma; le ciel redevint serein ; une magnifique
campagne, ornée de la plus riche végétation, s'offrit à mes yeux. Je n'avais jamais rien vu de si
beau en notre triste monde ; et je croyais retrouver
une image du paradis terrestre, tel qu'il était avant
la chute de l'homme. Je marchais d'enchantements
en enchantements, oubliant les douleurs passées,
quand des nuages, couvrant de nouveau le ciel,
présagèrent un orage plus épouvantable encore
que le premier. En moins de quelques instants,
une obscurité profonde enveloppa la terre, et de

sinistres éclairs, sillonnant la nue, rendaient plus effrayante l'horreur des ténèbres. Il me fut dit alors que ce que j'avais vu était l'image de notre pauvre France : pour elle allaient commencer les jours de l'épreuve, jours de terreur et d'effroi; mais ils seraient suivis d'un si merveilleux triomphe pour la Religion, que jamais on n'en aura contemplé un semblable ; néanmoins la durée en devra être courte.... » Ainsi, après avoir permis à notre humble Sœur de jeter un regard ravi sur le magnifique tableau des miséricordes divines, Notre-Seigneur lui faisait entendre la grande voix de sa Justice, et imprimait à son âme une sainte frayeur, en lui découvrant avec quelle exacte rigueur elle réclame ses droits.

Le 15 Janvier 1872, pendant la Messe de Communauté, notre chère Sœur priait pour la France. — « *Mon peuple ne se convertit pas*, lui dit Notre-Seigneur ; *c'est pourquoi il sentira tout le poids de ma Justice ; et ce ne sera qu'après l'avoir satisfaite qu'il redeviendra l'objet de ma Miséricorde.* » Ces paroles furent comme un glaive qui perça douloureusement le cœur de notre Sœur, en même temps qu'une vive lumière éclairait son esprit sur la mission des âmes religieuses pour le salut du monde. Elle en fut si pénétrée que toutes ses paroles étaient une pressante excitation à la prière, au sacrifice et à un don toujours plus complet de soi-même : « Ah ! donnons tout ! et prions !... la prière, accompagnée du sacrifice, désarme Notre-Seigneur ; elle change les arrêts du Ciel. Nous ne connaissons pas assez notre puissance sur Dieu même. »

Ces vues redoublèrent d'intensité durant le Carnaval qui suivit, et le 12 Février 1872, Dimanche des Quarante-Heures, elle exposait à Notre-Seigneur les maux de la Sainte Église, le suppliant de prendre en pitié le monde, lorsque ce divin Sauveur se présentant à elle, lui dit : « *Mon peuple multiplie ses outrages ; vois en quel état il réduit mon Cœur ;* » et, lui montrant ce Cœur divin, ensanglanté et déchiré, Il continua : « *Je ne ferai grâce à ce peuple ingrat que lorsque les prières et les bonnes œuvres auront cicatrisé mes plaies et apaisé ma Justice irritée.* » Je compris alors deux choses, dit notre chère Sœur : la première, que le moment de la délivrance, moins prochain qu'on ne le suppose, sera précédé de terribles châtiments ; la seconde, que chaque âme est appelée à prendre sa part des souffrances qui doivent former la grande expiation. Je fus distraite à ce moment par une toux croupale qui me semblait venir de la tribune des pensionnaires ; une inquiétude dont je ne puis me défendre, me saisit ; je me lève, pour aller soulager l'enfant qui souffre, lorsque Notre-Seigneur me dit : « *Reste, c'est mon ennemi qui veut te détourner de ma présence.* » La ruse démasquée, la toux cessa aussitôt. »

On a pu se convaincre qu'un des traits saillants de la mission de notre dévouée Sœur était de se présenter devant Dieu comme avocate des pécheurs, et de plaider leur cause avec toutes les ressources que peut suggérer la plus ardente charité. Plusieurs fois cependant on la vit s'identifier aux arrêts de cette divine Justice, se taire, se livrer, s'anéantir dans un silence d'adoration, sans trouver en soi la faculté de formuler aucune prière pour en détourner le cours. — Le jour de la Visitation 1873, une immense plaine s'étendait sous ses yeux ; elle était couverte d'un nombre incalculable de Vierges de tous Ordres, au milieu desquelles elle reconnut notre Très-Honorée Mère et Fondatrice Marie-Thérèse de Tholozan ; ce qui lui fit comprendre que l'Église triomphante s'unissait à l'Église militante pour fléchir Notre-Seigneur : « *Mes bras s'appesantissent*, disait le Sauveur, *je ne puis plus les soutenir ;* » et dans leur mouvement ils décrivaient une ligne oblique, comme pour nous tenir à l'écart ; au-dessous se voyait une masse compacte de têtes noires, affreuses, et je connus que c'étaient celles des impies. O Dieu ! m'écriai-je, quelle prière apaisera votre juste colère ? — *Celle du Jardin des Oliviers*, me fut-il répondu. »

Un jour du mois de Juin 1874, pendant qu'on lisait au Réfectoire une lettre de notre Bienheureuse Sœur Marguerite-Marie à la Très-Honorée Mère Marie-Françoise de Saumaise, où se trouve exprimée la demande formelle de Notre-Seigneur que la France soit consacrée à son Cœur par un vœu solennel, notre aimable Sauveur apparut à Sœur Marie-Catherine et lui montra ce divin Cœur environné de flammes ; de l'extrémité de ces flammes semblaient se détacher des épis de blé que leur poids inclinait vers la terre. Elle ne comprit pas la signification de ce symbole ; mais, ne se permettant point de laisser son esprit s'exercer sur ce qu'il ne plaisait pas à Dieu de lui découvrir, elle s'anéantit et adora. — Le lendemain Notre-Seigneur lui apparut une seconde fois, au même lieu et sous la même figure; les épis seulement avaient disparu : « *J'ai voulu*, lui dit-Il, *te faire connaître par ce signe l'efficace de tant de prières qui montent vers moi.* »

Le récit de la persécution croissante qui, en Allemagne, sévissait contre les Ordres religieux, les scènes si émouvantes qu'amenait chaque jour leur expulsion du sol de la patrie, les tentatives souvent infructueuses pour trouver un abri sur une terre plus hospitalière, tout cela navrait nos cœurs. A la compassion qu'excitait le triste sort des malheureuses victimes à qui le lien religieux nous unit si étroitement dans la charité de Jésus-Christ, venait aussi se mêler un sentiment personnel, et cette redoutable question se posait devant notre esprit : la même sentence ne nous atteindra-t-elle pas ? Ne serons-nous pas obligées, nous aussi, de prendre le chemin de l'exil ? La Supérieure ayant enjoint à notre bonne Sœur de demander à Notre-Seigneur qu'Il voulût bien nous conserver dans notre chère Clôture, par obéissance elle le fit et reçut du divin Maître l'assurance que nous ne la quitterions pas : « Mon Dieu, lui dit-elle avec son inimitable simplicité, comment être sûre que c'est vous qui me parlez ? Donnez-m'en une preuve, s'il vous plaît. » Aussitôt, elle peut se mettre à genoux, baiser la terre, se relever sans appui ; ce qui lui était absolument impossible depuis plusieurs années, et qui dans la suite ne put se renouveler.

Le 24 Mars 1875, Notre-Seigneur lui réitéra l'assurance de sa présence spéciale au milieu de nous au jour de l'épreuve, par ces paroles pleines de tendresse : « *Je vous porte toutes dans mon Cœur.* » Le lendemain une nouvelle alarmante arrivait jusqu'à nous : le projet de loi sur la suppression des couvents dans ce pays. Le Sauveur Jésus, dans sa bonté, avait averti notre Sœur afin d'atténuer l'effet pénible de cette annonce, à laquelle il ne fut pas donné suite.

Vers la même époque Notre-Seigneur lui montra, dans une immense plaine, son peuple partagé en deux camps. Les méchants formaient une multitude compacte ; ils étaient infiniment plus nombreux que les bons. Ceux-ci tenaient en leurs mains des flambeaux allumés. Une belle et vive lumière était le partage des fervents ; une lumière faible et vacillante, celui des tièdes et mal affermis dans la foi : « Bientôt, dit-elle, je vis une partie de ces derniers passer du côté opposé, et leurs flambeaux s'éteindre tout à fait. Quelques-uns s'efforçaient de revenir à leur point de départ, leurs flambeaux conservant encore un reste de lueur ; mais que d'obstacles, de dangers et de souffrances pour y arriver ! Oh ! s'écriait-elle, qu'il est difficile à l'âme qui a abandonné la bonne voie, d'y rentrer, et que le nombre de celles à qui cette grâce est accordée est petit ! »

Le 18 Avril 1875, elle vit un lieu s'étendre indéfiniment, et à l'horizon, des peuples de différentes nations exécuter d'immenses préparatifs de guerre : « Je suivais des yeux, rapporte-t-elle, le mouvement, l'agitation, j'entendais le cliquetis des armes, le bruit pesant des canons auxquels on faisait prendre leur position. Au milieu de la plaine, une bête épouvantable recevait les honneurs de la multitude : et Jésus, non loin de là, la corde du criminel au cou, était rudement poussé en tous sens. Bientôt des hommes, vrais suppôts de Satan, essayèrent d'assouvir leur rage sur cet Agneau plein de douceur. Ils lui coupèrent les membres avec une cruauté inouïe ; mais ne pouvant supporter cette vue, je me détournai saisie d'horreur !... Il me fut montré que ce crime effroyable est celui du monde entier qui veut bannir Notre-Seigneur de l'univers, rendre son Nom un objet d'exécration, l'effacer à force de mépris de la mémoire des hommes, l'anéantir ; et, ne pouvant l'atteindre Lui-même dans les splendeurs de sa gloire, on s'en prend à la sainte Église, son corps mystique, où il peut toujours être humilié et souffrir. »

Le lendemain la même vue, plus saisissante encore que celle de la veille, lui fut réitérée à l'oraison. Dans sa douleur elle répandit des larmes abondantes : « Ce qui attend le monde est terrible, disait-elle ; ce ne sont pas des hommes qui se mesureront avec d'autres hommes, c'est Dieu lui-même, par le ministère de ses Anges, qui combattra les légions infernales. J'ai connu que les justes devront à une prière incessante de n'être point ébranlés. Si l'on savait combien Dieu réclame de fidélité de ses Épouses en ces jours où sa Justice s'exercera avec tant de sévérité sur la terre !... Je lui demandais de mourir... mais après ce que j'ai vu, je ne le demanderai plus ; je préfère vivre encore pour partager les souffrances de nos Sœurs, et jusqu'à la fin, s'il lui plaît, m'offrir à lui comme une victime d'expiation. »

Le 10 Septembre 1875, à l'oraison du matin, c'est la terre désolée qui s'offre à ses regards : « Tout, autour de moi, avait un aspect de tristesse et de deuil, et Notre-Seigneur m'adressa ces paroles : « *La France dort ; les uns dorment d'un sommeil de cupidité, les autres, d'un sommeil de mollesse, d'impiété, de tiédeur ou de mort !* » Alors Notre-Seigneur prenant une branche dans sa main, et formant un signe de croix sur l'espace : « *France*, dit-Il, *lève-toi de ce sommeil de mort !* » Et à l'instant, sur la vaste étendue qui m'était montrée, tout changea de face, tout fut ravivé, sur les visages se peignit l'allégresse ; et, en voyant cet épanouissement universel, je pensai : Oh ! comme Dieu aime la France ! et j'eus le pressentiment de notre salut. »

Ces visions ranimaient l'espérance de notre chère Sœur en une ère nouvelle et florissante pour la Religion. Interrogée à ce sujet, elle répondait simplement : « Notre-Seigneur ne m'en a jamais fait connaître l'époque précise ; je n'en puis donc parler que d'après une impression sans autre valeur que mon opinion personnelle. Dieu ne mesure pas le temps comme nous ; une année de souffrance nous paraît un siècle, et mille ans sont devant le Seigneur comme le jour d'hier. Mais alors même que j'aurais été instruite du moment des miséricordes divines, je ne m'appuierais pas sur cette circonstance ; je sais trop l'influence de la prière sur les desseins de Dieu ; elle adoucit les sentences de sa Justice, et abrège la durée des châtiments. »

Le 5 Janvier 1876, la personnification la plus

complète de la prière lui fut montrée : « Je vis en esprit, dit-elle, une élévation sur la cime de laquelle Moïse, les bras étendus, les yeux fixés vers le Ciel, semblait vouloir faire violence à Dieu par la ferveur de ses supplications ; à ses pieds, deux armées rangées en bataille se disposaient au combat. Dans celle des méchants j'entendais circuler un sourd frémissement de colère, des murmures et des imprécations mal contenues : « *Vois leur rage*, me dit Notre-Seigneur, *ils voudraient m'anéantir.* » Au même instant j'en reçus une impression passagère dans mon âme : c'était quelque chose de si infernal, que nulle parole ne le saurait rendre. Tournant alors mes regards du côté des bons, je vis bien des hommes dont les cœurs étaient sincèrement dévoués à la cause de Dieu et de l'Eglise, disposés à en défendre les droits au péril de leur vie ; mais, hélas ! un nombre incomparablement plus grand de chrétiens faibles, indécis, flottant entre les intérêts de leur foi et ceux de leur ambition ; les bruits confus qui de ce côté arrivèrent à mes oreilles, me confirmèrent la grandeur du péril ; et une fois de plus, je compris que notre salut ne viendrait que de la prière : oui, sans une prière incessante, nous sommes perdus ! »

Enfin le 11 Septembre 1876, pendant la Messe de Communauté, l'Humanité-Sainte de Notre-Seigneur lui apparut de nouveau sur les degrés de l'autel, et de sa bouche adorable s'échappèrent ces paroles : « *Je prendrai soin de cette maison ; mais prie pour le monde !* »

CHAPITRE XXVII

Cependant Sœur Marie-Catherine était arrivée à cet âge où l'existence se dépouille de ses joies et de ses appuis, comme à l'arrière-saison nos campagnes se dépouillent de leurs fleurs et de leurs fruits. Dieu, pour la purifier et l'élever de plus en plus au-dessus du sensible, ajoutait les opérations crucifiantes de sa grâce à celles que la nature impose à cet âge avancé. Les dons qu'il avait répandus en elle avec tant de prodigalité, il ne les départ plus qu'avec mesure, comme s'il craignait que la continuité et l'excellence de ces faveurs ne nuisissent au parfait anéantissement qui devait marquer le déclin des jours de sa fidèle Servante. Ayant donné tant à cette âme généreuse, il voulait tout lui ôter, et, en effet, il ne lui laissait rien que la joie de rendre à son Bienfaiteur ce qu'elle en avait reçu. « Vous seul, ô mon Dieu ! se plaisait-elle à lui dire, rien que vous ; vous seul me suffisez ! Tout le reste est à vous ; prenez ce que je ne sais pas, et que je voudrais tant vous offrir si je le connaissais ! » Et Dieu venait, le glaive

à la main, pour extirper jusqu'à la dernière racine
de satisfaction personnelle cachée dans les replis
du cœur. La même présence de Notre-Seigneur
lui était continuée, mais séparée des délicieux
transports et des joies ravissantes que par le passé
elle ne pouvait contenir. Toute grâce, si élevée
fût-elle, semblait environnée de souffrance. De
fois à autres cependant, Dieu faisait luire à ses
yeux un reflet lointain de sa gloire; Sœur Marie-
Catherine le recevait simplement, le laissait passer
sans regrets : Dieu n'est-il pas supérieur en splendeur et en beauté à toutes les merveilles de sa
grâce? — Retraçons les dernières illuminations surnaturelles dont fut favorisée notre chère Sœur. Encore un peu de temps et ces lumières feront place
à celles de la vision intuitive... pour une éternité !

Au mois de Mai 1877 on fêtait la présence de l'Empereur d'Allemagne dans notre cité. On avait formé le projet d'installer une grande illumination sur
les tours de notre antique Cathédrale. En vain le
Conseil municipal, ainsi que plusieurs membres du
Chapitre, exposèrent-ils les motifs les plus plausi-
bles pour obtenir qu'on y renonçât, les préparatifs
ne laissèrent pas de se poursuivre avec activité ; et
le soir, la foule, attristée par de sombres pressentiments, contemplait avec un mélange d'admiration
et d'effroi un spectacle dépassant tout ce qui avait
été jusqu'alors offert à ses yeux. Quelques heures
plus tard, un tintement lugubre annonçait un incendie : c'était la Cathédrale qui brûlait. On essaierait vainement de se figurer la scène épouvantable
que présentait l'embrasement de ce gigantesque
édifice. A la première nouvelle du sinistre, notre

fervente Sœur s'était agenouillée devant une image de la Sainte Vierge ; et là, elle avait tiré de son cœur une de ces prières de foi assez puissantes pour obliger Dieu à changer en quelque sorte le cours des évènements. Elle se relève, sûre d'être exaucée, et se dirige vers une fenêtre d'où elle contemple les ravages de l'incendie. Déjà le feu a gagné les tours, on constate avec terreur que celle qui supporte la flèche et dans laquelle se trouve la Mutte [1], est atteinte ; et l'on se demande avec anxiété quelles seraient les conséquences de sa chute. D'un coup d'œil notre Sœur Marie-Catherine a mesuré l'imminence du péril, et, se tournant vers sa Supérieure elle lui dit d'un ton calme et plein de certitude : « Les ravages du feu n'iront pas plus loin ; la Sainte Vierge gardera ce qui reste, Elle me l'a promis. » Et plus tard elle ajoutait : « Je n'ai jamais eu une plus forte espérance d'être exaucée. » Bientôt après, la voix du Sonneur se fait entendre : « La tour est sauvée !... » et de toutes les poitrines de la foule frémissante part ce cri répété : « La tour est sauvée ! » Il était temps, un moment plus tard, la Mutte, entraînant la tour, effondrait l'édifice.

Dès le début du sinistre, l'Empereur s'était transporté sur la place ainsi que le Prince Impérial. Tous deux paraissaient très affectés. Mais que dirons-nous de la douleur de Monseigneur du Pont des Loges, notre saint Évêque? Sa pensée fut la première dans tous les cœurs, son nom, sur toutes les lèvres !... Des larmes inondèrent son visage à

---

[1] Bourdon communal du poids de 11,000 kilogrammes.

l'annonce du malheur ; et quand il parut dans sa chère Cathédrale pour constater les ruines encore fumantes, on se précipitait sur son passage, pleurant et réclamant sa bénédiction. Notre bien-aimé Pasteur, objet d'une vraie ovation, fut ainsi accompagné par plusieurs centaines de personnes jusqu'à son palais épiscopal. Nous n'ajouterons pas à ce rapide récit la peinture de notre propre effroi. Pour le comprendre, il suffira de savoir que la Cathédrale n'est séparée de notre Monastère que par une très petite distance, et que nous étions, à peu près de tous les points, spectatrices de cette épouvantable scène. Nous eûmes la consolation d'abriter durant quelques jours le Très Saint-Sacrement dans notre Sanctuaire. Un pieux boulanger, quittant à la hâte son travail et n'écoutant que sa foi, suivit, un flambeau à la main, jusqu'à notre église le Prêtre qui portait son divin Maître.

On le voit, la prière de notre chère Sœur était vraiment un cri de l'âme qui s'élançait jusqu'au cœur de Dieu pour y arrêter les traits de la justice. Cette prière tirait sa force de la véhémence et de la vivacité de son amour. Elle devenait un instrument puissant de vie apostolique pour la Sainte Église. En effet, tous les membres de cette grande famille ne forment-ils pas le corps mystique dont Jésus-Christ est à la fois le chef et le cœur ? N'est-ce point de Lui que s'épanche la grâce pour animer le corps tout entier ? Elle gémissait tant des épreuves auxquelles l'Épouse du Christ est en butte en ces temps troublés par les habiletés sataniques ! Aussi, sachant que la souffrance qui répare et expie, fait sa force, elle s'y livrait pleinement afin de renverser, en quelque sorte, les digues qui arrêtent le débordement de la miséricorde sur le monde.

Sœur Marie-Catherine jouit dans une de ses visions du magnifique spectacle du triomphe de Notre-Seigneur; « Il n'avait fait que passer, mais jamais, dit-elle, nulle manifestation de gloire céleste n'était approchée de celle-là. » Quand arrivèrent les derniers mois de l'existence de notre Sœur, on lui disait : «Vous ne mourrez point sans doute avant que vos yeux n'aient contemplé la glorieuse victoire de Notre-Seigneur sur ses ennemis. — Ah ! répondit-elle, que nos vues sont courtes et éloignées de celles de Dieu ! Nous prenons toutes choses dans le sens positif et qui peut connaître les moments qu'Il a choisis ? » Le Pape étant le chef de l'Église destiné à perpétuer l'œuvre de sanctification de l'Esprit-Saint dans le monde, elle offrait pour lui la meilleure partie de ses oraisons et de ses souffrances. Sœur Marie-Catherine vénérait donc avec un tendre amour l'auguste Pontife Pie IX, de qui Dieu s'était servi pour accomplir de si grandes choses, et elle demandait avec ardeur la prolongation de sa vie. Or, des bruits alarmants circulaient sur sa santé ; on se refusait à y croire, ils avaient été démentis si souvent. Cependant l'heure approchait où Dieu allait couronner tant de travaux endurés pour sa gloire, et tant d'immolations acceptées avec une mansuétude qui semble n'avoir été surpassée que par celle du Sauveur. Le 7 Février 1878 nous arrivait la si affligeante nouvelle pour tous les cœurs catholiques : Pie IX n'était plus! Notre Sœur en éprouva une peine

profonde et toutes ses supplications eurent dès lors
pour objet la prompte délivrance de ce Père commun des fidèles, si la sainteté de Dieu exigeait encore quelque expiation. Peu de temps après, pendant la Messe de Communauté, elle vit le Pape
monter au Ciel, entouré d'un cortège magnifique,
qui lui paraissait, proportion gardée, rappeler celui de Notre-Seigneur au jour de son Ascension.
Elle n'en dit pas davantage et nous nous abstîn-
mes de la questionner. Les cinquante-deux Saints
que Pie IX a canonisés, les vingt-six qu'il a béati-
fiés, et les deux cents Martyrs japonais placés aussi
au rang des Bienheureux, ont-ils eu mission d'assister à sa mort, et de l'introduire au séjour des
Élus ? La Vierge Marie dont sa parole *infaillible*
a proclamé la Conception immaculée, saint Joseph
déclaré par lui Protecteur de l'Église universelle,
n'ont-ils pas largement reconnu, dans la gloire,
tout ce qu'ils avaient reçu de son zèle et de sa
piété ? Et pour ne parler ensuite que de ce qui nous
est particulier, quel accueil lui auront fait notre
Bienheureuse Sœur Marguerite-Marie pour l'extension du culte du Sacré-Cœur, et Saint François
de Sales honoré par lui du titre glorieux qui donne à sa doctrine une si grande autorité ! Le vénéré
Pontife aimait tant cette doctrine ! il en nourrissait
journellement son âme. Quelle n'aura pas été la
rencontre de ces deux Saints dans la lumière et
dans la béatitude de l'éternel amour !...

Le 13 Décembre suivant, une fête de famille
toute consolante nous réunissait autour de notre
vénérable Sœur à l'occasion du cinquantième anniversaire de sa Profession. Les débuts de sa vie

religieuse s'étaient annoncés pleins d'espérances
que la réalité avait dépassées encore. Arrivée à son
déclin, elle possédait, sans altération aucune, toute l'aimable vivacité de son esprit, la jeunesse de
son cœur, la naïve simplicité de ses commencements, à laquelle venait s'ajouter le mérite d'une
vertu consommée. Sans doute le Ciel s'associa à
notre joie ; et Jésus, qui depuis tant d'années honorait cette âme fidèle d'une si étonnante familiarité, réserva pour ce jour quelque avant-goût de
l'éternelle félicité : ce fut le secret de l'Épouse,
elle ne l'a point révélé. Notre bonne Sœur accueillit avec la plus cordiale condescendance tous nos
témoignages d'affection. Depuis huit heures du
matin jusqu'au soir, parée d'une couronne blanche, symbole de sa virginale alliance avec Jésus-
Christ, elle fut l'héroïne de la journée. On mit
tout en usage pour passer aussi joyeusement que
pieusement cette douce fête de reconnaissance et de
sainte allégresse.

En voyant notre vénérable Sœur atteindre ce
grand âge dans la plénitude de ses facultés et la
perfection croissante de sa vertu, instinctivement
nous redoutions l'approche du terme qui devait la
ravir à notre tendresse. Et cependant, un nouveau
sommet, plus escarpé et plus rude que les précé-
dents, allait encore s'offrir à sa générosité.

Avec les années, l'impuissance physique s'imposait chaque jour davantage à sa nature ardente. Il
lui en coûtait beaucoup de se sentir condamnée à
une sorte d'inaction, alors que tout, autour d'elle,
semblait réclamer son active coopération et les
fruits d'une expérience acquise par un si long

exercice : « Mon Dieu, disait-elle, se plaignant à
Notre-Seigneur d'une rigueur à laquelle elle n'était
pas accoutumée, déjà j'entrevois le Ciel et je suis
prête à m'y élancer ; je crois posséder cet unique
objet de mes désirs, et toujours vous prolongez ma
vie ! Encore si c'était pour me dépenser à votre
service, mais non, c'est pour mener une vie languissante et inutile ! » En vain déployait-elle toute l'énergie de sa volonté pour secouer cette langueur ; le corps, naguère serviteur si docile de
l'esprit, ne lui prêtait plus maintenant qu'un faible
secours. Toutefois ce qui était refusé à notre fervente Sœur du côté de l'action, lui était rendu
avec large compensation du côté de la souffrance. S'affligeant pendant une de ses retraites
annuelles de ce que l'excès de ses maux la privait
de la liberté de s'occuper de Notre-Seigneur : « Mon
Jésus, disait-elle amoureusement, vous m'ôtez
tout, jusqu'à vous-même ! » Le divin Maître, faisant alors passer sous ses yeux une longue suite de
misères physiques et morales, l'avertit qu'Il ne la
laissait plus sur la terre que pour souffrir. Oui,
souffrir et prier pour les pécheurs devaient être
désormais pour cette vraie Amante de la Croix les
seuls adoucissements compatibles avec les tristesses de l'exil.

Un jour que, réduite à l'extrémité, elle semblait
près de rendre le dernier soupir, reprenant ses
sens, la première parole qu'elle prononça fut celle-
ci : « Ma Mère, oh ! que j'ai été proche de mon
Éternité ! Je me disposais à la mort par des actes
intérieurs, lorsque deux de nos Sœurs défuntes
sont venues m'apprendre que la volonté de Dieu

est de me laisser encore sur la terre pour souffrir. »
Le lendemain, pendant la sainte Messe, les deux
Religieuses qu'elle n'avait pas reconnues, lui ap-
parurent de nouveau, éclatantes de beauté et de
splendeur ; la première était notre bien-aimée
Sœur Déposée Marie-Thérèse Dorr, et la seconde,
notre vertueuse Sœur Marie-Victoire Pépin. —
Se trouvant une autre fois accablée par un redoublement de souffrances, comme on voulait lui faire
prendre quelques soulagements : « Ma Mère, dit-
elle, ils seront inutiles : le moment de ma mort
n'est pas éloigné. Le Samedi-Saint, au son de la
cloche de la Résurrection, Notre-Seigneur m'a
avertie que je l'entendais pour la dernière fois. »
Sa Supérieure, appréciant la grâce de posséder
dans la Communauté une âme aussi chérie de
Dieu, fit beaucoup prier afin d'obtenir la révoca-
tion de la sentence redoutée. Bien que ce fût à
l'insu de notre Sœur Marie-Catherine, celle-ci
vint un jour trouver sa bonne Mère et lui dit :
« On a prié, et je sens qu'on est exaucé ; ma vie
sera prolongée ; mais une autre victime doit être
choisie. » Il en fut ainsi : peu de temps après, notre chère Sœur Infirmière, atteinte d'une inflam-
mation de poitrine, succombait contre toute pré-
vision. Durant le cours si rapide de la maladie
notre Sœur, témoin de la douleur de sa vénérée
Mère, ne cessait de lui répéter : « L'arrêt en est
porté, Dieu le veut : pourquoi, ma Mère, avez-
vous tant fait prier ? » Voir se poursuivre son exil,
alors que Dieu avait marqué du doigt le moment
qui en devait arrêter le cours, fut pour elle l'occasion de faire l'acte d'une soumission peu com-

mune. Ses vœux ardents s'exprimaient ainsi : « Oh !
que je voudrais donc contempler enfin ce Jésus
qui est ma vie, l'unique bien de mon cœur ! Oh !
quand je vous verrai, Jésus, je tomberai à vos
pieds, je les arroserai de mes larmes, je les couvri-
rai de mes baisers ; et je m'attacherai si étroitement à vous, que rien ne m'en pourra séparer ! »

Sa vie n'était plus qu'un soupir, qu'une brûlante aspiration vers la céleste Patrie. Quelque
tour que prît la conversation, on était sûr de la
voir aboutir à ce sujet favori, le Ciel. « Avez-vous
jamais compris, disait-elle, ce que c'est que de
voir Jésus, non un instant, et dans l'obscurité où
Il se plaît à se cacher pour se rendre accessible à
nos yeux, mais toujours, face à face, dans la lumière et l'amour ! » Et, pour consoler sa longue
attente, elle tirait de sa faiblesse même de nouveaux motifs d'espérance : « Il est impossible qu'un
état semblable se prolonge ; la vie insensiblement
m'abandonne ; le plus léger souffle suffirait pour
l'éteindre. Cependant, Seigneur, si, par des vues
qui me sont inconnues, il vous plaisait de la soutenir ainsi, et de me laisser comme suspendue entre
la vie et la mort, *fiat ;* votre sainte Volonté avant
tout, par-dessus tout ; mes souffrances devraient-
elles s'augmenter sans mesure, et durer indéfiniment, *fiat* pour aujourd'hui, *fiat* pour jusqu'à la
fin du monde, s'il vous plaisait ainsi ! »

Dieu exigea d'elle un acte d'abandon plus élevé
encore, parce qu'il renfermait un sacrifice complet de
ses intérêts spirituels. Un jour qu'elle était demeurée durant une heure et demie privée de parole et
de connaissance, le monde extérieur avait disparu à

ses yeux, tandis qu'elle se rendait un compte fidèle du danger où elle se trouvait de mourir : « Mon
premier désir en cet état, dit-elle, avait été de recevoir les derniers Sacrements ; puis je pensai : mon
Dieu, au-dessus de tous les secours dont vous for-
tifiez l'âme au moment de son passage du temps à
l'éternité, je place la grâce d'un abandon entier à
toutes les dispositions de votre adorable Providence : ce qu'elle a déterminé pour moi, je l'accepte
dans toute son étendue ; pourvu que j'expire en
l'acte de ce parfait abandon, cela me suffit ; le reste vous appartient. »

La Sainteté de Dieu, dont elle avait si souvent
reçu l'impression, ne lui permettait pas de se faire
illusion sur les droits exercés par son inexorable
Justice en Purgatoire ; mais une confiance aveugle
et inébranlable l'assurait que Notre-Seigneur ne
pourrait la condamner à être séparée de Lui, et
que le pur amour consumerait les imperfections
inhérentes à sa fragilité. « Dieu donnera à mon
amour une telle intensité quand je quitterai l'exil,
disait-elle, que Jésus me recevra dans ses bras, je
reposerai sur son Cœur ; cette espérance, rien
ne saurait me la ravir. Eh quoi ! mon Dieu, vous
auriez usé à mon égard d'une si étonnante miséricorde pour faire une œuvre inachevée ? oh !
je ne puis le croire ; n'est-ce pas la fin qui couronne l'œuvre ? j'espère donc, d'une foi ferme, cette
fin digne de vous : mourir dans l'acte de votre pur
amour ; ma confiance vous plaît ; c'est vous-même,
je le sens, qui la mettez en mon cœur. » Interrogée un jour sur l'impression que lui laissait cette
parole de la sainte Écriture : « *Il est terrible de*

tomber entre les mains du Dieu vivant, » elle répondit : « Je ne sais ce que Dieu permettra à mes derniers moments ; ses desseins, je les adore, quels qu'ils soient ; je ne puis donc parler que de mes dispositions présentes. La mort certainement sera un passage difficile ; mais je ne m'arrête pas à ce qu'il a d'effrayant pour la nature ; c'est d'une manière plus élevée que Dieu veut que je le considère. Eh bien ! à la pensée de l'humiliation de mon corps condamné à être la pâture des vers, je sens en moi quelque chose qui se réjouit et tressaille de bonheur. Notre-Seigneur reprendra ses droits ; Il sera vengé sur sa créature pécheresse et infidèle, et mon anéantissement augmentera sa gloire. Que sommes-nous en nous-mêmes, pauvres misérables ? avons-nous sur la terre d'autre intérêt que celui de Dieu ? » Cette âme généreuse ne se méprenait pas néanmoins sur la portée de ce désir tant de fois exprimé à Notre-Seigneur, mourir dans l'acte du pur amour. Loin de céder à un mouvement de présomption : « Ah ! si l'on savait, disait-elle, ce qu'on demande à Dieu en lui adressant cette prière, combien d'âmes reculeraient épouvantées ! jamais, sans y passer, on ne pourrait comprendre ce qu'il faut souffrir ; le pur amour ne se rencontre que sur la Croix. Ah ! que de pas sanglants dans la vie avant d'arriver au *Consummatum est !* »

CHAPITRE XXVIII.

MORT DE MARIE-CATHERINE.

L'année 1884 fut marquée par une recrudescence
de maux ; la paralysie gagnait chaque jour du terrain, et la difficulté des mouvements faisait pressentir à notre vénérable Octogénaire le jour où
l'immobilité complète deviendrait son partage.
Jusqu'au départ de nos élèves, elle demeura fidèle
au poste de l'obéissance et de la charité. Il fallut
enfin songer à lui accorder la retraite absolue que
réclamaient ses infirmités, et que lui méritaient
tant d'années de service et de dévouement. Très
vaguement prévenue de la détermination maternelle, notre Sœur Marie-Catherine ignorait le
jour et l'heure où elle devait s'accomplir, sa Supérieure ayant voulu lui procurer une occasion de
s'élever au degré de vertu que Dieu avait le droit
d'attendre de sa générosité. Ces lieux qu'elle va
quitter pour ne plus les revoir, elle le sait, ils ont
été depuis cinquante-six ans le théâtre de ses labeurs, de sa vie de souffrance et d'expiation ; plus
encore, des faveurs sans nombre qu'elle a reçues
de la préférence divine. Elle n'y peut faire un pas

sans retrouver des traces ineffaçables de l'amour
de son Jésus, dont la surprenante intimité était
pleine de délices pour son âme... On vint la chercher alors qu'elle ne s'y attendait pas : ni la surprise, ni l'émotion ne se trahirent sur son visage ;
nulle parole imparfaite ne lui échappa. Elle fit ce
sacrifice comme elle faisait toutes choses, l'œil fixé
sur Dieu. Quelle plus sûre confirmation des grâces qu'elle recevait, que ce dégagement !

Une petite Cellule, dépendance de l'Infirmerie,
lui avait été préparée ; lorsqu'elle y entra, Notre-
Seigneur lui dit qu'Il l'amenait en ce lieu pour y
souffrir, mais que le temps qu'elle y passerait ne
serait pas long. Son fauteuil était disposé près
d'une fenêtre ayant vue sur le jardin ; on pensait
réjouir son esprit par le spectacle de la belle nature, et surtout par celui de la récréation de nos élèves, aux joyeux ébats desquelles notre bonne
Sœur n'avait jamais su demeurer indifférente ; à
peine cependant quelques jours se sont-ils écoulés,
qu'elle demande une place où sa présence puisse
être dissimulée ; les cris de joie qui signalent le
bonheur de l'apercevoir, alarment son humilité et
son détachement. L'amour de Jésus la presse de
tout quitter pour vivre avec Lui d'esprit et de
cœur ; et en attendant qu'Il vienne la tirer de l'exil,
elle fait monter vers Lui tous ses désirs : « Quand
on est près de son Éternité comme je le suis, disait-
elle, on ne doit plus penser qu'à Dieu, à ses perfections, à Notre-Seigneur. Toutes les choses de la
terre ne sont plus rien dans un moment aussi sérieux. Lorsqu'on amuse les malades, on les dis-
trait de Dieu. » Par le même principe, elle désira

qu'aucun membre de sa famille ne fût instruit de
sa fin prochaine ; elle en aurait reçu sans doute
quelques témoignages de sympathie qui l'eussent
détournée de son attrait de mort à toute jouissance. Elle avouait n'en trouver plus aucune en quoi
que ce fût : « Le créé est en dehors de moi ; Notre-
Seigneur seul peut me contenter. »

Notre bien-aimée Sœur, n'étant plus divertie par
aucun devoir d'emploi, vivait d'une vie de Communauté. Oh ! comme elle en appréciait les avantages et se montrait saintement jalouse de les faire
valoir ! Sa foi, non moins qu'un sentiment filial,
la portait à attacher une grande valeur aux délicates
attentions de notre Très-Honorée Mère dont les
visites fréquentes la réjouissaient. L'obéissance lui
paraissait pleine de mérite ; elle eût voulu n'agir
qu'en conformité des intentions de sa Supérieure :
« Ma chère Mère, lui disait-elle , reprenez-moi
comme votre dernière Novice ; je voudrais recom-
mencer ma vie pour toujours obéir. » Elle n'était
pas moins pénétrée de l'importance d'une ouverture de cœur sans réserve ni biaisement : « Votre
Charité voudrait-elle dire à nos Sœurs, ma Mère,
que le bon Maître fait sentir au moment d la
mort, combien il est doux d'avoir toujours eu un
cœur droit à l'égard de ses Supérieures. Il ne faut
user d'aucun détour au service de Dieu, même
pour le bien. » La Providence lui ménagea, dans
son humble retraite, l'occasion de quelques rapports avec une Religieuse non cloîtrée qui, se laissant dominer par son attrait pour la vie contem-
plative, eût bien volontiers savouré les douceurs
d'une séparation complète du monde. Elle nour-

rissait en secret le dégoût de sa vocation. Sa conscience la pressait de s'en ouvrir à sa Supérieure ; mais à cette voix importune, elle imposait silence par ces mots : « A quoi bon ? ne sais-je pas davance ce que ma Mère me répondra ? » Elle luttait donc intérieurement, sans autre préoccupation que de dissimuler ses combats sous un visage serein. Ainsi fit-elle dans une visite à notre vénérable Octogénaire ; la conversation fut animée et fervente, sans allusion aucune à la tentation dont nous venons de parler ; la Sœur se retirait, sûre de n'avoir trahi en rien ses sentiments intimes ; déjà elle était arrivée au seuil de la porte, quand notre Sœur Marie-Catherine lui adresse ces paroles, d'un ton inspiré : « Ma Sœur, je vous engage à aller au plus tôt auprès de votre Mère lui avouer votre tentation, c'est le seul moyen d'en être délivrée et de recouvrer la paix et la joie de votre âme. » Inutile d'ajouter que le conseil, docilement suivi, eut plein succès.

Durant six mois encore, notre fervente Infirme, à l'aide de deux Sœurs, descendit chaque matin au Chœur pour communier. Le Samedi-Saint de l'année 1885 elle demeura à jeun jusqu'à dix heures, afin de n'être pas privée de l'Aliment divin qui pouvait seul lui rendre l'exil supportable ; puis quelques jours après, ses jambes lui refusant absolument tout service, on dut désormais la porter jusqu'à la sainte Table. Comme nous la félicitions de pouvoir, malgré la gravité de son état, recevoir journellement le Pain de vie, notre vertueuse Malade répondit avec un sentiment de profond rabaissement : « Oh ! oui, quelle grâce ! moi, pauvre petite villageoise, pauvre petite fourmi ! » Il était évident qu'elle souffrait dans son humilité, aussi souvent que l'on rappelait cette faveur exceptionnelle : « Ah ! nos Sœurs, reprenait-elle aussitôt, nos Communions sont pour vous, je ne veux rien pour moi seule, nous partageons tout avec Vos Charités. » — « C'est un vrai miracle, lui disions-nous en une autre occasion, qu'après des nuits de souffrances continues, vous puissiez tous les matins vous lever pour être portée au Chœur. — Oui, répondit-elle, c'est quelquefois à douter si je ne mourrai pas dans le trajet ; mais cette pensée : recevoir son Dieu ! ne produit-elle pas une vigueur que je ne trouverais jamais en moi-même ; recevoir son Dieu !... Je me sens si heureuse de souffrir, et de donner ainsi quelque chose à Notre-Seigneur ; il y a si longtemps qu'Il me donne !.. »

Elle était encouragée dans la longueur de son pèlerinage par la joie d'aider de ses prières celles de nos Sœurs qui, la précédant dans la Patrie, avaient peut-être à acquitter quelque dette envers la Justice divine. Témoins les faits suivants : Notre bonne Sœur se trouvait éloignée de la grande Infirmerie, à l'heure où notre Sœur Converse N. N. y expirait ; mais elle fut visitée à l'instant même par cette chère Ame, qui vint lui dire un dernier adieu. Son Purgatoire dura deux mois et demi, en expiation de quelques procédés contraires au respect dû à ses Sœurs, et particulièrement d'un ton d'autorité dans l'exercice de son emploi. Pendant tout ce temps, Sœur Marie-Catherine la sentait auprès d'elle. Enfin le 17 Octobre, jour de la Fête de notre Bienheureuse Sœur Marguerite-Marie, elle lui apparut, radieuse, la remercia et lui dit : « Je vais jouir de Dieu. » — Le 11 Décembre 1884 notre vertueuse Sœur Marie-Raphaël de la C*** s'était endormie dans le Seigneur, après quelques jours de maladie dont l'abandon le plus parfait avait marqué tous les instants. Le 28 Janvier, vers dix heures du matin, se présentant à notre Sœur Marie-Catherine elle lui dit avec un accent de béatitude : « Je monte au Ciel, je vais voir Dieu et jouir de la gloire de mon saint Fondateur. »

Avec le progrès du mal s'accroissait aussi la difficulté de se mouvoir, et notre vénérable Ancienne dut se résigner à accepter tous les services qu'elle-même avait prodigués si charitablement au cher prochain. Oh ! combien son sentiment si délicat de toutes choses lui rendit pénible cette sujétion ! Dépendre de la créature dans les plus vulgaires détails de la vie, avait toujours été chez elle un point redouté ; aujourd'hui que Notre-Seigneur lui présente cette nouvelle croix, elle la reçoit de sa main avec la même simplicité qu'elle en avait reçu les douceurs. Qui aurait pu deviner ce que cette disposition de la Providence offrait de mortifiant à sa nature ? Il régnait tant d'aisance et de sainte liberté dans toute sa conduite ; à toutes ses Sœurs indistinctement elle faisait un si aimable accueil ! Le sujet de la conversation était adapté à l'attrait et au besoin de chacune. Peu avant sa mort elle disait à une Sœur qui venait la visiter : « Personne n'a jamais plus aimé sa Communauté que moi. » Et avec un geste expressif, levant les yeux au Ciel : « Oh ! combien je l'ai aimée ! » A sa Supérieure qui lui recommandait de prier pour nous toutes :

« Mais, ma Mère, comment pourrais-je oublier les intérêts de notre chère Communauté ? je l'aimais déjà quand vous n'étiez pas née. »

La simplicité fut véritablement le cachet de la fin de cette existence marquée tout entière par de si grands privilèges. La pratique habituelle de notre pieuse Sœur était celle de la sainte indifférence : « *Ne demandez rien, ne refusez rien.* » Toute disposition de la Sœur Infirmière la trouvait prête ; elle voulait ce qu'on lui présentait et non autre chose. Lui offrait-on une boisson, elle acceptait ; différait-on de la lui offrir, elle attendait. C'était sa règle, la loi de sa fidélité ; on ne la vit pas s'en départir un seul instant. La privation, elle l'accueillait avec la même égalité que le soulagement : « Je veille sur les moindres mouvements de mon cœur, disait-elle en confiance, afin que Notre-Seigneur ait tout ; et, lorsque j'en visite les recoins, il n'y a plus que Lui partout, je le sens bien. » — « Je ne veux plus que la volonté de Dieu pour la vie, pour la mort, pour mes souffrances, pour l'abondance ou l'absence des consolations intérieures. » Et encore : « Je suis comme un agneau étendu sur l'autel du sacrifice, dans l'attente du moment où il sera immolé : le coup, c'est Jésus qui le portera ; c'est pourquoi je ne le crains pas : tout en Lui est amour.

Une congestion au cerveau, accompagnée des signes précurseurs d'une fin prochaine, détermina notre Très-Honorée Mère à lui faire administrer l'Extrême-Onction seulement, notre vertueuse Sœur ayant communié au Chœur, le jour même, premier Vendredi de Juillet. Elle reçut cette annonce avec pleine démission d'elle-même, assurant néanmoins que le terme de sa vie n'était pas arrivé ; et en effet trois semaines l'en séparaient encore.

A la nouvelle de l'aggravation de l'état de notre vénérée Malade, nos élèves demandèrent instamment la faveur de lui faire une dernière visite, afin de lui confier les intérêts de leurs âmes et ceux de leurs familles, dont bien des membres la connaissaient. Elle les accueillit avec son aménité ordinaire : « Mesdemoiselles, leur dit-elle, j'ai eu votre âge, et maintenant je vais mourir : si vous saviez combien j'estime le bonheur d'avoir été appelée à ne vivre que pour Dieu, à n'aimer que lui ; c'est la plus grande des grâces ! Un peu plus tôt, un peu plus tard, vous arriverez comme moi à votre dernière heure ; vivez en bonnes chrétiennes si vous voulez éviter les terreurs et les angoisses du moment suprême : la bonne conscience peut seule nous apporter la paix. Oh ! comme je demanderai à Dieu que pas une ne manque à la réunion éternelle dans la gloire ! » — Une élève l'interrogeant pour s'assurer si elle ne craignait pas la mort : « La craindre ?... oh ! non ; mourir, c'est voir Dieu, le posséder sans partage, pour une éternité ! Il y a si longtemps que je soupire après cet instant bienheureux, qu'il me faut beaucoup veiller sur moi-même pour ne pas trop le désirer. » Le calme avec lequel ces paroles furent prononcées, l'expression de béatitude répandue sur les traits de notre bien-aimée Sœur, laissèrent la meilleure impression à nos élèves qui se retirèrent profondément émues. » Que c'est beau de mourir ainsi ! » se disaient-elles.

Ses souffrances, augmentant chaque jour, ne lui laissaient plus ni trêve ni repos; Monsieur notre Médecin assurait n'en avoir jamais vu supporter d'aussi aiguës dans cet âge avancé. « Je ne vis plus que pour endurer, répétait notre généreuse Sœur, oh ! si j'avais, par un état si pénible, le bonheur de gagner des âmes ! oui, mon Jésus, je voudrais souffrir beaucoup et longtemps encore. — Des âmes, mon Dieu, des âmes ! s'écriait-elle quelquefois avec un accent embrasé ; que faire pour vous en donner? Je n'ai plus rien, tout est à vous, l'arbre et ses fruits; prenez, prenez donc, dans la mesure qu'il vous plaira. Le 22 Juillet on disait à notre chère Malade : « Vous souffrez beaucoup? — Oui, répondit-elle, mes maux sont intolérables; je souffre de véritables angoisses, je ne sais comment on les peut porter sans mourir. » Puis après une courte pause : « C'est le corps seulement qui pâtit, l'âme est toute remise à Notre-Seigneur, et en Lui, il m'est impossible de voir autre chose que sa Bonté. » Le lendemain, veille de sa mort, dans la soirée, elle dit encore : « C'est fini; personne ne peut plus rien pour moi. — Mais quand la créature ne peut plus rien, Jésus peut encore tout, lui fut-il répondu, et Jésus est le Tout-Puissant. — Oui, reprit-elle, mais je ne sais plus lui parler familièrement comme je le faisais; il me semble, qu'au fond de l'âme, Il me répète : « *Nous n'en avons pas le temps.* » Notre Très-Honorée Mère étant venue la bénir ainsi qu'elle le faisait chaque soir, « Ma Mère, c'est trop de bonté, lui dit-elle avec une expression bien sentie de reconnaissance ; mais combien il faut souffrir pour

mourir ! Oh ! venez, Seigneur Jésus, venez !... »
Ce devait être le dernier élan d'amour sorti de ses
lèvres.

La nuit fut très agitée ; cependant à quatre heures et demie on essaya de lever notre bien-aimée
Sœur, selon sa demande, pour aller recevoir la
sainte Communion : depuis quarante ans, si l'on
en excepte les quelques Communions retranchées
par épreuve, elle avait le bonheur de s'approcher
chaque jour du Banquet sacré : mais la faiblesse
trahissant son courage, il fallut y renoncer. Bientôt son ardent désir de s'unir à Notre-Seigneur,
lui fit tenter un nouvel essai, aussi infructueux.
Monsieur notre Confesseur fut appelé en toute
hâte, pour apporter le saint Viatique et appliquer
l'Indulgence plénière à notre pauvre Mourante,
qui ne pouvant plus se faire entendre, ouvrait la
bouche et y portait le doigt : ce geste expressif
semblait nous dire : « Ah ! qu'Il se hâte de venir,
mon Jésus ! bientôt il sera trop tard ! » Mais
l'heure était venue où devait s'accomplir à la lettre
une parole qu'elle avait dite longtemps auparavant : « Quand je ne pourrai plus communier,
c'est que je mourrai. » En effet, elle avait reconnu
Monsieur l'Abbé Laurent, notre si dévoué Confesseur, lorsqu'il était entré : elle lui avait montré
par un signe qu'elle comprenait bien encore
qu'il lui apportait son Jésus, et quand après le
Confiteor, arriva le moment de communier, déjà
elle ne le put, elle entrait en agonie : cette fidèle
Amante du Saint-Sacrement allait commencer la
Communion éternelle. Une indicible émotion
saisissait nos âmes, en récitant les prières liturgi-

ques de l'Église en présence de la divine Eucharistie ! Notre-Seigneur n'avait-il pas disposé toutes
choses pour venir en personne fortifier son Épouse,
la soutenir dans les derniers combats, et réaliser
ainsi cette parole répétée tant de fois par son
amour confiant : « Je ne mérite pas, mon Jésus,
de vous suivre au ciel tout droit; mais je me cou-
vrirai de vos mérites, et je m'attacherai si fortement à vous, que vous ne pourrez pas m'en séparer. »

Sa fin fut un paisible sommeil, et à six heures
trois quarts, un vendredi, 22 Juillet 1885, notre
vénérable Sœur, âgée de 82 ans, 4 mois, et Professe depuis 55 ans, 7 mois, rendait son âme
à Celui qu'elle avait uniquement aimé et si
vaillamment servi pendant sa longue existence.
Il fut touchant, en reportant au Tabernacle, après
le *De profundis*, l'Ami divin qui était venu présider à la mort de notre bonne Sœur, de réciter
le Cantique de l'action de grâces : « *Béni soit le
Seigneur, le Dieu d'Israël, parce qu'il a visité et
racheté son peuple !* »

Notre bien-aimée Sœur n'était plus au milieu
de nous : elle avait passé à travers les souffrances
et les difficultés de la vie, et s'était montrée supérieure à la plupart des faiblesses inhérentes à la
nature déchue. Nous la sentions au Ciel, buvant
à longs traits à la source de la sainteté et de l'a-
mour pur. Ici-bas, resserrée dans les étroites limites de ses facultés, un rayon de gloire illumi-
nant son âme, suffisait pour la faire tomber en
extase : là-haut, affranchie des tristes conditions
de l'infirmité humaine, elle voit Dieu face à face

sans défaillir. Son âme, après avoir si ardemment soupiré vers la céleste Patrie, a entendu enfin cette ravissante parole : « *Venez, la bénie de mon Père, posséder le royaume qui vous a été préparé de toute éternité.* » Pourquoi n'espérerions-nous pas qu'elle a été admise à jouir sans retard de la céleste béatitude ? Son crédit sur le Cœur de Jésus s'étant si souvent affirmé par des faits miraculeux, autorise cette confiance.

Sa physionomie conserva l'expression de calme, de sérénité que nul accident humain n'avait eu autrefois le pouvoir de troubler, et une pieuse vénération nous pressait autour de sa sainte dépouille. Notre Très-Honorée Mère prévenant le vœu des personnes qui avaient connu notre vertueuse Sœur, fit déposer entre ses mains bon nombre d'objets de piété, auxquels un sentiment de religieux respect et de profonde affection attacha le prix d'une véritable relique. « *Dieu exalte les humbles* » : La parole divine devait recevoir un nouvel accomplissement en cette âme dont le Seigneur avait été toute la gloire et la richesse. Elle s'était tenue petite et cachée dans le secret du Sanctuaire, et au moment où elle quittait pour toujours cet asile sacré, Dieu commençait à l'exalter ici-bas par les regrets unanimes qu'excitait sa perte. Son corps virginal, préparé par tant de souffrances à la glorieuse transformation des élus, reposait au milieu d'une belle parure de lis artificiels. C'était encore le don affectueux d'une respectable amie, fidèle au-delà du tombeau à celle qu'elle vénérait depuis si longtemps. La nature prêta aussi ses fleurs, dont la blancheur et le par-

fum symbolisaient l'innocence de l'humble Épouse
de Jésus. Un nombreux cortège accompagna à sa
dernière demeure notre Sœur bien-aimée, dont il
nous eût été si consolant de conserver parmi nous
les restes bénis; mais les lois ne le permettant pas.
ils reposent au cimetière de l'Est dans notre commune sépulture, au pied de la Croix et de la statue
de Marie Immaculée.

Bien des témoignages de vénération pour la mémoire de notre regrettée Défunte nous furent ap-
portés du dehors. Il en est un que nous consignerons ici, l'Ecclésiastique de qui nous le tenons
nous offrant la double garantie de la science et
d'une éminente piété.

« Pendant près de dix ans, j'ai été en rapport
avec Sœur Marie-Catherine. Toutefois, je l'ai vue
très rarement, par discrétion, ses infirmités ne lui
permettant que difficilement de se rendre au parloir, — par respect pour la Règle du Monastère, —
une personne vénérable, amie de Sœur Marie-Catherine, avait la bonté de réclamer en mon nom le
secours de ses prières et de ses avis, dès qu'il était
nécessaire. Qu'il me soit permis de citer un seul
fait, il clôture la vie de Sœur Marie-Catherine, et
met le comble à sa charité à mon endroit.

« C'était peu de mois avant sa mort; je fus soumis à une épreuve des plus pénibles. A ce moment, la vénérée Sœur Marie-Catherine ne pouvait plus quitter sa cellule. On lui annonça en
deux mots que j'étais dans la peine... que je la
suppliais de prier.

« Ce laconisme ne pouvait rien lui apprendre ;
d'autre part, l'épreuve que je subissais, les causes

qui l'avaient provoquée et que j'ignorais alors
moi-même, lui étaient certainement inconnues.
Elle répondit : « Dites... que je suis cette affaire
depuis longtemps, — surtout depuis deux mois —
j'ai prié, mais je vais bien prier encore, c'est nécessaire. » Depuis deux mois en effet, je le sus plus
tard, se tramait à mon insu cette pénible affaire.
Oui, c'était nécessaire de prier. La situation déjà
si douloureuse le devenait de plus en plus... Les
jours s'écoulaient, les mois... pas un rayon d'espoir à l'horizon... Sœur Marie-Catherine priait et
comme elle l'a dit, souffrait à cette intention, et
voilà que sa prière m'obtint, non seulement la résignation, mais je ne sais quelle joie douce... la
joie de faire mon sacrifice. Dans l'intervalle, Sœur
Marie-Catherine me fit dire : « Que ma peine —
et elle en désignait le côté le plus vif — allait cesser bientôt. » Quelques jours avant sa mort, elle
me réitéra « que la situation allait changer bientôt, bientôt ! » Et elle nous quitta pour aller au
Ciel... Mais elle continuait son intercession...

« La semaine de la mort de Sœur Marie-Catherine une lueur apparaissait dans mon horizon si
chargé de ténèbres... Un mois ensuite, la prédiction de Sœur Marie-Catherine se réalisait mot à
mot, à l'encontre de toutes les difficultés, je dirais
volontiers, malgré toutes les impossibilités humaines.

« Il est évident pour moi que c'est par des voies
extraordinaires que Sœur Marie-Catherine a pu
avoir connaissance de cet évènement, et qu'elle a
pu en prophétiser l'heureuse issue.

« Ces dons extraordinaires reçus de l'Esprit-

Saint, elle en a usé largement pour le bien de l'Église, la perfection et le salut du prochain.

« A Sœur Marie-Catherine s'appliquent parfaitement ces paroles du Psaume XXe : *Desiderium cordis ejus tribuisti ei, et voluntate labiorum ejus non fraudasti eum. Quoniam prævenisti eum in benedictionibus dulcedinis : posuisti in capite ejus coronam de lapide pretioso. Vitam petiit a te et tribuisti ei longitudinem dierum...* [1].

« Puissent ces quelques lignes glorifier Dieu dans sa Servante, et, déposées sur sa tombe, lui être l'hommage de mon humble et filiale gratitude !

« Inutile d'ajouter que, depuis qu'elle est au Ciel, Sœur Marie-Catherine n'a cessé de veiller sur moi, et de prier à mes pauvres intentions ; j'en ai reçu déjà la douce assurance. »

Tous les témoignages de religieuse sympathie qui nous ont été adressés à l'occasion du décès de notre si chère Sœur, sont un juste tribut rendu à sa sainteté, et aux singulières prérogatives dont Dieu l'a favorisée. Nos anciennes élèves, aujourd'hui répandues en tant de lieux divers, et appelées à des vocations bien différentes, n'ont eu qu'une voix pour louer la mémoire de celle qui, par ses soins assidus et son inépuisable dévouement, leur avait été si maternelle. En se reportant aux heureux jours de leur enfance, elles ont aimé à nous

---

[1] Vous avez accompli les désirs de son cœur, et vous n'avez point rejeté la prière de sa bouche. Vous l'avez prévenu de bénédiction et de grâces ; vous avez mis sur sa tête une couronne de pierres précieuses. Il vous a demandé le don de la vie, et vous lui avez accordé de vivre éternellement...

communiquer des souvenirs toujours vivants dans leur cœur, et leur reconnaissante affection se traduit aujourd'hui par un culte fervent et fidèle envers leur nouvelle Protectrice.

A combien d'âmes déjà cette vénérée Sœur n'a-t-elle pas fait ressentir les effets de ses puissantes intercessions ? Que de prières ont été instantanément exaucées, et que de grâces spéciales accordées à la suite de Neuvaines offertes à Dieu par son entremise !

Daigne Notre-Seigneur qui s'est plu à récompenser de tant de faveurs sa foi naïve et confiante, accueillir miséricordieusement tous ceux qui recourront à Lui par la médiation de cette Élue de son Cœur.

TABLE DES MATIERES.

CHAPITRE VII. (1828-1829)

SA PRISE D'HABIT ET SA PROFESSION.

CHAPITRE VIII. (1830)

ELLE EST GRATIFIÉE DE LA VUE HABITUELLE DE L'HUMANITÉ SAINTE DE NOTRE-SEIGNEUR.

CHAPITRE IX. (1831-1843)

ELLE REMPLIT LES FONCTIONS D'INFIRMIÈRE AU PENSIONNAT.

CHAPITRE XIII.

RAPPORTS DE SŒUR MARIE-CATHERINE AVEC NOS ÉLÈVES.

CHAPITRE XIV.

SA CHARITÉ DANS SES RAPPORTS AVEC LA COMMUNAUTÉ.

CHAPITRE XV.

SON DON D'ORAISON.

CHAPITRE XVI.

EFFETS DE LA SAINTE COMMUNION EN NOTRE SŒUR.

CHAPITRE XVII.

SES DÉVOTIONS.

Imp. N.-D. des Prés. — Ern. Duquat directeur.
Neuville-sous-Montreuil (P.-de-C.)

Imp. de N.-D. des Prés. — Ern. Duquat directeur.
Neuville-sous-Montreuil (P.-de-C.)